公文
传播学

GONGWEN CHUANBOXUE

袁智忠 著

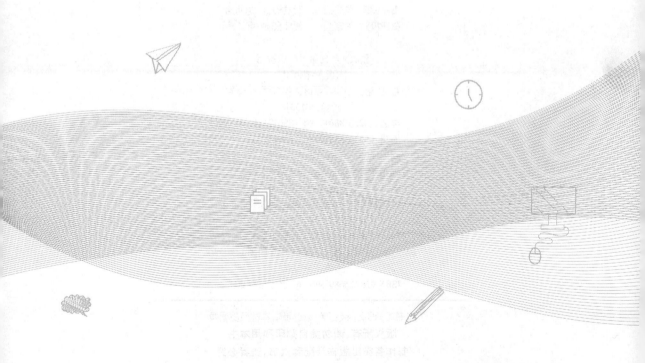

重庆大学出版社

图书在版编目(CIP)数据

公文传播学 / 袁智忠著. -- 重庆：重庆大学出版
社, 2023.6
公共管理系列教材
ISBN 978-7-5689-3967-6

Ⅰ. ①公… Ⅱ. ①袁… Ⅲ. ①公文—传播学—教材
Ⅳ. ①C931.46②G206

中国国家版本馆 CIP 数据核字(2023)第 101725 号

公文传播学

袁智忠　著

策划编辑:龙沛瑶

责任编辑:龙沛瑶　　版式设计:龙沛瑶
责任校对:关德强　　责任印制:张　策

*

重庆大学出版社出版发行
出版人:饶帮华
社址:重庆市沙坪坝区大学城西路 21 号
邮编:401331
电话:(023) 88617190　88617185(中小学)
传真:(023) 88617186　88617166
网址:http://www.cqup.com.cn
邮箱:fxk@cqup.com.cn(营销中心)
全国新华书店经销
重庆华林天美印务有限公司印刷

*

开本:787mm×1092mm　1/16　印张:12.5　字数:285 千
2023 年 6 月第 1 版　　2023 年 6 月第 1 次印刷
印数:1—2 000
ISBN 978-7-5689-3967-6　定价:39.00 元

序言

一个人文社会科学领域交叉创新学科的诞生

21世纪以来,公共服务需求呈现出多方位、多层次、多样化特点,满足人民群众日益增长的美好生活需要成为公共服务供给的重要议题。而社会的快速发展和科学迭代更新的加速,已有的公文、传播供给,很难满足社会发展的需求。西南大学袁智忠教授站在时代发展的前沿,敏锐捕捉到这种"需要""需求",创新性地将公文与传播联姻、杂交、融合,推出了别具一格、让人耳目一新的《公文传播学》。

公文是公务文书的简称,是公文学的基础概念,是应用文书中最重要的类别。应用文书俗称应用文,它是人类在长期的社会实践中形成的一类文体,用于工作生活中处理实际事务。在长期发展过程中,应用文不断创造和丰富,形成了多种形式,其中处理事务公务的文书称为公文,包括报告、请示、函、决定、决议、公报、通报、通知、意见等。

追本溯源,公文的出现源于国家的出现和文字的产生,最早可追溯到殷商时期。公文自诞生之时起即与政权相绑定,成为统治阶级管理国家的工具。最早的公文没有固定程式,名称也较为单一。从先秦到晚清,公文由简到繁,名称不断变化,程式也越来越复杂。直至辛亥革命后,公文程式才被大幅简化。古代,一些公文的写作水平很高,还可以作为散文欣赏。例如贾谊的《过秦论》、李密的《陈情表》、诸葛亮的《出师表》、董仲舒的《贤良对策》等,不仅是公文的典范,而且还是脍炙人口的名篇。这些文章从情感上看,发自肺腑、情真意切;从内容上看,条理清晰、言之有物,在当时发挥了作为公文的实际作用,在今天,仍未失去作为文学作品的美学价值,读来赏心悦目,异彩纷呈。

中华人民共和国成立后,公文继续发挥着党和政府领导国家、履行职能、沟通群众的重要职能。新中国成立后几十年间,我国对于公文处理法规不断作出修订,对公文名称和体式不断进行改革,使公文日趋制度化、规范化、科学化。2012年4月16日,中共中央办公厅和国务院办公厅联合发布了《党政机关公文处理工作条例》,进一步规范了公文处理程序,提高了公文处理效率,使公文处理工作进入了新的历史阶段。

现代公文写作不同于散文和一般应用文。散文内容取材广泛,或是记叙或是抒情,作者完全处于主动地位。而一般应用文的写作虽受情境限制,有特定的对象、要求和形式,但作者依然可以在特定范围内自由抒写,适当表达自己的情感。公文则完全不同,它是为

1

解决公务活动中的实际问题而写作，因此，公文作者只能一边摆事实，一边讲道理。在内容上，公文要求主旨明确，观点鲜明，材料真实，结构合理。对于问题的分析要有理有据，符合逻辑，提出的解决问题的办法要切实可行。在格式上，公文不同文种有不同规范，必须严格按照党和国家统一规定的公文文种规范和格式要求进行写作与传播，不能自行其是。在语言上，公文语言特色鲜明，要求表达准确简洁，庄重朴实，描述符合客观实际，不故弄玄虚，也不刻意藻饰。虽然随着互联网的不断发展和在日常生活中的广泛应用，面向大众的公文语言变得更加灵活自然，但其核心没有改变，即对于问题本质的描述仍需严谨，不能做丝毫夸大或减损。

长期以来，由于公文学学术地位不高，学科发展受限，导致我国公文写作研究难以跟上时代步伐。目前只有武汉大学、南京师范大学、扬州大学等少数高校招收应用写作、公文写作学的硕士和博士研究生。这与我国公文写作人才的实际需求、我国悠久的公文传播历史和丰富的传播内容不协调。因此，公文写作亟须突围，需要寻求与时代发展相协调的学科融合发展路径。新文科建设的提出，给公文写作学科发展提供了新的契机。新文科建设旨在推动文科全面复兴与发展，其重要途径，就是学科交叉融合。在此背景下，智忠教授将公文学与传播学有机结合，建构了一门新兴的交叉学科——公文传播学，并产出了《公文传播学》这一专著。

《公文传播学》是国内第一部建立在公文学、传播学、社会学等交叉学科基础上的原创性著作。社会学家乌尔里希·贝克指出，当今社会已进入风险社会，工业社会中经济和技术的迅速发展不但造成了诸多灾难，还产生了不可预知的风险，这些风险涉及人类生活的方方面面，例如民族主义、恐怖主义、疾病流行、特大事故等，都是风险社会的表现。在处置风险的过程中，政府如果缺乏与民众的沟通就有可能会对政府的形象、声誉乃至整个社会的稳定造成消极影响。因此，作为政府与民众沟通交流的重要工具，公文在当下社会治理中的价值更加凸显。在这样的背景下，袁智忠教授撰写了这本书可谓应时之作，将会为社会治理中的公文写作与传播提供有益的学术指导。

《公文传播学》的出版开创了公文写作与传播发展的新篇章。袁智忠教授曾较长时间深耕在公文写作教学与理论研究第一线，有丰富的公文写作实践经验和理论积累，先后主编和参与编写了10多部公文写作的相关著作，发表了相关学术论文20余篇。本书在之前研究的基础上将公文学与传播学紧密结合，明确提出了公文传播学的概念和研究范畴，为公文传播学初步建立了理论基础，针对公文传播的学科地位、研究内容以及研究价值进行了重点阐述。同时，该著作按照学院派的风格和学术规范构建全书整体内容和体系，对公文传播的历史、属性、形态、功能、符号、语言、伦理及其在社会治理中的价值等进行了探讨，拓展了公文学的研究维度、研究空间、学术视野，延伸了传播学的研究领域、研究方向和学术空间，与目前符号传播、视听传播等这些传播学下边的子一级学科并行形成了新的传播学学科。

《公文传播学》一书无论是对公文的研究，还是对传播学的研究都是一种新的探索和创新发展。在21世纪社会政治经济文化快速发展、社会矛盾多极化的今天，在社会治理亟须由新技术、新文化、新理念的赋能的时代，公文传播学的创构无论是从社会治理的实用层面,还是从学术研究的理论层面而言,都是一件可喜可贺的大事。对于中国传播学走向世界,丰富人文社会学科体系与学术体系,建立本土化学术话语体系、学术流派都意义重大。归纳起来,该著作的最新特征呈现出五个亮点:

(一)创建独立门户的新学科。《公文件播学》按学科的性质而阐述论证其"内涵",分别从研究对象、研究价值、研究方法,及其政治、管理、文化属性和功能诸方面,进行了持之有据,言之成理的论述,为公文与传播联姻成学而独立门户。这种有系统性、学理性的论述既为公文传播插上有形的翅膀,又为传播增添了强大的能量,其"变"而生的"混血儿"的特有性质、本质功能,远远超越了1加1大于2的"质量"。这种变化正如《易经系传·下第二章》中所言:"变则通,通则久矣。"可以说《公文传播学》学理清晰,学科定位准确!袁智忠教授为应用文写作界衍生出了一门新的、具有时代性、原创性、专业性、标识性的交叉学科。

(二)创设公文传播的新生态。社会上对公文的传播早已知之甚稔,总体上是在报纸、广播、电视、电话等传统媒体上进行,其传播方式早已定型。《公文传播学》将公文及以人工智能、互联网为代表的新传媒深度融合,向文字、音频、视频、影像、图案等有机复合型转化、拓展,从而打破了不同介质、不同平台的边界,呈现出日益多元化的载体,使抵达受众的渠道日趋多元化,形成直观、形象、生动的新生态,因而在时间上提速,在功能上增效益。这种传播新生态的形成,必然对公文写作教材的编写、公文写作教案的设计、公文实习方案的制定,公文考试试卷的革新提出一系列的新要求。否则,公文写作很难在这种新生态中生存!

(三)为培养复合型人才提供新途径。培养复合型人才,既是社会发展、国家建设、国际交流的需要,又是高等院校教育、教学改革创新的内在要求。《公文传播学》的问世,紧跟时代发展的步伐,从时代的脉搏中把握到复合人才培养的脉动、脉案、脉象。袁智忠教授回应时代的要求,以《公文传播学》推动公文写作、应用文写作、写作教材、教学、教育创新,为培养复合型人才提供新的新认知、新思路、新途径、新方法。我们必须直面随着科学技术发展快速进步,大数据、人工智能、云计算、互联网等新技术持续快速影响着人们的思维方式和行为方式,在教育理念、教材编写、教学过程中,尽快打通专业壁垒,让人才培养向着融合型、复合型的形态转化。当下,社会需要的不仅仅是专型、单一的专才,更需要知识储备多元、能力多元,跨领域、跨学科、跨专业的多元综合的复合型人才,并具有开阔国际视野和跨文化传播能力、写作能力,这是时代发展对高等院校育人的要求。相信袁智忠教授《公文传播学》的出版,不仅加速写作学"破圈",而且为复合型人才的培养提供可学、可教、可行的、不可小觑的、知行合一的探索范本。

(四)《公文传播学》外溢社会新效应。公文借用传播学的原理而提升公文的传播功能,传播学借用公文"经国之枢机"而提升传播学的"法器"功能,其杂交合一的新效应,必将提供更多的可能性,使之产生的公共价值,不仅能更好地使公文传播践履新时代的使命,而且公文在与传播融合过程的彼此接纳、浸润中,互相呼唤,互相照映,合力出击所产生的功能增量,必然扩充、丰富更广阔的、更高效的社会治理新效应。初看《公文传播学》的书名,似乎是公文与传播相加,细读才看出是一种新的观念形态和理性思考后的一种创造性劳动成果。这种成果所具有的时代性、说服有效性、实践性、可操作性，必然会出现走出公文、传播各自已有的思维方式和研究方式的樊篱，重新厘定一门交叉新学科的体系，其在高校人才培养和市场经济发展，以及社会管理、环境治理、社会伦理诸领域产生综合效应，以适应和促进世情、国情、社情的发展和变化。更具体地说，这种学科交叉变异后的新学科，落实到一人一文的身上，会像霍夫兰所言"个体态度发生转变并影响决策行为"，其"蝴蝶效应"是难以估量的！

（五）公文写作研究视域中体现的创新精神。公交写作原有的知识结构和知识体系对于人工智能、数字技术的发展而言，已经在发生着超出人类想象力的巨大变化，它必然将催生出写作思维、写作范式和写作速度的变革，逼着写作教师形成真正的思维范式转换。而这种转换第一要务是认知论、方式论上的创新。袁智忠教授在这方面率先迈出新步伐，给同仁们带了个好头！如果没有创新的精神和勇气，就很难找到不同学科之间的交叉点。

人工智能和学科交叉的发展，已形成一个无法阻挡且无法回避的时代发展趋势，这对社会科学的人来说，当然包括写作、应用文写作、公文写作，迭代更新是必然的选择，跟上了这种发展趋势就出彩，掉队了就可能出局。写作学人有没有这一认知，是大不一样的。为什么巴菲特的午餐费，要价那么高？不就是想在与他交流中提升或开悟新的认知吗？

中国传统文化中最突出而又鲜明的特点，是知行合一，学以致用。让我们携起手来，冲破学科固有的藩篱，以学科之鉴超越学科的隔阂，才能以海纳百川的博大襟怀，勇于接受新学科、新技术，推进公文传播学、应用写作学、写作学处理好术与道、民族性与世界性、时代性与习惯性的科学相结合，真正做到在写作中为国为民述学交流，建言献策，在新时代自觉地将创新、协调、改革、开放、共享的发展观念融入笔端，自创写作学、应用写作学、公文写作学的辉煌！

目前，全球数字变革正加速发展，人工智能、大数据、云计算等发展迅猛提速，文体分析法、指标法、词语量表法交叉迭代，人工智能公文写作、应用文写作，文学作品写作，数字转化程度逐渐成熟，武汉百智诚远科技有限公司开发的人工智能帮普通人写"诉状"，准确度、速度百倍提升，湖北、四川等五省司法部门已购用，受到广泛的肯定。相信这些内容将来一定会成为《公文传播学》研究的新命题，其理论性和应用性也会不断拓展和更为广泛！

是为序。

洪威雷于武昌，2023 年 5 月 26 日

（洪威雷：湖北大学教授，公文学资深专家，国际汉语应用写作学会常务副会长。）

目录

绪 论 ……………………………………………………………… 1
  第一节 公文传播学及其性质 …………………………………… 1
  第二节 公文传播学的研究对象、任务和价值 ………………… 6
  第三节 公文传播学的理论来源、现实基础和研究方法 …… 10

第一章 公文传播的历史 ……………………………………… 15
  第一节 古代公文 ……………………………………………… 16
  第二节 近代公文 ……………………………………………… 23
  第三节 现代公文 ……………………………………………… 38

第二章 公文传播的属性 ……………………………………… 47
  第一节 政治属性 ……………………………………………… 47
  第二节 管理属性 ……………………………………………… 54
  第三节 文化属性 ……………………………………………… 61

第三章 公文传播的形态和功能 …………………………… 70
  第一节 公文传播的内容形态 ………………………………… 70
  第二节 公文传播的媒介形态 ………………………………… 78
  第三节 公文传播的一般功能 ………………………………… 85

第四章 公文传播的符号和语言 …………………………… 94
  第一节 符号和语言 …………………………………………… 94
  第二节 公文传播的符号系统 ………………………………… 99
  第三节 公文传播的语言 ……………………………………… 113

第五章 公文传播与社会治理 ……………………………… 121
  第一节 公文传播在社会治理中的价值 ……………………… 121
  第二节 现代社会治理对公文写作与传播的要求 ………… 128
  第三节 公民社会与公文传播 ………………………………… 135

第六章 公文传播的伦理 ……………………………………… 143
  第一节 作者伦理 ……………………………………………… 143
  第二节 受众伦理 ……………………………………………… 149
  第三节 社会伦理 ……………………………………………… 153

第七章 公文传播的接受与教育 ················· 161

第一节 公文传播与接受 ················· 161

第二节 公文传播与教育 ················· 174

第三节 公文传播的学术研究 ················· 180

参考文献 ················· 185

后 记 ················· 188

绪　论

第一节　公文传播学及其性质

一、公文传播学的内涵

(一)公文学

在 20 世纪的最后 20 年里,我国的公文研究取得了令人瞩目的成就。1988 年,苗枫林先生在《中国公文学》中首次较为系统地把公文作为一门学科进行研究,自此,"公文学是一个独立学科"这一观点基本为大多公文研究者所默认。但仍有一些专家和学者对公文是否是独立学科抱有疑问,有些研究者认为公文学目前还不能成为一个独立学科。此外,学界对写作学、文章学、秘书学等学科的研究也取得了较为丰富的成果,与公文学间内涵交叉的现象日益明显,厘清这之间的关系对学科意识的增强有着极为重要的作用。

目前我国对"学科"的概念看法不一,综合起来,有两种说法是最为普遍接受的:一是认为学科是相对独立的知识体系,是特定科学领域内的事实和概念系统,具有相同或相似知识的集合体;二是认为学科是学校教学的科目。从人才培养及文化传承角度,认为学科是教学活动中授课科目的分类与界定。我国公文发展的历史源远流长,20 世纪 80年代以后,对公文的研究也得到越来越多学者的认可和重视,但由于其本身具有交叉学科的特殊性,现阶段的研究大多局限于对公文片段、艺术手法及写作技巧等多方面的分析和比较,从学科视域下探究公文与交叉学科的关系的理论研究尚不完备。近年来,学界逐渐对公文学划定了较为明确的界限:柳新华提出"中国公文学,是以中国的公文写作活动为特定对象,探讨公文写作与处理规律的一门学问"。[①] 岳海翔则将公文写作与其他学科区别开来,探讨了公文的基本写作框架和写作规律。[②] 此时公文学有了较为清晰的研究领域和研究对象,具备了成为一门学科的条件。

---

① 柳新华,徐艳华.当代中国公文学[M].北京:经济科学出版社,2014.
② 罗艳丽.学科导向下写作学、公文学和文章学概念辨析[J].秘书之友,2021(5):11-16.

（二）传播学

1845 年,德国学者普尔兹出版的《德国新闻事业史》成为世界上最早的新闻史专著。新闻学由此成为唯一研究大众传播现象和活动的学科,但随着资本主义从自由竞争走向垄断时代,工业化大生产使资本主义的生产活动和范围大大延伸。企业从国内市场走向国际市场与跨国经营,因而对信息的要求就更高。同时,报纸、广播、电影、电视等新媒介逐步形成的大众传媒业在整个资本主义社会产生了强烈的冲击,新闻学原有的研究范围已经无法涵盖日益发展的新闻事业,社会急需关注和思考传播带给人们的一切,传播学应运而生。彼时的美国作为资本主义阵营中最为发达的国家,因其独特的政治、经济、社会、学科等条件得以成为传播学诞生的摇篮。当然,两次世界大战中的各类宣传技巧与传播实践更是加速了传播学的兴起,我们也因此可以说,关注实践、研究实践是传播学兴起的根本。

20 世纪 70 年代末,传播学正式引入中国。作为西方的"舶来品",传播学在进入中国时不仅要经过政治意识形态的审查与评估,还遭遇了文化移植中的排斥与异变反应。而当时国内的新闻学研究又需要传播学的各种概念、理论、方法带来全新的"升级换代",这个阶段的传播学既是被怀疑的对象,又是新闻学的救星。20 世纪 90 年代开始,学者开始将"传播学本土化"与"马克思恩格斯传播思想"相结合,陈力丹在《精神交往论》提出"马克思恩格斯是对现代世界产生重大影响的思想家,其传播观是现代传播学早期发展的一个重要环节",[①]在学界引起巨大反响。1997 年,国务院学位委员会正式将新闻传播学列为国家一级学科,下设新闻学、传播学两个二级学科。21 世纪初,随着"信息高速公路"的建设与发展,网络传播的异军突起迫使传播学面临的挑战和需要解决的问题比以往任何时候都要棘手,传播学的本土化问题出现。[②] 这一时期的传播学界开始反思 20 世纪 80 年代以来对西方传播学的"前反思性接受取向",提倡以华夏传统文化和历史经验辨识我国本土的传播特征并试图明确模糊的学科边界。如今,随着数字媒体技术和传感器应用的迅猛发展,传播学的研究视野逐渐向数字劳工、算法推送、隐私伦理等新领域发展,这促使人们更加深入地思考人与智能媒介之间的交流与新型社会关系的形成。[③]

（三）公文传播学

作为公文写作与传播学研究的交叉领域,公文传播学就是研究公文作为社会信息传递或社会信息系统运行的历史、特征、规律、价值等各个基本问题的学科,公文信息的传播不断协调各方力量和资源,推动实现社会治理体系与治理能力的现代化,其学科内涵与社会治理、高校教育等方面有着极强的相互关联性。冒志祥认为公文传播的受众参与逐渐呈现出多元化趋势。[④] 唐团结着眼于公文传播对国家政策的辅助功能,认为公文传

---

① 陈力丹.精神交往论:马克思格斯的传播观[M].北京:中国人民大学出版社,2008.
② 张健.中国传播学:概念的演进与意涵分析[J].国际新闻界,2008,30(7):19-23.
③ 申琦,王璐瑜.当"机器人"成为社会行动者:人机交互关系中的刻板印象[J].新闻与传播研究,2021,28(2):37-52.
④ 冒志祥.网络语境下的公文传播与受众参与[J].当代传播,2010(6):107--08.

播是提高农民参政议政能力的重要手段。[①] 袁智忠、杨庆梅论述了新媒体时代公文传播与社会公共事件及政府形象建构间愈来愈密切的相互关系。[②] 袁智忠、何寅庆结合具体案例研究网络传播时代公文对社会公共事件的干预和介入，认为移动互联网背景下的公文传播是提升社会管理效能的关键。[③] 郑立新将影响公文传播效果的制约因素划分为传播内容、传播主体、传播技巧、媒介和受众等。[④] 另外，还有一些专家学者着眼于历史，在分析历史脉络及社会背景的基础上提出公文传播的传播方式与社会功能。钟罗庆、张晟钦提出在电报、邮政、报刊等现代化传播手段的影响下，晚清政府的公文传播突破效率极限，并使得公文传播范围空前扩大，形成了公文平民化的趋势。[⑤] 顾颉琛通过分析清代雍正王朝公文体制的变革及公文的内容、体裁和传播方式，得出雍正朝在吸收借鉴历代封建王朝的经验基础之上，实现了公文传播的对社会的监视、指挥、协调、教化等功能的结论。[⑥] 李章程则是从公文修辞、权威及理念等方面考察了民国时期公文传播的政治灌输与统治。[⑦] 总体来说，公文传播学的研究边界呈现出扩张之势，其学科内涵也得到了极大丰富。

二、公文传播学的性质

(一)公文传播学的研究对象具有双重性

公文传播学的研究对象具有公文学与传播学研究的双重属性。近年来，学界对公文学的研究已不再局限于传统学者们对公文符号、修辞等各类写作规范上，而是延伸至对新型电子公文本身和发文主客体间的微观解读、对过去公文实践与理论的借鉴与阐述。相比之下，传播学的研究对象则更加广泛，在 21 世纪的前 10 年间，国内外传播学界普遍将传播学的研究对象概括为人类传播的发生与发展、人类传播的形态、人类传播的过程与结构这三个部分。简言之，就是研究人类传播活动的历史沿革、不同历史时期人类传播活动的不同类型和传播活动这一行为的本体运动规律。[⑧] 但当前的传播学研究俨然已经跳脱出对用户、媒介互动以及人类传播活动规律本身探索的传统视角，着眼于媒介理论的深入发展与论证、媒介的时空之维、数字媒体赋权问题、物质性与身体问题、算法与人工智能、健康传播等多个方面。

作为两者的有机结合，公文传播学直接将落脚点放在智能媒体时代多形态公文写作

① 唐团结.公文传播与农民政治素质的培养[J].当代传播,2010(1):90-92.
② 袁智忠,杨庆梅.大众传播时代公文的写作、传播:问题及反思:以山东五莲县涉及杨守梅教师事件的 3 份公文为例[J].新闻研究导刊,2019,10(15):75-76.
③ 何寅庆,袁智忠.公文传播视角下的涉警舆情演化机制研究:以成都市第四十九中学校学生坠亡事件为例[J].新闻研究导刊,2021,12(15):73-75.
④ 郑立新.当代公文传播效果的制约因素与对策研究[J].淮海工学院学报(人文社会科学版),2015,13(11):70-73.
⑤ 钟罗庆,张晟钦.论现代传播影响下晚清公文的新传播方式[J].湖南社会科学,2022(3):165-172.
⑥ 顾颉琛.雍正朝公文传播研究[D].长春:吉林大学,2016.
⑦ 李章程.公文传播与政治权威:以民国为考察对象[J].档案学通讯,2014(5):100-104.
⑧ 胡正荣,段鹏,张磊.传播学总论[M].2 版.北京:清华大学出版社,2008.

与公文伦理、社会治理、高校教育、受众接受、传播效果等多个方面,其研究视角更加宏大,研究对象也更加多元,不仅对公文学与传播学的写作规范、主客体关系和媒介技术进行研究,也对各类舆情事件、社会现象与社会问题进行反思与探讨。可以说,公文传播学的研究对象具备公文学与传播学的双重属性。

(二)公文传播学的理论价值和社会功能具有双重性

公文传播学的理论价值与社会功能兼具公文学与传播学的双重性。传播作为人类的基本行为,在人类社会中起着无可代替的作用,体现在对公众的劝服与行为态度的改变。而公文写作正是一种运用文字符号进行传播的政治文化行为,公文传播实际上是发文主体对有关客体所进行的说服性行为。[1] 想要研究公文传播的劝服性效果,就必须对公文信息本身、公文传播方法与途径、公文写作策略等方面做深入探究,公文传播的写作主体必须对与写作行为有关的一切活动进行整体性把握,如何在运用合适的说服艺术与写作技巧策略的基础上最大限度地提升传播效果,发挥公文效用成为公文传播理论研究的重要议题。因此,我们认为公文传播的理论价值具备公文学与传播学的双重学科属性。

除理论研究外,当代社会系统中的公文与传播如影随形,几乎所有公文信息和相关的传播活动都覆盖政治、经济、文化等多重领域,涉及各级党政机关、企事业单位和团体组织的管理与运行,和广大人民群众的利益息息相关。在我国,充分利用公文的有效传播已成为改善我国经济发展环境、建设中国特色社会主义社会的重要工具之一。其具备的沟通交流、控制调节、社会管理以及宣传教育等社会功能促使发文主体与接收对象形成纽带,推动政府在保证公众行使参政议政权利的同时,倾听人民群众通过各种媒介渠道自下而上地发出的呼声、意见和建议,不断加强和改进政府工作,提升自上而下的社会治理与社会管理能力。

三、公文传播学的学科地位

(一)公文传播学与相邻学科的关系

纵观我国古代的公文研究,在魏晋南北朝时期就已形成了论题全面的文牍写作理论,其后也基本与所处朝代的经济、政治、文化、传播技术等的发展呈现正相关趋势。近代以来,我国公文研究与法学、历史学、档案学、文书学、管理学、秘书学、语言学、符号学、公共关系学等多个学科均有联系,进入 21 世纪以后,我国秘书学、档案学等学科开始蓬勃发展,一大批青年学者投入公文研究,这既壮大了原本的学术队伍,又在一定程度上扩展了学科的研究视域。此外,由于国外,尤其是西方发达国家早已实现对公文和档案的一体化管理且对"契约论"广为提倡,公文的法律地位也在不断提高,出现了如美国 T. R. 谢伦伯格的《现代档案——原则与技术》(1956)、英国迈克尔·库克的《档案信息管理》(1985)等著作。同时,国外还普遍设有专门研究公文的管理机构,如美国的国家档案馆、

---

① 郑立新. 说服性传播理论视阈下的公文写作策略[J]. 黑河学院学报,2012,3(4):83-87.

日本的国立公文书馆等。

　　与公文研究相比,传播学的多学科融合特性则更加明显。作为一门研究人类传播活动且极具实践性质的年轻学科,传播学在诞生之初就与心理学、社会学、政治学、经济学等学科深度绑定,卡尔·霍夫兰与哈罗德·拉斯韦尔等人正是在实证研究的基础上分析了不同类型的传播活动,人类历史上第一位传播学家威尔伯·施拉姆更是在归纳、总结并修正新闻学、社会学、心理学、政治学等其他综合学科的基础上创立了传播学。我们可以说,作为二者的结合,公文传播学与其他相邻学科间相互交融,取长补短,不断呈现出多学科融合的鲜明特征。得益于开阔的研究视野,不同学科的学者可以互相交流、借鉴,推动公文传播学研究向更好、更深层次迈进。

　　(二)新文科背景下作为创新学科的公文传播学

　　当今社会正处在一个大发展、大变革、大调整的时代,新科技、新产业、新经济的加速发展对人类生产模式、生活方式、价值理念产生了深刻影响,也对人类知识生产和文化创新提出了新的迫切需求。作为发展社会主义先进文化的重要载体,"新文科"建设理念自2018年被提出以来,已经成为中国高等文科教育发展的风向标,而创新正是新文科建设的根本导向。①

　　公文传播学作为一门跨学科融合的创新性学科,其学科建设要放到整个人类社会所创造的优秀文化的大格局、大背景中去建设,在融贯中外的基础上注重知识生产的原创性。要扎实推进习近平新时代中国特色社会主义思想系统化、学理化、学科化研究阐释,并以习近平新时代中国特色社会主义思想为指导,立足中华优秀传统文化并批判性地借鉴国外优秀文化成果,针对一些本原性的问题做出新的理论概括,提出具有学科创新性的概念、理论和方法,同时关注新业态、新兴技术带来的新问题并提出原创性的见解。

　　此外,公文传播学还着重突出"融合"这一新文科建设的核心理念。人类认识的有限导致了现有学科的边界,而社会的复杂性则不断突破着这一界限。不同学科知识生产者所使用的理论和研究方法往往并非单个学科所特有,多学科、跨学科和超学科自然不可避免,这是人类知识生产过程中的辩证法。公文传播学作为新文科背景下的创新学科,主张打破文学、历史学、政治学、法学等传统文科间的学科壁垒,提倡不同学科、不同课程之间的内在交融,提升多视角分析和解决现实问题的能力,不断培养新型复合式人才。也就是说,公文传播学的研究并不局限于公文学与传播学内部,而是继续向其他相关学科开放,把传统的理论研究与写作规范变成能真正解决现实经济、政治、社会等问题的学科,形成有利于创新、交融、开放和共享的建设机制,为新文科建设提供坚实的制度依据和机制保障。②

---

① 韦路.新文科背景下新闻传播学一流专业建设探索[J].青年记者,2022(7):81-83.
② 马骁,李雪.创新与融合:学科视野中的"新文科"建设[J].中国大学教学,2020(6):31-33.

第二节 公文传播学的研究对象、任务和价值

一、公文传播学的研究对象

(一)公文传播学的研究对象的定位视角

公文传播学与其他多个学科有着密切的联系,它汇集了公文学、传播学、写作学、语言学、管理学、社会学等多个学科的研究,在现有的研究成果之上,将其交叉融合,从而衍生出新的研究和观点。因此,公文传播学研究对象的选取也存在多个视角,本书主要从公文学和传播学这两大主要视角对公文传播学的研究对象进行定位。从公文学的视角出发,其研究对象为公文、公文写作和公文处理三个方面,具体而言,即公文的内涵、特点、作用、历史、文种、行文规范、格式、结构、语言等内容。从传播学的视角出发,传播学是研究人类一切传播行为和传播过程发生、发展的规律及传播与人和社会的关系的学问。按信息传、受的范围大小,传播学可分为五个研究层次,即自我传播、人际传播、群体传播、组织传播和大众传播;按传播过程来划分,则可分为传者、受者、媒介、传播内容、传播效果等方面,其研究的重点是人与人之间信息传播过程与媒介、传播速度与效度、传播目的与控制,也包括如何凭借传播的作用而建立一定的关系。在此基础之上,公文传播学将公文学与传播学两大学科的研究对象结合起来进行研究。

(二)公文传播的内容、方法等元命题

具体而言,公文传播学的研究对象主要为公文传播的内容、方法等元命题。公文传播的内容则指公文内部所含的实质或意义,即公文的结构及所要表达的意图、观点。按照不同的划分标准,公文传播的内容可以划分为不同的种类,本书按文本性质对公文传播的内容进行了划分,将其分为了政治、经济、军事、教育和社会五大板块。政治类公文是政治权力机关意志的体现,是传播政治信息的一种正式的、较为重要的媒介。国家政权可以通过政治类公文,将法律、制度、政策、决定等政治信息传播出去,将政治系统内外的政治信息收集回来,从而在思想上、组织上、行动上维护管理。经济类公文以实用为原则,以经济活动为内容,以经济利益为目的,它包括了大量的有关经济活动的调查研究、经营决策、计划安排等相关文本。经济类公文作为经济工作的常用工具,对确保市场经济的正常运作和推动市场经济的发展发挥着重要的作用。军事类公文是军队机关处理公务中形成的具有法定效力和规范体式的文书,是军队各级领导机关行使职能、实施指挥和管理部队的重要工具和基本手段。教育类公文是学校办理公务所形成的具有一定体式的书面文字材料,它在某种程度上体现了学校的办学思想、教育观念、工作方法、管理水平,影响着师生的思想和生活。教育类公文不仅是学校内部各部门之间沟通工作的纽带,更是学校同外部各单位、政府乃至广大公众沟通的窗口。社会类公文在社会重大突发事件中起到了重要作用,常用于信息公开、指导工作、消除谣言等,其在一定程度上

发挥着社会治理的功能,对社会稳定健康发展起着关键性的作用和意义。

公文传播的方法即公文传播的方式、媒介渠道,它是传播内容的载体,是公文传播过程中的重要组成部分,本书对公文传播的媒介形态进行了归纳。公文传播的形态多种多样,可以是口语或纸质文件,也可以是报纸、电报或广播,还可以是电视或电影等。互联网出现后,公文传播更是产生了许多新兴的媒介形态,如电子公文、微博公文、网络直播公文、短视频公文等。相对于传统的纸质公文,电子公文更具快捷性和灵活性,大大缩减了传输的时间、空间,减少了人力、物力、财力上的支出,现已广泛应用于政府机关部门和企事业单位。微博公文的发布能让百姓能第一时间了解政务动态、国家政策,也能在留言讨论区和微博转发评论区提出建议、反映心声,实现了政府部门之间、政府和民众之间、民众之间的即时互动,有利于公民参政议政权利的更好实现。网络直播中的公文(政务直播)和短视频中的公文(政务短视频)充分利用互联网、大数据、人工智能等新兴技术,在扩大政府、机关单位等组织传播力、影响力的同时,也充分调动了广大基层群众参与社会治理的积极性。随着互联网信息技术持续迅猛发展,不同传播形态的新媒体产品在政府、用户和平台层面给社会治理带来新的挑战和机遇,创新的信息传播特征展现出社会治理的无限潜能。

二、公文传播学的研究任务

(一)公文写作、传播的规范与科学问题

公文传播学想要解决的问题之一,就是公文写作、传播的规范与科学的问题。所谓公文写作的规范与科学,即为公文写作时应该遵守的规定、原则和要求。公文是为了统一群体的思想认识,指导规范群体的实践活动,为实现一定的群体、社会目标而制作的,所以,公文的思想内容是一种集体意志的体现,而非作者一己之思想认识和情感意愿的体现。从这个角度来说,公文写作不是个人行为,作者不应该受个人立场所影响,被个人情绪所左右。也就是说,公文作者不能仅凭一人一己之见而为之,不能肆意发挥,更不能强加自己的观点于人,不能想写什么就写什么,不能想怎么写就怎么写。要想写出一篇规范的公文,那么首先在文种的选择上要正确,这就要求作者明确知悉每个文种的用法和差异。其次,公文的格式要正确,公文的要素要齐全,要素的编排要严谨。公文的每一项要素的位置、字体、字号等都有明确的标准,要严格遵从,标点符号和数字的格式,也需要多次校准。最后,公文的语言用词也应准确,尤其是错别字这样的低级错误绝不能犯。对一些容易混淆的词语,例如"截至"和"截止"、"作出"和"做出"、"制定"和"制订"等,要注意联系上下文和语言环境仔细斟酌。真实、准确是公文的生命,因此,公文写作中的规范与科学的问题值得我们去仔细探讨。

所谓公文传播的规范与科学,即为公文传播过程中应该遵循的规定、原则和要求。任何一种有目的的传播活动都希望取得良好的传播效果,公文传播也不例外。公文是一种实用文体,功利性是其重要特征,它不论以何种方式传播,都有着很强的实用目的。公文传播者传播公文的目的就是使其传播效果最大化,以期发生变化,达到公文传播者的预期目的。公文传播的传播效果主要受到传播者、传播内容、传播渠道和受众等几个方

面的影响。在公文传播中,要坚持以事实论事,以数据说话,所表达的内容和反映的情况绝不允许出现假大空、浮华失实,必须实事求是,才能保证传播者的可信度。而受众对公文参与的途径主要有网络或其他传播载体、信访途径、法律途径、议政途径和行为途径。因此,公文传播者必须担任好"把关人"的角色,从受众的主观动机出发,想受众之所想,思受众之所思,保证公文内容合法、合理,方能与受众达成共识,引起共鸣,得到受众的理解与支持,才能凸显良好的公文传播效果。从传播渠道来看,应尽量选择多渠道进行矩阵传播。现在公文传播过程中,传播主体充分利用网络媒介进行信息交流,如微博、微信公众号、视频号、抖音等,新的政务形式不断出现,众多的网民都积极响应并参与,在一定程度上拓宽了公文传播的渠道和途径,有利于广大人民群众及时接收查阅、互动反馈,从而达到理想的传播效果。由此可见,如何才能提高公文传播的传播效果、公文传播的规范与科学的问题等还有待深入地研究。

(二)公文写作、传播与社会治理的关系问题

公文传播学想要解决的另一个大问题,就是公文写作、传播与社会治理的关系问题。自从文字产生之日起,公文就成了一种与社会发展、人民生活密不可分的社会管理工具。大到国家决策、庆典,小到百姓的婚丧嫁娶,都可以看到公文的影子,公文已经伴随人类游历了漫漫的历史长河并深入社会生活的方方面面。进入新时代,随着理论与实践的发展,党的十八届三中全会作出的《中共中央关于全面深化改革若干重大问题的决定》中首次提出"社会治理"概念,代替了原来的"社会管理"。习近平总书记指出:"治理和管理一字之差,体现的是系统治理、依法治理、源头治理、综合施策。"从社会管理到社会治理,仅一字之变,不只是概念的转换,更是一种全新的改革理念的升华,体现了治国理政理念的与时俱进。那么相应地,当面对社会重大突发事件时,公文也随之出现了社会治理的功能。公文传播的直接目的是推进党政机关等发文主体的工作,但其最终能作用于社会治理,通过调控和沟通充分保障人民利益。

公文是国家进行社会治理的一种工具,而公文写作与传播行为的发生则可以促进社会治理,扩大社会治理的广度,加深社会治理的深度。发布公文是政府进行信息公开的主要途径,也是公文写作与传播治理作用的主要体现。党和国家行政机关将掌握事关公众利益的相关信息对公众公开,能够有效地推动政府依法执政,提升公信力,降低行政成本,继而有效地推动各项公共建设事业的发展,达到社会治理的效果。社会治理与公文之间密不可分,它们中间的关系缘由值得我们更加深入地挖掘。

三、公文传播学的研究价值

(一)公文传播学研究的学术价值

公文与传播,如影随形,几乎所有的公文活动,要么本身就是传播活动,要么是通过其他媒介进行传播的。随着公文学和传播学的兴起和快速发展,二者之间相互交叉、相互渗透、相互作用的部分越来越突出,成为公文学学者和传播学学者迫切需要解决的重要问题。公文传播现象随阶级、文字和国家的产生而产生,早在我国奴隶社会的夏商周

时期,公文传播就已经较为发达了。虽然公文传播现象早已有之,但真正对公文传播进行研究的学者甚少,公文传播还没有形成独立的学科。正是如此,本书将公文学和传播学有机融合在一起进行研究,在理论上不仅拓宽了公文学和传播学的研究范围,实现了公文学和传播学的融合,还涉及了社会学、管理学、语言学、心理学、秘书学等多个学科的研究,为促进公文传播学学科的建立打下了坚实的基础。

(二)公文传播学研究的社会价值

在当代社会,公文传播现象每时每刻都在发生,公文传播不仅发生在各层系统内部,它的传播范围是全社会的,甚至是全球的。公文传播涉及各级党政机关、团体、企事业单位的管理和运行,覆盖政治、经济、文化等多个领域,和广大人民群众的利益息息相关。因此,对公文传播学的研究具有重要的社会价值。

首先,公文传播是政府提高效率、改革和挖掘自身潜力的重要途径之一。在互联网信息时代,现代民主与网络通信技术的结合使公文传播空间得以空前拓展。随着社会信息化程度的不断提高,社会公务活动大幅度膨胀,社会生活越来越复杂,各种社会矛盾逐渐显现,突发性事件逐渐增多,这就必然要求我国党政部门能够及时制定出合理正确的政策。那么较之以往就需要更多的政治智慧和更加及时有效的公文传播,才能制定出切实可行的政策,以应对危机、化解矛盾。

其次,公文传播对社会公众的政治社会化、提高公众的政治意识、促使公众自觉参与政治,进而推动政治体制改革具有重要意义。公文传播可以扩大公众的知情范围,传达各个利益阶层的政治信息,同时也是广大群众政治参与的重要方式之一。从某种意义上讲,公文传播可以提高公众对政府的监督意识,促进政府的透明度和高效运作,进而推动中国的政治体制改革。

最后,公文传播是国家维护社会稳定,进行社会治理的重要工具之一。由于经济发展不平衡,社会贫富存在差距等现象逐渐显现,危机事件的发生率增高。在这样一种社会转型过程中,出现了许多社会问题,而公文传播正是解决这些社会问题、促进社会和谐的重要方式之一。通过公文传播,政府可以获知弱势阶层的利益要求,并向社会各阶层提供弱势群体的声音,较为有效地协调各方利益,公文传播为政府和社会各阶层提供了表达利益和相互交流的条件,是政府与社会对话的重要桥梁。

由此可见,公文传播对维护国家稳定、促进社会和谐具有重要意义,因此公文传播学的研究也具有十分重要的社会价值。

第三节 公文传播学的理论来源、现实基础和研究方法

一、公文传播学的理论来源

公文学和传播学作为两大学科,在各时代学者的钻研下,已有了较为丰富的研究成果,也为公文传播学的建构奠定了坚实的理论和实践基础。公文传播学作为一门交叉研究的学科,起始于公文学的基础理论,亦是传播学领域的新兴问题,其创建和发展离不开公文学和传播学两门学科的理论支持。

(一)公文学的基础理论

对公文学理论的借鉴首先需要明确公文的基本概念,中共中央办公厅、国务院办公厅在 2012 年 4 月 16 日印发的《党政机关公文处理工作条例》(以下简称《条例》)中规定,党政机关公文是党政机关实施领导、履行职能、处理公务的具有特定效力和规范体式的文书,是传达贯彻党和国家的方针政策,公布法规和规章,指导、布置和商洽工作,请示和答复问题,报告、通报和交流情况等的重要工具。基于此,《应用写作》一书中提到,广义的公文是党政机关、社会团体、企事业单位等合法组织办理各种公务时使用的具有特定效力和规范格式的应用文书,是传达贯彻党和国家的方针、政策,发布法规和规章、实施管理,规范行为,融洽工作,记载和传递公务信息等的重要工具。同时,在《条例》中将公文分为决议、决定、命令(令)、公报、公告、通告、意见、通知、通报、报告、请示、批复、议案、函、纪要共十五种。

基于公文具有的领导指导、宣传教育、规范行为、处理公务等社会功能,使其具有政治性、公务性、法定性、规范性以及时效性等特点,这也对公文的行文制度提出要求,其中包含直接隶属、间接、业务指导、平行、不相隶属的行文关系,逐级行文、多级行文、越级行文、直接行文的行文方式,上行文、下行文、联合行文等行文规则。在严格的行文制度下,要求公文处理工作应当坚持实事求是、准确规范、精简高效、安全保密的原则,在相关部门的领导下,完成收文、发文、存档等程序。公文学的基础理论明确了公文传播学的研究对象,为其提供了明确的要求和规范,也构建了公文生产和传播的科学性与社会价值性。

(二)传播学的基础理论

传播学是研究人类一切传播行为和传播过程发生、发展的规律以及传播与人和社会的关系的学问,是研究社会信息系统及其运行规律的科学。传播学研究的重点是人与人之间的信息传播过程、手段、媒介,传递速度与效度,目的与控制,也包括如何凭借传播的作用而建立一定的关系。1949 年,传播学集大成者施拉姆把美国的新闻学与社会学、心理学、政治学等其他学科综合起来进行研究,在前人传播研究的基础上,归纳、总结、修正并使之系统化、结构化,由他编撰的第一本权威性的传播学著作《大众传播》的出版标志着传播学作为一门学科成立。传播学四大奠基人之一拉斯韦尔在其《传播在社会中的结

构与功能》一文中将传播过程总结为"5W"模式,即拉斯韦尔模式。"5W"分别指传播者、讯息、传播媒介、受众、传播效果,该模式为传播学研究奠定了基本框架,也为公文传播学研究提供了研究思路和逻辑。

随着互联网技术的发展,大众传播得以实现,而在社交媒体技术的加持下,信息传播渠道进一步拓宽,媒介渠道和媒介技术的研究成为传播学的热门话题。同时,技术的发展也促使电子公文成为公文进行大众传播的首要方式,政务微博、政务微信等社交媒体平台也为公文传播构建了新的传播场景,使得传播场景理论进一步生根。同时,基于媒介技术的蓬勃发展,媒介融合、数字媒介、媒介化、媒介技术伦理等理论的相关研究不断丰富,也为公文传播的理论研究奠定了时代化的理论基础。

二、公文传播学的现实基础

公文传播学的产生和实践不是虚无的,而是基于强烈的社会需求,有着坚实的现实基础。就公文传播而言,它综合了公文和传播的双重社会功能,既可以发挥公文治国理政的作用,也可以实现传播的社会化教育等一般社会功能。这些功能的顺利实现顺应了社会的需要,是对社会需求的反馈,因此,公文传播是基于现代国家治理工具和提升现代公民素养的需要而出现并实践的。

(一)作为现代国家治理工具的需要

现代国家治理既是作为主体的国家政权运用各种力量、资源和手段调节各种社会关系进而稳固现存政治秩序的过程,也是作为治理对象的国家对自身组织机构和制度体系自我优化、净化和革新的过程。[①] 现代国家治理中资源调节以及自我革新的实现需要通过信息进行协调与管理,而公民作为党政机关、社会团体、企事业单位等合法组织办理各种公务时使用的具有特定效力和规范格式的应用文书,是传达贯彻党和国家方针、政策,发布法规,实施管理,规范行为,融洽工作,记载和传递公务信息等的重要工具,因此,公文传播顺应了现代国家治理工具的需要,为国家治理发挥承载作用。

2022 年 4 月 22 日,国家政府网站公布了《国务院办公厅关于印发 2022 年政务公开工作要点的通知》,其中提到要加强涉及市场主体的信息公开,加强涉及减税降费的信息公开,加强涉及扩大有效投资的信息公开,通过政务信息公开助力经济平稳健康发展。以公开助力保持社会和谐稳定板块,要求各级机关要持续做好疫情防控信息公开,强化稳就业保就业信息公开,推进公共企事业单位信息公开。同时,文件提出要深化行政法规和规章集中公开,开展行政规范性文件集中公开,加强政策集中公开成果运用,优化政策咨询服务,规范执行政府信息公开制度,科学合理确定公开方式,加强公开平台建设,扎实推进基层政务公开,严格落实主体责任,有效改进工作作风以及认真抓好工作落实。以该文件为例的各类公文在面向大众进行广泛传播的过程中充分体现出公文传播的社会协调和自我提升、革新的功能,展现出公文传播作为现代国家治理工具的效用。

---

① 海云志.论现代国家治理的思维框架与思想资源[J].北方民族大学学报,2021(1):164-170.

（二）作为提升现代公民素养的需要

公民是社会主义精神文明的建设主体、受益主体与评判主体,公民素养之高低直接关乎社会主义精神文明建设乃至社会主义现代化建设之成败。[1] 公民不仅能理性地选择目标,追求个人的利益,而且能在维护公共生活利益的同时,实现个人的价值。公民素质是体现公民实现社会价值的能力,其表现为公民意识和公民素质。公民意识体现了公民的精神层面,主要有主体意识、权责意识、民主意识和公共意识;公民素质则主要包含公民的政治素质、文化素质、道德素质和法律素质。公民素养还包括运用科学的思想观和积极的人生观理解社会并能做出相应决定的能力;包括能够确认社会问题、做出科学结论并就结论与他人进行交流和投入社会生活的能力。[2] 21 世纪以来,互联网等科学技术不断发展,对公民素养提出了更高的要求。例如,社交媒体发展使得信息传播的准入门槛和传播难度降低,信息形成了爆炸式传播的态势,大量良莠不齐的信息不经把关便广泛流动,对公民的媒介素养提出挑战。

我国宪法对我国公民的基本权利和义务进行了总体性规定,明确了公民拥有在法律面前一律平等的平等权、人身自由权、选举权和被选举权、宗教信仰自由、监督权和取得赔偿权、社会经济权利、教育、科学、文化权利和自由、妇女、婚姻、家庭、母亲、儿童和老人受国家保护。宪法规定公民有义务维护国家统一和全国各民族团结;遵守宪法和法律、尊重社会公德;维护祖国安全、荣誉和利益;保卫祖国,抵抗侵略,依法服兵役和参加民兵组织;依法纳税。该公文的传播是对公民素养的明确要求和传达。2008 年 3 月 28 日,国务院颁布了《中华人民共和国政府信息公开条例》,该条例于 2008 年 5 月 1 日正式实施。该条例使各级政府机关不断深化自身政务公开工作,公文传播的此语境下,借助多元媒体的承载得以实现和扩展。就政务公开本身而言,该条例是对公民知情权、参与权、表达权和监督权的保障,能够推动公民参与政治、提高公民主体意识、权责意识、民主意识和公共意识。同时,政府公文是对各领域、环节等的具体规定和保障,其中既包含明确的责任要求,也蕴含传统文化、政治底蕴,对公民政治素质、文化素质、道德素质和法律素质的提升具有积极意义。

三、公文传播学的研究方法

恰当的研究方法能够使该研究过程更为科学,结论更加准确,研究方法的合理性能够在一定程度上佐证该研究的科学性。一个学科的发展也离不开对研究方法的探讨。公文传播学的研究方法借鉴了传播学基本研究方法,主要分为定性研究法和定量研究法。

（一）定性研究法

定性研究方法又称为思辨方法、质化研究法等,指建立一套概念体系,借助理论范

---

① 施向峰.公民素养:精神文明的主体境界[J].道德与文明,2017(6):14-19.
② 李玉海,熊旭超.提高公民素养的信息公开策略浅析[J].情报科学,2009,27(5):704-707.

式,进行逻辑推演,据此解释或解构假设的命题,最后得出理论性结论。定性研究方法可以补充定量研究方法的不足,更具细节性和思辨性。定性研究包括深度访谈民族志学、个案分析法、文本分析法、投影技法等。将定性研究方法运用于社会与文化过程的分析,成为近年来学术研究的一个趋势。

深度访谈。深度访谈是为搜集个人特定经验及其动机和情感对研究问题相关人员所做的深入的访问。在自由交谈中,从被访谈者的反应、态度、意见中探求深层的东西。深度访谈法不采用问卷,但必须事先准备好采访的提纲。访问不要求面面俱到,但要对主题有深入的探讨;提问顺序和方式可以根据被访者的具体情况而调整,目的是促使被访者深入、连贯、自主地表达自己的态度和意见。深度访谈能够更为深入地获取个体的态度和情感,以及思想变化过程。基于此,深度访谈逐渐成为传播学效果研究的主要研究方法之一。深度访谈法具有无结构的、直接的、样本量较小、可获取详细资料等特点。

民族志学。或称田野调查法,源于人类学,指利用参与观察法深入特定团体、人群生活一段时间,通过观察、询问,从内部观点对其意义进行说明,文化研究学派的莫利最早将民族志学法引入传播学研究。民族志学重视研究群体的活动过程,而不仅仅是描述孤立的事件,它描述同一文化群体中的人的生活方式,包括他们如何行动、互动,为自己的行为赋予意义等。随着互联网技术的发展,为了适应新的环境,网络民族志学研究方法逐渐在学术研究中凸显,网络民族志学研究计算机中介的社会互动的特有可能性,是基于线上田野工作的参与观察研究。它使用计算机中介的传播作为资料的来源,以获得民族志学对文化或社区现象的理解和描述。民族志学研究方法从人物和事件生产的自然环境下进行研究,因而能够得到丰富、系统、详细具体的资料,可以研究一些不容易接近、较封闭的群体。但需要花费较高的费用和较长时间,结果高度依赖研究者的个人能力。

个案分析法。个案分析法是指对某一个体、某一群体或某一组织在较长时间里连续进行调查,从而研究其行为发展变化的全过程,通常采用观察、面谈、收集文件证据、描述统计、测验、问卷、图片、影片或录像资料等方法,也称为案例研究法。1950 年怀特运用个案研究方法将把关人概念引入新闻研究领域。个案研究能详细、深入、全面地占有研究对象的资料,可以提供许多材料、观点、见解,可以作为其他研究的基础,经过后续的其他类型的研究得出一般性结论。但是个案研究对对象选择需花费更多心思,个案对象是个别的但非孤立的,研究需要反映其他个体和整体的某些特征和规律。为了搜集到更多的个案资料,个案研究常与各种研究手段结合使用。

文本分析法。文本分析法是研究媒体内容的多种方法的总称,它包含多个理论流派和思想资源,并无统一的操作程序。一般来说,它是研究者用来描述和解释媒介讯息的一种研究方法,侧重于描述文本的内容、结构和功能,解释层次的潜在意义,很少使用数字和统计手段来呈现研究结果。用文本分析法研究媒介内容,也经常被称为"解读"媒介内容。文本分析法强调对媒介内容的深入理解,它的优势在于获得深入的隐含的意义。但存在研究对象规模较小、代表性低的隐患。

(二)定量研究法

定量研究是通过运用变量语言,对研究资料进行数据化处理,并对数据进行解释的系统的科学的研究方法。它通常借助足够数量的随机样本对总体进行推测。近年来,随着学术研究的深入,传播学研究中使用定量研究方法的研究不断增多,而在数据的加持下,学术研究的标准化较强,其逻辑性和直观性也有所提升。因此,在学科交叉融合下,定量研究法也适用于公文传播学的研究,同时也作为其中的研究领域而存在。

社会调查法。社会调查法源于19世纪的欧洲,最早由保罗·拉扎斯菲尔德引入传播学领域,并成为美国传播学研究的传统方法。它包括抽样调查设计、问卷设计、统计分析三大部分。在保罗·拉扎斯菲尔德的"伊里调查"中即使用社会调查法。其操作程序如下:抽样设计—问卷设计—统计分析—解释与推论。社会调查法的最大特点是"实地性"地考察,以广大受众为研究对象。因此调查客观而全面,基本不受人为控制因素影响。

内容分析法。内容分析法是一种对明示的传播内容作客观而有系统的定量描述的研究方法。美国传播学者伯纳德·贝雷尔森1952年在《传播学研究的内容分析》一书中首次系统论述了这种研究方法,指出内容分析的研究对象应该是明示的、可见可听的文本材料,不能以文本制造者的潜在动机和文本可能引发的潜在反应为研究对象。其分析结果只能看出各分析变量之间是否具有相关关系,而不能知道是否具有因果关系。新闻传播领域第一个系统运用该方法研究的是拉斯韦尔,他以此对第一次世界大战中宣传技巧做了分析。新闻传播学领域对研究对象的分析主要有描述传播内容特征、反映社会变化、检验人格特征、考察媒介内容和客观世界的一致程度、评价特殊社会群体形象、建立媒介效果研究的出发点等。

控制实验法。控制实验法是处理因果关系的传统方法,主要在实验室中进行,指的是根据特定目的,在人为设计的实验环境中,利用实验室的环境对相关变量进行操作,进而考察变量间相互关系,又称对照实验法。控制实验法通过设置实验环境,设定某个或某几个因素,作为自变量而排除其他可能对传播造成影响的因素,然后通过人为地改变自变量来观测某些因变量,得出一系列有关自变量和因变量关系的结论。这种方法由霍夫兰和卢因两位传播学先驱从实验心理学引入传播学研究领域。控制实验可以主动控制实验要素,排除干扰变量,提高实验逻辑性,内在效度高。

第一章 公文传播的历史

　　公文是应用文的重要内容。应用文是一种特殊的文体,它不是诗歌、小说、散文、戏剧之类的文学文体,也不是议论文、记叙文、抒情文之类的文体。它属于在工作、学习、生活中应对实际需要和具体用途一类文体,即应用文书(或称实用文书)或应用文体,俗称应用文。应用文根据行文主体和内容性质分为公务文书和私务文书,而公务文书即公文。公文是历代国家机关、政党、团体和企事业单位用于处理公共事务的文体,它由不同历史阶段(或时期)的多个文种组成,形成一个体系。"公文"一词的出现,最早见于西晋陈寿的《三国志·魏·赵俨传》:"辄白曹公,公文下郡,绵绢悉以还民。"《后汉书·刘陶传》也有"但更相告语,莫肯公文"之语。从"公文"一词出现起,其在社会管理中的枢纽作用——公文的基本职能便已出现。除了使用"公文"这一概念外,各朝各代的公文还有着不同的名目:殷商时称"典册",周代称"中",秦时称"典籍",汉称"文书","文案",三国称"公文",唐宋称"文卷""案卷",元称"文卷""簿籍",明称"文牍""案牍",清称"牌子""本章"等,而近代称得最多的是"文牍""文书""应用文"等词。其中,"文书"最早出自西汉贾谊的《新书·过秦(下)》,这里的"文书"泛指古代文集图册。东汉时期,班固在《汉书·刑法志》中提出:"文书盈于几阁,典者不能遍睹。"此处的文书指公务文书。"公文"一词的出现大约在三国以后,晚于"文书"。在古代,公文又称为公牍或文牍。所谓牍,因其字从片部,而片为半木,所以出之于版者为牍。中华民国时期,徐望之所著《公牍通论》,即为"公文通论"。"文件"这一称谓在清朝末期开始使用。在如今的机关公文处理工作中,文件既可作为单独概念使用,也可作为集合概念使用。从狭义上来讲,文件既指专门的头版公文,也可指个别文件,如"国务院文件"或"×××发送的文件"。从广义的几个概念来讲,文件即公务文书,指的是机关公务文书的总称。

　　探讨公文传播学之际,一个不可避免的问题是如何理解"传播"这个基本概念。据考证,"传播"一词起源于拉丁语的 communicatio 和 communis,14 世纪在英语中写作 comynycacion,15 世纪后逐渐演变为现代词形,其含义包括"会话""交流""通信"等。通过这些日常用语,我们可以发现,传播一词指的是人类传递或交流消息、观点、感情等与此有关的交往活动。①

"传播"何时作为理论语言开始使用尚待考证,但根据现有文献我们可以判断,早在20世纪初,一些学者就已经将传播列入学术考察的范畴。例如,美国社会学家库利在1909年出版的《社会组织》一书中专门开设了《传播》一章加以论述,皮尔士也在1911年出版的《思想的法则》中对"传播"进行了论述。库利和皮尔士对传播的描述开创了界定传播概念的两个传统,一个是社会学传统,一个是符号学或语义学传统。随着信息科学的诞生,许多传播学家在界定传播概念之际突出强调传播的信息属性。著名传播学家施拉姆在《传播是怎样运行的》中提出传播至少有三个要素:信源、讯息和信宿。另一位传播学家阿耶尔则更明确地提出:传播在广义上指的是信息的传递,其不仅包括新闻、还包括表达感情、期待、命令或其他任何什么。

经过以上分析,我们可以将传播界定为社会信息的传递或社会信息系统的运行。这样一个定义,有助于我们更客观地认识和把握人类社会传播的客观规律。此外,传播是通过一定的媒介、手段和工具进行的,语言的产生是真正意义上的人类传播的开端。根据媒介产生和发展的历史脉络,我们可以把迄今为止的人类传播活动分为口语传播时代、文字传播时代、印花传播时代和电子传播时代4个阶段。值得注意的是,这个历史进程并不是各种媒介依次取代的过程,而是一个依次叠加的进程。因此,公文传播学就是研究公文作为社会信息传递或社会信息系统运行的历史、特征、规律、价值等各个基本问题的学科。

第一节　古代公文

中国古代公文始于原始社会后期,经夏商而止于清末鸦片战争以前,历经岁月起伏和王朝更迭,涵盖的时间跨度接近四五千年。由于公文与政治变革及社会生活息息相关,它较诗歌、辞赋而言,更能将重大历史进程与激烈的社会矛盾展现得淋漓尽致。在这一历史阶段,公文作为政事处理工具伴随着媒介的发展,从简单粗糙走向完善成熟,其重要作用不断凸显,社会地位不断提高。

一、早期社会的公文

原始人类在集体性的劳作与生活中,为了相互表达思想、交流经验而产生了语言。这是人类与类人猿握别的重要标志,但它又难以保留,实践活动中有许多事情需要记载,仅用语言显然行不通。因此,我们的祖先便发明了结绳和绘画的方法记事。这种"结绳"和"刻契"的应用文,具有备忘、信守、凭证的作用,有的已带有一点公文的性质。

其实,中国公文的历史渊远流长,它的源头在哪里,开端于何时,学界基本有两种看

---

① SCHRAMM W. How Communication Works,The Process and Effects of Mass Communication[J]. Urbana:university of illinois press,1954.

法:一是"五帝"说,认为"五帝"时代可能已经有了文字,加之多种公务活动,公文也就初步形成;另一种看法是"夏朝"说,认为公文在夏朝时期产生,也就是说,公文是阶级与国家出现后的产物,而且同夏朝文字的产生紧密联系在一起。

作为一种书面语言,公文的形成离不开文字,而且由于其内容不是单个文字符号的随意组合,它要通过较成体系的文字去表达一定的完整思想。因此,只有文字发展到一定程度及其规范使用,才会产生公文。以上两种观点趋同的地方在于:公文是社会管理活动发展到一定阶段的产物。中国原始氏族社会末期,公务管理活动已相当丰富,如征讨、祭祀、治水等已经提出了由"语言"过渡到"公文"的客观要求。其问题在于,要将"公文"管理变为现实,必须依赖文字的产生和使用。关于中国文字(汉字)起源的时间和标志,学界迄今还有不同的认识。一些学者将新石器时代各种陶器上的简单记事符号视为最早的汉字,或汉字的原始形态。这主要指的是原始氏族社会晚期(距今约4000~6000年,相当于"五帝"时代)的两种资料:一种是黄河流域及江浙地区发现的仰韶、马家窑、龙山和良渚等文化的刻画记号;一种是分布于山东省及江苏北部、河南东部的大汶口文化的象形符号,因首次发现于山东泰安市大汶口而得名。一些学者认为前一种在陶器和陶片上刻记的记号只是一种记事符号,与记录语言的文字毫无关系;后一种大汶口文化中发现的象形符号则被古文字研究专家认定为原始汉字,这种原始文字通称陶文,属于大汶口晚期的遗存,距今约4800~4300年。也就是说,在我国原始社会晚期开始产生了文字,这大致同历史文献传说中的黄帝时代开始产生文字有吻合之处。

既然如此,黄帝时代是否就是公文发端的年代呢? 依据目前发现的陶文来看,其数量有限,仅能表现几个意思,无法承担撰制公文的任务。陶文产生后的下一个连接点是殷商时期的甲骨文,中国最初的公文由此诞生。

二、夏商至秦以前的公文

我国第一个国家政权从夏王朝开始,经过商、西周、东周(春秋战国),到秦建立大一统的封建帝制国家,共经历约1800年(约公元前2070—前221年)。这是我国古代公文发展的初始阶段,相关工作还处于萌芽和成长时期。总的来看,夏朝虽然有了文字,但没有完整的公文直接流传下来,现能见到的多是后人的追忆或散篇残章。《尚书》是我们现在所能见到的最早的公文选集。它所收录的六种主要文体:典、谟、训、诰、誓、命,代表了殷商前后很长一个历史时期公文的基本形式。虽然《尚书》中某些篇目的真伪迄无定论,但是它的价值不容置疑。如著名的《盘庚》篇,盘庚力排众议、一意迁都时,其劝说臣下的语言已具有相当的生动性:"若颠木之有由蘖,天其永我命于兹新邑。""若网在纲,有条而不紊;若农服田,力穑乃亦有秋。""若火之燎于原,不可向迩,其犹可扑灭?"取喻恰当,叙事清楚,表现出了公文发展的明显进步。商代专职公文撰制机构——太史寮的出现,则意味着公文撰制制度化进程的全面展开,公文的文种与体式也日渐丰富并逐步走向成熟。

(一)甲骨公文

甲骨文,是"龟甲兽骨文字"的简称,是契刻在龟甲和兽骨上的文字。据考察,殷商时代的甲骨文不仅包括记号字、指事字、象形字、会意字,而且包括既照顾到词义理解、又考虑到发音记录的较高级形声字。这标志着我国文字符号体系已初步形成。

光绪年间,河南省安阳市小屯村农民在耕地时,屡屡发现有龟甲、兽骨随土翻起,上面多有刻画,他们称其为"龙骨"。1899年(光绪二十五年),金石家王懿荣判定"龙骨"是一种比西周金文更早的古文字,这在当时的国内外学术界引起轰动。由于商朝也称"殷商",安阳市小屯村一带属商朝后半期遗址,因此甲骨文又叫"殷墟文字"。

根据历史文献和考古发现,甲骨公文与金文公文是中国最早的公文。甲骨文主要属于商代后期和西周前期,特别是殷商甲骨文是迄今为止在中国乃至世界上发现的最古老的文书,在史学、文字学和文书学上都占有重要地位。甲骨文是殷王朝借助神权管理国家的产物,自夏朝建立以私有制为基础的国家后,原始宗教中的自然崇拜和祖先崇拜被赋予了宗法等级性,逐渐产生了由国家直接掌握的以天神崇拜、祖先崇拜为核心的宗法性国家宗教。这种宗教在商朝进一步形成,在周朝达到成熟。殷墟出土的甲骨公文内容十分广泛,从经济基础到上层建筑,从思想文化到生产生活,几乎无所不包,比较全面、集中地记载了殷王朝统治者的活动。值得注意的是,国家和王室的各种活动几乎均先通过占卜来祈求上帝赐名(甲骨公文中已有"上帝"名称),掌握占卜的巫医就充当了上帝的代言人,负责向上王传达指令。所以,甲骨公文也称甲骨卜辞,是占卜宗教活动的产物。

(二)金文公文

金文公文是一种铸造或刻凿在青铜器上的铭文,发于商朝晚期,盛于西周,统称为"商周文字",我们现在使用的楷体汉字便由商周文字逐步演变而来。金文公文从私人文书发展而来,郭沫若早年在《周代彝铭之进化观》中指出:"彝铭之起,仅在自名,自勒其私名或图记,以示其所有。"[①]据目前考古发现来看,这一论断符合实际。早期青铜器铭文大多记载作器者、氏族以及祖先的记识。严格来说,这只是私名(族名)的标识,连私人文书也称不上。后来又有将私名(族名)与致祭对象的庙号连在一起的铭文,表示某人(某族)为祖先作铸祭器,这被视为青铜器私人文书的初创。殷墟晚期,随着青铜器铸造工艺和其他社会文明的进步,铸造铭文的铜器增多,还出现了铸有几十字的较长铭文。这些铭文内容涉及家族人物的活动及具体历史事件,有的还标注了作器时间,这种私务文书与公务文书"共生"的现象,说明金文公文是从私人文书中孕育出来的,我们可视其为初创的金文公文。到了周朝,由于实行分封制、宗法制与世卿世禄制,公务与私务更难分开。周初金文承商末之续,多为贵族铭功而作,但记事较商末更为详尽,其主要内容属国事活动。这类金文从作者身份及铭文性质看虽带有私人文书成分,但仍应被视为金文公文。

金文公文的内容和格式呈现出多样化特点,不像甲骨公文那样统一,辞章也达到一个新水平。从公文类型来看,其大致分为铭功记事公文、册命公文、诰辞公文、药剂公文和司法公文;从公文字数来看,金文公文不仅篇幅宏大,反映的内容也比甲骨公文更具广度和深度。许多铭文叙事准确,说理清楚,甚至讲求四字韵读,传世的《禹鼎》和《庚壶》

---

① 转自《中华文明史》第二卷《先秦》,第335页。

便是如此。

（三）中国最早的公文典籍——《尚书》

许慎在《说文解字序》说"著于竹帛谓之书"，这说明书的载体为竹或帛，这与此前以龟甲兽骨、青铜器为主要载体的公文有了较大差异。《尚书》又称《书》，是我国第一部上古历史文件和部分追述古代事迹著作的汇编，属儒家五经之一，又称《书经》。

与甲骨公文、金文公文相比，《尚书》在多个方面有了极大进步。这首先体现在文种上。甲骨公文和金文公文都没有公文名称，《尚书》开始使用公文名称，共计典、谟、训、诰、誓、命等六种。在《尚书》二十八篇公文中，标题无固定格式，文中显露于标题的只有十四篇，其他皆隐含在文中。此外，《尚书》的公文正文已初步具备一定格式，先是在文眉交代事件、地点和背景；而后在主体部分讲内容。如帝王亲自宣布谋事，称为"王曰"，大臣向王进谏，则常有尊王的习惯用语"拜手稽首"，这种反映等级制的用语为后世开了先河。

在记言记事方面，《尚书》记言注意表现说话者的情态，多用语气词汇，记事则顾及首位，写出一定的场面和气氛，如《顾命》写周成王将死、康王继位的过程，将遗嘱、场面、仪式、宾客排列等都叙述得有条不紊。由于《尚书》所提及的几乎是王朝的重大事件，其也就具备了明确的历史意识和历史借鉴思想。从尧舜禅让到周公东征，在反映历史事实时，无不以史为鉴，教化臣民。虽然文字古奥难懂，但修辞手法的运用为内容增加了生动性，具有一定的文采。

可以看出，《尚书》公文与甲骨公文和金文公文相比，有了相当的发展，但仍处于我国古代公文的萌芽阶段，其功能、格式及行文关系仍处于形成期。即将到来的社会大分裂、大变革将促进公文的进一步成长。

（四）春秋战国时期的公文发展

公元前770年，周平王东迁洛邑（今河南省洛阳市），周王室逐渐衰落，各诸侯国互相征伐，战争频繁。与此同时，官学解体，私学兴起，整个社会形成了"诸学竞长，百家争鸣"的文化繁荣景象，各派士人争相奔走、摇唇鼓舌、游说四方，演绎出一个言辞酣畅、巧说纷呈、纵横捭阖的传奇时代。在这个奴隶制向封建制过渡的大分裂、大变革的特殊时期，经济发展、社会变革、思想解放和文化繁荣都为公文的发展创造了条件，开放自由的社会环境，形成了公文特有的色彩。清代史学家章学诚在《文史通义·诗教》上说："后世之文，其体皆备于战国。"此语虽略有夸张，但亦可见公文在此时的繁荣程度。

随着社会分工的日趋复杂，社会制度交替中的激烈变革，使社会各阶级关系发生变化。为了适应多方面的公务管理需要，文书种类呈现多样化趋势，封赏任命性公文、呈报性公文、法律公文、军事公文、外交公文、礼仪公文等一应俱全。除公文种类外，大量知识分子的涌入使得公文创作队伍迅速壮大，他们代表不同思想派别，占据了许多与公文创作和管理息息相关的职位。他们利用自己丰富的知识文化修养创作了一批历史撰述，其主要集中于《战国策》《左传》《国语》等先秦典籍中，其中《左传·同盟於亳载书》《战国策·报燕惠王书》《战国策·苏秦献书赵王章》以及李斯《谏逐客书》等，都是流传千古的名篇。时代的争鸣气氛造就了灿烂的辞章,这一时期的公文长于雄辩、气势恢宏、文采绚丽、炫人耳目,无论是在思想上还是在艺术上都表现出绝无仅有的独创性和丰富性。

三、秦汉至鸦片战争以前的公文

(一)秦汉时期的公文

公元前230—221年间,秦灭六国,中国出现了空前统一的政治局面,从一个诸侯割据称雄的国家转变为一个专制的中央集权国家。汉承秦制,在政治、经济和思想文化大统一的前提下进一步巩固和发展了国家统一,促进了古代公文体制的确立。

随着以皇帝为核心的中央集权建立,公文工作走向加强和统一。秦王朝在中央实行以丞相、御史大夫、太尉为首的三公九卿制,在地方上实行郡县制,确立了封建社会的国家公务制度。汉朝基本继承了秦的行政管理体制,只在官职名称和行政区划上稍有改动。

为了加强政治上的统治,秦王朝还实行"书同文""车同轨"。所谓"书同文",即废除六国文字,统一使用"小篆";"车同轨"则是建设驰道和直道,推动交通事业发展。随着汉王朝的建立,汉隶成为官方标准字体,"丝绸之路"更是直通地中海东岸。这一切都为大规模的公文传播提供了更加便利的条件。

秦汉时期,公文书写材料以竹简、缣帛为主,秦王嬴政每日批阅120斤简帛公文,东方朔上奏给汉武帝的长篇奏议所用竹简达3000枚之多。这种笨重且昂贵的媒介已经不能够适应整个社会文化发展的需要,公文发展的革命性载体——纸张也就应运而生。1957年,考古学家在西安灞桥的西汉早期墓葬中发现了残纸,这成为了已知世界上发现的最早的人造纸片。19世纪80年代,甘肃天水放马滩、敦煌马圈湾烽燧遗址和敦煌甜水井汉悬泉邮驿遗址又出土了数量较多、残存面积较大的西汉麻纸,这说明大约在西汉早期,我国就已经发明了纸张。东汉和帝时期,宦官蔡伦总结经验,在此基础上用树皮、麻头等造纸,价格低廉且适用于书写,纸质公文应运而生。东晋末年,纸完全取代帛简成为主要书写材料,古代史书的简牍时代彻底宣告结束,这是公文传播媒介的一次革命,推动了公文工作的长足发展与进步。

总体而言,秦始皇建立了中国第一个中央集权的封建专制王朝,有力地促进了古代公文的发展和传播,但其所实行的严刑峻法对公文发展又产生了明显的遏制作用,除秦始皇、李斯等人的公文较有价值外,整个秦代公文的实际成就不高。汉王朝以秦为鉴,总结历史教训,以休养生息为策略,为汉初的社会经济和公文元气复苏提供了保障。文景前后,公文创作上承战国余绪,出现了"西汉鸿文"的全盛局面,贾谊、晁错等人才辈出。汉武帝后,国力日渐强大,社会生活日渐丰富,公文的创作与传播也进入前所未有的繁荣局面,涌现了以汉武帝、司马相如、东方朔、扬雄、董仲舒、公孙弘、司马迁、赵充国等为代表的一大批公文创作名家。相比之下,东汉除汉光武帝、班彪、班固、王充、张衡等人外,公文成就明显低于西汉。

（二）秦汉以后的历朝公文

秦汉以后，中国古代公文开始从发展、完备走向衰退，这一时期共历经一千六百二十年，涉及朝代众多。

汉朝末年，长期的社会动乱使得诸学竞长的局面卷土重来，公文创作和写作理论都呈现出空前的自由解放的趋势。这一时期的代表作品有曹操的《让县自明本志令》、诸葛亮的《出师表》、陈琳的《为袁绍檄豫州》等，大多写得生动感人，文字如出肺腑。而曹丕的《典论·论文》、陆机的《文赋》、刘勰的《文心雕龙》等，则从不同的侧面和角度对公文写作理论进行了深入的探索。其中，《文心雕龙》规模宏大、论旨精深、体例周详，体现了魏晋南北朝时期公文理论的最高成就。

经历了近四百年的大分裂之后，隋唐统治者们实现了国家统一，中国古代社会从分裂进入又一次的大一统时期。南北方的文化汇流及雕版印刷术的发明都为整个社会的思想活跃提供了条件，公文传播也得到了新的发展。隋代公文基本承六朝余绪，加之纷华靡丽，骈体公文盛行。但其强调"公私文翰，并宜实录"，禁止"文表华艳"，为改革浮靡文风提出要求。唐初之始，印刷活动开始在民间进行，多用于印刷佛像、经咒等。与此同时，文风也开始由骈入散，科举考试的应用文写作要求士子必须熟悉公文写作，能写作者多可做官，做官者亦多能写作，公文写作的地位得以确立。此外，陈子昂及初唐四杰在文学上要求革新的呼声，对公文写作的时弊也有较大的冲击，加之魏徵、马周、房玄龄、杜如晦等身体力行的写作实践，公文的散体化倾向越加明显，骈体公文也开始矫正堆砌辞藻的缺陷，逐渐由形式华美向"经世致用"转变。中唐时期，陆贽将骈体公文推向极致，其对偶齐整、音韵协调、气势极盛，被称为"万世龟鉴"。后来，韩柳等古文大家的加盟使散体公文日趋成熟，骈散兼行、共同发展的公文文风初步形成。公元907年，唐朝覆灭。后唐统治者在宰相冯道的建议下，将雕版印刷的范围由民间的实用类书籍上升到当时被奉为经典的儒家著作。公元953年，130卷的巨帙完成刊印，前后共耗时约22年，这是儒家经典的首次印刷，也是国子监印售官定书籍的开始。由此可见，在印刷术发明后的最初几百年内，它已经成为了整个社会普及文化的重要媒介。

公元960年，宋朝统一了五代十国的纷争局面，又一次实现了国家统一。尽管宋代国力有限，但科技与文化成就却有目共睹，重文轻武的基本国策与活字印刷术的广泛采用，都将公文传播的"盛唐隆宋"体现得淋漓尽致。

在宋朝立国之初，扫荡骈文、复兴古文成了公文大家的主要工作，其中，王禹、柳开堪称代表。仁宗、英宗、神宗三朝推动了北宋政权的稳固与发展，欧阳修、苏洵、王安石、苏轼、司马光等一大批公文大家的出现，使宋代公文异常繁荣，名篇佳制纷至迭呈，艺术技巧极为娴熟，中国古代公文达到鼎盛。庆历年间（1041—1048年）毕昇发明活字印刷术，这使得标准化、批量化的印刷生产成为可能。在"文人治国"的统治方略下，利用雕版技术，通过书籍出版实现文治，是皇帝的一项重要工作。淳化三年（992年）二月，太宗"诏以新印《礼记·儒行篇》赐中书、枢密、两制、三馆等人各一轴。先是御试进士，以《儒行篇》为论题，意欲激劝士流修儒行，故名雕印。首赐孙何等，次及宰辅近臣及铨臣选人，令置于厅事,以代座右之诚。"①此外,王朝统治者还刺激着图书编纂与刻印的商业化经营,从而使得儒家经学和统治阶级的思想文化能够以印刷媒介的形式在社会中广泛传播。以程朱理学为代表的各派思想将当时的封建秩序视为永恒,进一步强化了原已比较成熟、稳定、巩固的封建公文程式,由公文传播建构起来的皇权秩序也得到了民众的进一步认可。

公元1127年,金兵攻入汴梁(今河南开封),北宋灭亡,南宋偏安(首都临安),时局的巨变给文人士大夫们带来了极大的刺激。对抗金复国的渴望使文人士大夫忘记了一切,犯颜直谏、饱含激情、痛哭流涕的文风逐渐形成,陆游、汪藻、宗泽、李纲、虞允文等一大批公文作家让公文保持了勃勃发展的生机。李超、李昉、苏洵、苏轼、苏辙、胡安国父子等一批家族式公文大家的涌现使这一时期的公文写作形成新的局面。从作品的数量、一流大家的人数等多方面看,宋代公文堪称中国古代公文发展的高峰。

公元1271年,蒙古人结束了长久以来民族纷争、南北对峙的局面,建立元朝。作为中国历史上第一个由少数民族建立起来的大一统政权,元朝统治者效仿宋朝机制建立起中央机构。蒙古文化富于活力的质朴、拙野和强壮与长期以来中原文化的繁缛、浮华形成了鲜明的对照,也给中国的文化传统增添了新的色彩。在公文发展方面,元代规定帝王诏令用蒙古国新字书写,其他"公式文书,咸遵其旧",既有大量的俚言俗语,也有紧承唐宋的典雅体,还有介于两者之间的白话体,其丰富多样的形式使元代公文在古代公文史上占有了一席之地。

明朝至清鸦片战争以前(1369—1840年)是中国古代封建中央集权由顶峰走向衰落的时期。朱元璋建立明朝,内阁制政体将明王朝推向封建专制的顶点。这直接导致了文书工作的系统化、严密化,中国古代公文走向完备。加之宋濂、王祎、于谦、海瑞、张居正等一大批官员的前后努力实践,明代形成了一大批重要的公文。除政体影响外,明代的工商业发展也要求开拓更广大的国内外市场,竹纸和绵纸的运用提高了纸张质量,为印刷媒介和公文传播的发展提供了物质条件。明代南北国子监刻印了不下300种经、史、诏令、法帖及医学、农业等书籍。郑和的七次大规模远航使外交公文得以大规模传播,甚至还有洋文副本出现。

满清统治者承袭明制,公文减繁继续强化,内阁协助皇帝处理全面政务,封建专制主义空前强化,其中最具有代表性的便是文字狱。文字狱明朝便已有,到了清代更为严酷。这样的文化专制政策,直接导致了社会恐慌、文化凋敝,从而禁锢思想、统治言论,将封建专制话语权推向了最高峰。鸦片战争爆发后,清王朝为苟延残喘,一方面向帝国主义势力妥协,另一方面镇压人民革命,这使得这一时期的公文具有浓厚"两半"社会色彩。但太平天国时期的公文变革值得引起我们的注意。这场农民革命以反满反孔为号召,提倡平等大同。其公文更接近口语化,文字更为通俗易懂,体现出了一定程度的民主平等的革命精神,但同时又把神权与皇权相结合,无法彻底摆脱旧礼教的束缚。可以说太平天国仅仅是发起了一次对封建公文制度的有力冲击,并没有以更加科学的形式将其取代。

---

① (宋)王应麟.玉海[M].扬州:广陵书社,2003.

总的来讲,中国古代公文大致分为四个阶段:秦统一中国以前为发轫期,秦汉魏晋是发展期,隋唐宋是成熟期,元明清则为稳定期。在这一历史发展的轨迹中,中国古代公文一直在走着革新、创新之路,是中华文化宝库中不可或缺的部分。

第二节 近代公文

1840 年,鸦片战争爆发。西方列强凭借坚船利炮打开了中国闭锁的大门,迫使满清政府签订了一个又一个不平等条约,将中国拖入半殖民地的深渊。在半殖民化的过程中,工业化产品与新兴媒介技术的引进使得中国的公文传播开始走上近代化转型之路。因此,在研究中国近代的公文传播之前,我们有必要将传播学的诞生背景予以梳理。

一、传播学诞生的背景

传播是人类社会的一种基本现象,人们之间的传播活动与人类的历史一样古老。自从有了人类传播活动,对其所产生的观察与思考便一刻也没有停止。

早在古希腊、罗马时代,以柏拉图、亚里士多德为代表的西方思想家就对辩论、说服等主题进行了探讨;春秋战国时期,我国的《论语》《国语》《战国策》等都对传播现象进行了相当多的研究和探索。虽然早期的传播研究提出了不少值得后人珍视的观点,但却并未实现从传播研究向传播学的转化。直到 20 世纪初,人们才真正认识到传播活动的本质,从而总结出传播规律并逐步形成了传播学这一新兴学科。

传播学最初孕育于美国,这是由多种因素促成的。首先,20 世纪初是资本主义从自由竞争走向垄断的时代。大规模的工业化生产使资本主义的生产活动和经营范围迅速扩张,企业从国内市场走向跨国经营,因而对信息的需求较以往显著提高。其次,广播、电视、电影等新兴电子媒介已经高度普及,它们与报纸齐头并进,形成了资本主义社会中一个独立的产业——传媒业,它为社会带来强烈的冲击,这使得许多社会科学家开始关注传播带给人们的一切,并从各自的学科出发来研究这些问题。当然,传播学的形成还必须有科学发展做基础。这一时期,资本主义社会经历了两次科学与思想层面的革命,人们对物质与精神世界的认知能力大幅提高,认识广度和深度也得到了极大的扩展。日益科学化、多样化的研究方法让人们得以科学、全面地研究传播现象。

除了具备上述条件外,美国之所以能够成为传播学诞生的摇篮,还有其具体而独特的社会、学科条件。具体而言,包括政治、经济、社会、学科四个方面的背景。

(一)政治背景

美国政治家们历来重视利用媒介来树立个人形象,宣传政治主张。尤其在战争时期,政治家们对传播媒介的依附更加显著。美国传播学的产生就与两次世界大战密不可分。

当同盟国与协约国在战壕里展开厮杀的同时,双方在宣传这一全新领域也展开了较量。1917 年 4 月,美国正式对德宣战。一经参战,威尔逊总统就下令设立了"公共信息委员会"（Committee on Public Information，CPI）来负责美国的战时宣传。它在大规模向社会倾泻战争广告、宣传册及新闻电影的同时，还组织进行公开演讲，一切都是为了向社会宣传美国参战的意义。协约国为此还组建了联合宣传委员会，定期召开宣传工作联系会议。

战争结束后，英、法、德等各国学者分别从各自的研究领域出发对战争宣传展开研究。相比之下，美国的宣传研究起步较晚，但影响却最大。1927 年，被称为传播学奠基人之一的哈罗德·拉斯韦尔（Harold Lasswell）出版的博士论文《世界大战中的宣传技巧》（Propaganda Technique In The World War）成为第一部系统且深入研究宣传问题的著作，成为宣传研究的经典。1937 年，美国又成立了"宣传分析研究所"（Institute for Propaganda Analysis），它是世界上第一个研究宣传的学术机构。

宣传战在前一次世界大战中起到了重大作用，报刊对民众所展现出极强的组织动员能力又在"十月革命"中显现。因此，在第二次世界大战期间，各国都开始有意识地重视战时宣传工作。美国军方在负责国内舆论及对外宣传的同时，还聘请社会学家与心理学家，专门研究电影对士兵士气的影响，此项目由传播学另一位大名鼎鼎的奠基人卡尔·霍夫兰（Karl Hovland）担任负责人。

从对历史的分析中可以看出：传播学是在两次世界大战期间的传播活动中逐渐形成的，传播的威力有目共睹，成为战后美国政治生活的重要角色。

（二）经济背景

美国是唯一一个在两次世界大战中经济实力大幅增强的西方国家，传播学的兴起与美国的经济发展密切相关。一方面，工业化大生产要求垄断资本家必须向国际市场扩展，产品的不断增多带来了前所未有的营销行为，大量的广告公司、公关公司等机构应运而生，形成了一种新兴产业。这正是市场经济不可或缺的。仅 1945 年到 1950 年间，美国的广告营业额就从 29 亿美元暴增至 357 亿美元。① 为了判断传播媒介对消费者购买行为与购买心理的影响，学界、新闻工作者、广告商等都在垄断财团的资助下不断对广告、公关及媒介经营进行研究。另一方面，两次世界大战前后，大众传播业在美国日益壮大，成为相对独立而完善的私营经济实体。随着不同媒介间的竞争日趋激烈，更高的发行量及收视（听）率越来越成为传媒行业所追求的目标。

美国自由的市场经济为大众传播业的兴起奠定了基础，大众传播业的繁荣又为传播学的产生提供了丰厚的经济土壤。这也就使得美国的传播学研究自诞生之日起便带有较为浓厚的商业色彩和实用气息。

（三）社会背景

在社会上，美国的大众传播与社会生活的关系日益密切。互动中媒体给社会生活带来的负面作用也显示出来。美国在第二次世界大战之后，挟本土未卷入战争而经济却大

---

① FOX S. The Mirror Makers：A History of American Advertising and Its Creators［M］. New York：William Morrow and Company，Inc，1984.

发战争财之优势，其科学技术有了空前发展，出现了科技革命。新的传播技术推动了传播业的大发展。原有的报纸、书籍、杂志等印刷业持续发展，而广播、电影，特别是电视业的发展最引人注目。新媒介出现带来了一系列新的问题：一方面，受众可以从更多的渠道获取信息，促进社会繁；另一方面，媒介中的暴力、色情等内容对受众特别是少年儿童产生了严重影响。因此，美国的社会学家、心理学家纷纷关注和研究传播业提出的新问题，如：媒介与受众和社会的关系；媒介如何影响青少年的观念与行为等，发表了众多研究成果。

从上面的分析可以看到，传播学是在美国特定的政治经济和社会条件下应运而生的。更重要的是，传播学研究的对象均为现实的传播实践。关注实践、研究实践才是传播学兴起的根本。

（四）学科背景

作为一门研究人类信息传播活动及其规律的学科，传播学是在吸收借鉴其他学科研究成果的基础上形成的，除两次世界大战期间诸多心理学、社会学家从事传播研究外，新闻学、统计学、文化人类学等领域的专家学者也对早期的传播学研究产生过重要的影响。我们可以将传播学视为具有多学科交叉性质的新兴学科，它既是社会科学，也是人文科学。除此之外，它还带有明显的自然科学特征，不断借用着其他学科的理论范畴来丰富自身。因此，不同学科的学者完全能够从自己的研究角度出发去探讨传播学，从而使传播学的研究成果异彩纷呈，各成体系。研究公文传播，也是对传播学新方向的尝试性探索。

二、报刊与电报——公文现代化的新推手

1901 年 1 月，流亡西安的慈禧太后下诏变法新政，在宪政思潮的推动下，清廷朝臣一呼百应，纷纷遵旨上奏，提出变法主张，清政府随即掀起一股办理官报的风潮。袁世凯于 1902 年在天津首办《北洋官报》。随后各省跟风随波，一时间《南洋官报》《山东官报》《山西官报》《四川官报》等接踵发刊。1907 年 10 月 26 日，在宪政编查馆所设官报局主持下，《政治官报》创刊，这标志着清政府的中央官报正式出现。除综合性官报外，如《商务官报》《交通官报》等一系列专业性质官报也相继创刊，形成了一个由中央到地方的官报体系，中国新闻史学拓荒者戈公振将其称为"官报全盛时期"。与新政一样，清廷之所以掀起官报之风，是内忧外患形势的一种无奈之举，其中既怀有维护王权统治目的，又包含着民族崛起的动机。甲午战争后，清政府曾广征善后之策，英国传教士李提摩太认为，清政府的主要问题在于政令阻隔，上下不通，应当创设"国家日报"。这种观念被满清百官所吸纳，终于在"新政"后成为朝野共识，即所谓："报纸所以寄耳目，东西洋于开化变法之始，无不以此为要图。官吏不知民情，与草野不识时局，致上下不喻意，中外不通情，皆报纸不能流通之故也。"①

---

① 陈玉申. 晚清报业史[M]. 济南：山东画报出版社，2003.

晚清官报刊登了大量公文,以《政治官报》为例。其内容构成为:"谕旨、批摺、宫门钞第一。电报、奏咨第二。摺奏第三。咨札第四。法制、章程第五。条约、合同第六。报告、示谕第七。外事第八。广告第九。杂录第十。"①这类公文(尤其是法令公文)虽未正式被国家认可,但已初具官民遵从的法定效力。1909 年前后,《东三省官报》《广西官报》等正式被地方确立为法令公布机关。② 此外,宪政编查馆的设立本就仿自西方法制局来制定法令,已经预示着把朝廷官报演变为法令发行机关的可能。故晚清官报"大变历代朝报之面目",已经开始成为国家行政体制的一部分,也就是说,通行公文借于官报之手广泛传播的时代呼之欲出。

公文的发布与传播借助官报这一载体后,公文程式也发生了巨大变化。首先,古代公文没有标题,而官报因为编排的需要,每一期都要有目录,目录的设置迫使编印人员必须在每篇公文中提炼出标题。其次,官报还简化上尊下卑的繁文缛节,统一了公文形式,在此背景下,公文传播更加迅速直白。在向工业化社会转型的过程中,公文的行政效能取代了礼制色彩成为第一追求的目标,公文传播趋于高效,其工具性被不断凸显出来。民国时期的公文变革,也正是沿着这样的方向推进。

除报刊外,电报的引进也催生出了新的公文形式,成为中华民国时期公文改革运动的先河。1844 年,电报之父塞缪尔·莫尔斯发明了电报机,随着西方列强对中国的侵略开始,电报也尾随枪炮而来。1862 年,俄国向清政府提出筹办电报的要求,遭到拒绝。八年后,英、俄等国悍然违反清廷规定,在丹麦大北电报公司的帮助下偷偷架设长崎到上海的电报线路。自此,电报正式传入中国。面对西方的强权示范,清政府逐渐开始主动筹办电报。1874 年日军侵台,出于军事需要,沈葆桢奏请清廷架设福州—台湾线路并获得批准,然而这项计划却因大北电报公司的干涉而破产。迟至 1879 年,才由李鸿章主持架设了国人在大陆地区第一条自主电报线——大沽—天津线(军用)。1880 年 8 月 12 日,李鸿章在获清廷批准后又架设了天津—上海电报线,全面开启了晚清通信的现代化进程。截至辛亥革命前,清政府在全国范围内共建成电报线路 1 万余千米,覆盖了除青海外的所有省区。③

电报的出现从根本上否定了快马驿递的存在价值,其往来已不限于君臣之间,所传文书逐渐由军事防务扩大到镇压革命、通商贸易、开矿建路等要政。然而当时国内并未将电报当作正式公文,而是称其为"抄电",即发送电报后,仍要补具正式公文,后者才具备法令效益。直到 1898 年戊戌变法时,清廷才下令"嗣后明降谕旨,均著由电报局电知各省,该督抚即行遵照办理,毋庸专候部文"④。自此,电报与公文具有同等效力。另外,中国自古便有以载体来命名公文文种的传统,如策、札(以竹木为载体),状、折(以纸张为载体)等,以电报为依托的公文也就逐渐被称为"电牍",概指电报文书这一特殊类型的公

① 故宫博物院明清档案部.清末筹备立宪档案史料[M].北京:中华书局,1979.
② 李斯颐.清末 10 年官报活动概貌[J].新闻与传播研究,1993(3):127-144.
③ 交通史编纂委员会.交通史·电政编[M].上海:上海民智书局,1936.
④ 中国史学会主.戊戌变法[M].上海:上海人民出版社,1957.

文。[1] 与传统公文相比,电牍体现出以下三大新特征。

第一,公文等级淡化,文种缩减。在中国古代公文体系中,不同品级官吏被严格要求使用不同种类的公文,仅平行文就有咨文、牒文、咨呈、照会等;在电报体公文中,这种等级制度被淡化,官员不论品级高低,均使用相同的文种与形式,公文文种大量减少。

第二,公文形式统一,文风趋于简化。电报开通之初,公文派发的首要问题是费用昂贵,电报局的定价实行局制,以局为单位,以一局为基准,每隔一局加收一分,洋文则加倍。这也就导致撰拟电文必须惜墨如金,电牍文风趋于简化。此外,公文礼仪淡化,形式趋向统一也是电牍文风趋于简洁的重要原因。以清代奏折为例,作为"上达天听"的礼制大端,其行文格式、遣词用字、字幅大小等都有规可依,一旦违例,就会被通政使司"奏本题参";地方官员送出奏折,更是要伴以揖拜等仪式。电报则扫平了这些繁文缛节,上下行文用纸一致、字体一致,公文形式趋于统一。

第三,公文传播开始与大众媒体联动。在电牍中,还有一种新文体值得注意——通电。通电指的是个人或团体为了表达自己对国家重大政治事件的立场或主张而向社会公开发布的电报。为了快速取得响应,其经常通过报纸一起传布。1900 年 1 月 24 日,慈禧为了废除光绪帝,宣布立溥儁为皇子。消息一经流出,电报局沪局总办经元善联名章炳麟、蔡元培等人"公凑电资",反对清廷废黜光绪帝,慈禧若还要一意孤行,上海商界将倡议全国联合罢市,《苏报》《中外日报》《知新报》等跟踪报道这一事件。这一义举迅速激起极大反响,除国内士绅教民外,新加坡、檀香山等海外华侨也开始致电总署,要求慈禧收回成命。最终迫使慈禧取消废立计划。[2] 经元善的这份通电凭借着与报纸的联动传播,使其主张迅速传遍全国,对政府的决策造成了直接影响。面对通电带来的舆论压力,清政府于 1907 开始对电报严加审查,"遇有电文语涉悖逆者,即行焚毁,其密码电报形迹可疑者跟从稽查"[3]。面对通电,清廷统治者的紧张应对足以说明其正在成为一种"相当具有中国特色的公众舆论表达和传播方式"[4]。

正如麦克卢汉所言:"新技术是一种革命的动因。"[5]新兴技术一旦出现,便会立刻渗透进一切社会制度中,呈现出新的文化景观。电报的出现,不仅改变了公文传播的途径,也改变了公文本身。其充当了清末民初公文革命的先行者,成为古代公文现代化转型的标志。

三、民国时期的公文改革

公文的效用主要存在于传播的过程中。就民国来讲,报刊、电报等传播技术的成熟将媒介与政治传播连接得更为紧密,公文传播的宣传说服、政治教化、修辞行为、符号意

---

① 侯吉永.晚清电报的引入之于公文现代化的意义[J].历史档案.2010,(4):81-87.

② 桑兵.庚子勤王与晚清政局[M].北京:北京大学出版社,2004.

③ 沈云龙.近代中国史料丛刊:第 14 辑[M].台北:文海出版社,1967.

④ 许纪霖.近代中国的公共领域:形态、功能与自我理解:以上海为例[J].史林,2003(2):77-89.

⑤ 麦克卢汉.麦克卢汉精粹[M].南京:南京大学出版社,2000.

义等能够更好地为树立和巩固政治权威所服务。在这一时期,政府不断推进公文改革,尤其是在南京国民政府统治的 22 年中,几乎每年都有新的公文法令出台。然而,政府政治权威的缺失决定了公文传播的政治功能效果明显但有限,以致公文的现代化之路艰难而曲折。中华民国政府的"软政权"性质,最终延宕了其公文现代化的进程。

（一）1911—1912 中华民国临时政府时期

1911 年,辛亥革命爆发,孙中山领导的资产阶级推翻了清廷统治,结束了中国延续两千多年的封建君主专制。1912 年元旦,孙中山在南京就任临时大总统,宣告中华民国临时政府成立。4 月 1 日,孙中山辞去临时大总统,南京临时政府宣告结束。尽管只存在了短短 4 个多月时间,但南京临时政府在公文革新方面做了一些开创性的工作,为此后的公文改革奠定了基础。

南京临时政府实行总统制,临时大总统对政务全权负责。为保障政务正常运行,南京临时政府总统府设有秘书处、法制局与印铸局等机关,并颁布《总统府秘书处暂行章程》,对总统府秘书处的机构及职能分工、公文及电报处理程序等进行了规定。总统府秘书处多以年轻人为主,除张通典外,其他人大部分是二三十岁的年轻人。这批秘书人员中还有不少拥有日本、欧美等留学背景,且不乏中国同盟会会员。[①] 不难看出,以临时政府总统府秘书处为代表的文书机构是由中国同盟会为主的革命党人掌握的,因此在文书工作及制度方面积极"除旧布新",开创了共和体制下的文书工作规范。

这一公文程式的显著特征在于大幅简化公文文种,中国君主专制时期所规定的上尊下卑、等级分明的制、诏、诘、移、牌、札、详、禀等各级名目的复杂文种被正式取消,取而代之的是令、谕、咨、呈、示、公布、状。此外,公文程式还强调民主共和之精神,要求公文不分上行、下行,均署名盖印,扫除类似"大人、老爷"等一切与共和体制不相符合的称呼,这些规定在受革命思潮影响较广的地区广为传播,取得了一定效果。

总体来看,南京临时政府所发布的公文普遍简单明了,没有冗余词汇与形式套句,革除封建时期公文旧制,对公文文种、行文关系、公文用语、用印、用纸、署名、发布实施等做出了相关规定,形成了一套适用于当时社会状况变化的文书制度,具有极大的开创性意义。中国第二历史档案馆《南京临时政府遗存珍档》编委会指出:这一时期的政府公文具有"崭新的公文文体及革命性的变化"[②]。但由于临时政府只是名义上的中央政府,实际控制省份有限,出现了"政府号令,不出百里"的状况。[③]

（二）1912—1927 北洋政府时期

南京临时政府的存在令清廷极为恐慌,为挽救垂危的统治危机,清政府任命北洋军首领袁世凯为内阁总理大臣,与临时政府形成南北对峙的局面。1912 年 2 月 12 日,宣统帝退位,4 月 1 日,孙中山正式解除临时大总统职务,中华民国临时政府迁至北京,袁世凯继任临时大总统,自此南北"统一",北洋政府正式掌权。北洋政府时期由于政权更迭频

① 刘刚,焦洁.临时政府职官传略[M].广州:广东人民出版社,2003.
② 中国第二历史档案馆.南京临时政府遗存珍档[M].南京:凤凰出版社,2011.
③ 章炳麟.章太炎先生自定年谱[M].上海:上海书店,1986.

繁,公文程式也因此频繁变化,总体看来,除袁世凯"称帝"造成的极度混乱外,1912 年及
1916 年 7 月以后的公文大体上仍保留着"民主共和"之精神,是对南京临时政府公文程式
的继承与发展。

1912 年 11 月 6 日,袁世凯颁布了北洋政府颁布的第一部公文程式法令——《临时大
总统公布公文程式令》。该法令除涉及公文文种、署名盖印、记时、公布外,还附有公文程
式样式表,内容十分详尽。这部公文程式令最大的特点是在公文署名中启用副署制度。
临时大总统公布的法律、政令、预算等都须记明经参议院决议或同意,国务总理或主管国
务员要根据不同情况进行"副署"。在《中华民国临时约法》的制约下,大总统的行政行
为处处受限,袁世凯此时尚未做好废除"临时约法"的准备,也就未对公文程式的发展方
向进行修正。袁世凯就任大总统后,开始从公文着手巩固其政治地位。1913 年 12 月,段
棋瑞拟定《各省军事长官公文程式章程》,开始使用"移呈"等前清公文文种,无疑向外界
传递出北洋政府复辟帝制的信号。1914 年,袁世凯操纵约法会议,颁布《中华民国约法》
并大规模改组国家机构,北洋政府由此进入"新约法时期",总统收归内阁权力。为适应
新法令下的政务需求,北洋政府于 1914 年 5 月 26 日再次向全国颁布公文程式,即《大总
统公文程式令》(教令第七十三号)、《大总统府政事堂公文程式令》(教令第七十四号)和
《大总统公布官署公文程式令》(教令第七十五号)。《大总统公文程式令》规定大总统用
大总统令发布公文,与立法院往复公文用"咨";《大总统府政事堂公文程式令》规定国务
卿需面奉大总统谕;《大总统公布官署公文程式令》则对官署对大总统行文、上下级官署
间行文、人民与官署间行文进行了更加详细的规定。不难看出,这一系列层级分明的公
文体系已经开始实行总统皇帝化、命令上谕化,向全国各界传达出极强的封建等级观念,
反映了袁世凯企图复辟的行为动机。

1915 年底,袁世凯的复辟计划正式开始实施,公文程式十分混乱,各级官员上封公文
有改用奏折者,也有采用下现行文体者而此时袁世凯还未正式登基,于是便出现了在奏
折上盖大总统印的怪现象。① 12 月 16 日,北洋政府颁布《修正大总统府政事堂组织令》,
大总统令被正式停用。12 月 31 日,政事堂令全国改纪年为"洪宪元年"。但由于各国使
馆拒收以"洪宪元年"记日的文件,袁世凯不得不于 1 月 3 日宣布"对外国仍称民国名义,
对内则用洪宪元年",暂不加"帝国"字样。② 两个月后,袁世凯被迫取消帝制,政事堂改
为国务院,恢复责任内阁制,《修正大总统公文程式令》③《大总统公布政府公文程式令》
亦同日颁布,取消了"封寄"等旧式公文名称,重设院令、部令等公文文种,恢复国务卿与
国务员副署制度,为公文程式重回临时政府时的状态奠定了基础。

1916 年 6 月 7 日,黎元洪宣誓就任大总统。北洋政府恢复《临时约法》,开始召集国
会,改组内阁,政体回归到责任内阁制。1916 年 7 月 29 日,黎元洪大总统颁布《公文程

---

① 李祚明.袁世凯时期北洋政府文书工作制度[J].历史档案,1983(2):133-136.

② 总税务司.对外不用洪宪年号之通告[J].护国军纪事·外交纪事,1916(1):4-5.

③ 主要是对 1914 年 5 月颁布的《大总统公文程式》第七、八条进行修正,突出国务卿及国务员的"副署""署"职
能,体现责任内阁制的特点。具体参见:《政府公报·命令》,第一百二十号,1916 年 5 月 5 日。

式》，这是北洋政府的第三个公文程式。这部公文程式与《临时大总统公布公文程式令》基本相同，体现出政体由总统制向责任内阁制的回归。此外，它首次明确了"公文"一词的定义，认为"凡处理公事之文件名曰公文"，对公文用纸也进行了简单规定。

纵观整个北洋政府统治时期，共颁布过3次公文程式规定。其中，1912年11月是对南京临时政府公文程式的继承与发展，1914年5月是对南京临时政府公文程式的颠覆与破坏，而1916年7月则又重回到临时政府公文程式的状态。此后虽军阀混战，但北洋政府公文体制与政体上的责任内阁制一样，并未发生太大变化。1917年9月，孙中山发动护法运动，为国民党政权的建立并武力统治全国奠定了基础，中国公文制度全面现代化的进程开始加速。

（三）1925—1937 国民政府时期

1925年8月7日，广州国民政府颁布《公文程式令》，拉开了国民党颁行公文程式的序幕，从1927年8月至1928年11月，南京国民政府共颁布3次《公文程式条例》，行政院经国防最高委员会审议后再次修正《公文程式条例》。学界对这一时期的公文的研究，多集中于3次修订的《公文程式条例》，事实上，南京国民政府在1929年到1942年间对各行政机关、党部及少数民族行政机构的公文程式都进行过多次修订。公文作为传达政令的工具，其大规模传播必须与当时的政治体制相适应，从而保持政府合法、正常的统治基础，以程式立规范、因程式引争论几乎成为南京国民政府时期公文发展的常态。

1925年7月1日，中国国民党中央政治委员会在广州颁布《中华民国国民政府组织法》[①]，广州大元帅府正式改组为中华民国国民政府，即广州国民政府。8月7日，广州国民政府颁布《公文程式令》，作为国民政府公布法定公文程式的先驱，广州国民政府《公文程式令》的基本结构、条款及精神都为南京国民政府所继承。此时北洋政府仍然统治着全国，广州国民政府作为"偏隅一方"的地方政权，这份"公文程式令"的影响力十分有限，并未引起时人们太大的注意。[②] 与南京临时政府及北洋政府的公文程式相比，广州国民政府颁布的这部《公文程式令》更加简化，文种数量缩减为，即"令""告""批""任命状""呈""咨""公函"七类。这样做的目的在于将大总统令、国务院令、等机关命名的公文文种剔出公文条例，仅保留"令"这一种文体，这是"命令体"公文演变中的一大变化。后来的南京国民政府在此基础上新增了训令、指令两种"令体"公文。此外，该《公文程式令》对"署名盖印"、各类公文在行政官署间的具体使用情况等也做出了相应的说明。该《公文程式令》的贯彻与执行在各级机关、部门都得到了积极反馈，传播效果良好。

随着北伐胜利及全国行政权的建立，国民政府的行政体制开始频繁变革，"公文程式变革甚繁"。[③] 从1927年8月至1928年11月间，南京国民政府三次修订《公文程式条

---

① 蔡鸿源,孙必有,巧光培,等.南方政府公报(第三辑)·国民政府公报(一)[M].石家庄:河北人民出版社,1987.

② 该令虽由《中华民国国民政府公报》发布,却没有列入广州国民政府颁行的《国民政府》宣传册(1925年出版),也没有进入1928年后各类"公文程式"课程或培训班的学习范畴,徐望之的《公牍通论》(商务印书馆1931年版)也没有注意到它的意义

③ 郑师许.四十年来公文程式之变革[J].交大季刊,1936(22):1-3.

例》,在文种设置、使用及公文发布等方面沿袭了广州国民政府《公文程式令》的基本精神。但署名盖印却改动频繁,公文用语及标点符号使用也开始引发关注。这部《公文程式条例》沿袭了广州国民政府《公文程式令》的简化精神,所设的公文文种数量与广州国民政府公文程式差异不大(参见表1),主要是按照令的功能将其细化为令、训令、指令三种。

表1

文种公文 文种定义	《公文程式条例》 (1927 年 8 月 13 日)	《公文程式条例》 (1928 年 6 月 11 日)	《公文程式条例》 (1928 年 11 月 15 日)
令	公布法令、任免官员等使用	公布法律、预算及任免官员等	公布法令、任免官员
通告	宣布事件		
训令	长官对所属官员差委	上级机关对下级机关差委	上级机关对下级机关差委
指令	长官对下属因呈请而有所指示时使用	上级机关对下级机关因呈请而有所指示时使用	上级机关对下级机关因呈请而有所指示时使用
布告		宣布事件或劝诫时使用	对公众宣布事实或劝诫时使用
任命状	任命官员时使用	任命官员时使用	任命官员时使用
状		公众对公署陈述时使用	
呈	下级对上级陈述时,或公众对公署陈述时使用	下级对上级陈述时使用	五院对国民政府,或各院下级机关对上级机关,或公众对公署陈述时使用
咨	同级官署发文使用		同级机关发文使用
咨呈	非直辖低级官署向高级官署发文		
公函	不相隶属官署间发文使用	同级机关或不相隶属机关发文使用	不相隶属机关发文使用
批答	官署对公众陈述回复使用		
答		机关对公众陈述回复使用	机关对公众陈述回复使用

　　在盖印署名方面,南京国民政府的三部公文条例最大的变化集中于署名,这与南京国民政府初期政治体制频繁更迭相关。1927 年 3 月,武汉国民政府修改《中华民国国民政府组织法》,决定实行常务委员负责制,不再设主席。不久后,南京国民政府成立,仍使

用武汉国民政府的《中华民国政府组织法》①。因此，首部《公文程式条例》将颁布法令须由国民政府主席及各部部长署名的规定改为：政府常务委员多数署名，盖国民政府之印。1927年底，宁汉合流，中国国民党政权统一至南京。1928年2月3日，南京国民政府颁布了第一部《中华民国国民政府组织法》，这部法令重设了政府主席，规定公布法令及相关文书须由主席及常务委员二人署名。为适应这一修订，南京国民政府于1928年6月11日颁布了第二部《公文程式条例》，署名、盖印的规定都发生了改变。1928年10月，1928年10月因五院制设立，南京国民政府再次修订《中华民国国民政府组织法》，第三部《公文程式条例》也于1928年11月15日出台，法令署名改为由国民政府主席及五院院长署名。这次修订颁布的《中华民国国民政府组织法》是历次国民政府组织法当中最重要的一部，作为试行孙中山五权制度的第一种具体方案，自1928年10月以后，国民党中央的政制改革大体未脱离该法所设规模。② 国民政府在1930—1945年曾十次修改《中华民国国民政府组织法》，但都没有动摇"五院制"根基，公文程式也就没有发生重大修正。

总之，自广州国民政府成立至全面抗战爆发的这段时期，是孙中山逝世后国民党最高权力轮换的关键时期，各派系间相互博弈。从广州到南京，从《公文程式令》到《公文程式条例》，国民政府各级行政机关间的公文规范基本确定，形成了较为完备的公文传播体系，强化了国家机器的有效运转。

(四)1937—1949 抗日战争至共和国成立前

1937年11月12日，日军占领上海，南京岌岌可危，国民政府被迫迁至重庆。1945年抗战胜利后，国民政府还都南京。这一时期的国民政府公文改革主要有两次，一次是在迁都重庆这个时期，另一次则是在还都南京后的这一时期。

1.第一次公文改革

国民政府迁都重庆后，机构庞杂，行政效率低下。为了简化行文手续，提高办事效率，行政院于1938年7月7日发布《公文改良办法》，再度拉开公文改革的帷幕。《公文改良办法》的主要内容包括：要求公文尽量采用代电及报告体裁，文字力求简明，还应当注意分段及标点。在这之后，行政院又发布了一系列条令来提高公文传播效率。1940年1月，国防最高委员会开始启动《公文程式条例》修正工作，经过一段时期的酝酿，行政院于1942年6月讨论通过了《公文程式条例修正草案》③。与1928年11月的《公文程式条例》相比，这次修正删去了自南京临时政府以来便一直存在于公文体系中的"任命状"；增加"报告""通知"等新文种，专门说明在"时间紧迫时"，所有公文均可代以电文，电文至此成为正式公文。1943年12月6日，国防最高委员会对行政院拟定的《公文程式条例修正草案》进行了讨论，这是南京国民政府对国家层面《公文程式条例》进行的最后一次正式修订。除修订公文条例外，行政院于1941年11月发布《内外行文整顿改善办法》，要求纠正"应简而赘，应详而略，应断而多，无定之词"以及"满纸浮词，不知命意所在"等弊

---

① 王世杰，钱端升. 比较宪法[M]. 北京：商务印书馆，1999.

② 王世杰，钱端升. 比较宪法[M]. 北京：商务印书馆，1999.

③ 中国第二历史档案馆. 民国时期文书写作和档案工作资料选编[M]. 北京：档案出版社，1987.

端,责成相关人员撰写公牍时须倍加注意,勿草率行事①。为解决各种表册的冗繁问题,行政院于 1942 年 7 月 10 日公布《公文改良办法》,要求凡上级机关交下级机关的文件均用通知单,其原件随同抄发;凡一案涉及两机关以上,则由主办机关与其他机关进行洽商,拟具共同或不同意见呈上,同时对公文用纸、封装等也作出了规定。

这一时期的文书改革,数"三联制"最为重要。1940 年,蒋介石拟订《行政三联制大纲》,要求设计、执行、考核三者相联。具体而言,即各机关先制订计划,层层上报;中央政府再根据情况制订总计划;最后下达至各有关机关执行。执行中、执行后进行考核。执行中推行"分层负责""分级负责",建立"幕僚长"等制度。1943 年 2 月 18 日,蒋介石电令全国厉行三联制,《中央日报》发表《确立行政三联制的基层制度》的短评,指出中央和地方党政各机关都要以自觉负责的精神予以推行。5 月 26 日,国防最高委员会召开行政三联制检讨会,蒋介石再次强调行政三联制作为国家基本制度之一,应当在抗战中完成,继而在战后推行新机构建设。1945 年 3 月 14 日,国民党召开中央党政军提高行政效能及三联制总检讨会,蒋介石要求各级行政部门根据三联制制订可行方案,要求简化办事程序,严厉稽催督察。

公文工作是三联制的重要组成部分,设计、执行和考核都与公文工作密不可分。蒋介石提出:"每逢兴办一件事务,发布一项政令,都必须求其确实收效,而且要贯彻到底。我们要集中大部分力量于稽催督察与实地考察,尤其要注意业务的检讨。"②"总检讨会"据此通过了《关于厉行稽催督导案之决定》及《关于文书简化办法议决案》。1945 年 8 月 1 日,国防最高委员会颁布《各机关稽催公文督导工作实施办法》。

2. 第二次文书改革

国民政府的上述改革主要是改革行政管理,最后一次改革则是通过提高机关人员的素质来提高处理公文的效率。

1947 年 6 月,国民政府成立"工作竞赛推进委员会",组织了开展了一场文书档案工作竞赛运动。本竞赛包括个人及单位两项,考量公文工作能力。但由于这次竞赛并未在全国普遍开展,解放战争的硝烟与炮火也让国民政府无暇再顾及公文工作,最终草草收场。

综合国民政府的几次公文改革来看,其持续时间之长、所涉及范围之广,都是以往所未曾有过的。提倡简明实用,注意标点分段,废除官话套话,实施稽查催办和考核等措施都有力促进了公文传播及公文发展的现代化进程,为后世留下了某些可借鉴的经验。此外,国民政府的公文改革也带动了一批实际工作者和研究人员对国内文书档案工作的调查研究,其中徐望之的《公牍通论》(1931 年)、许同莘的《公牍学史》(1947 年)、殷钟麒的《中国档案管理新论》(1949 年)等颇具代表性。以继承"民主共和"与三民主义自居的国民政府也曾希望能打造一个民主、廉洁、高效的政府。遗憾的是四大家族的横征暴掠和连年不已的战争让专制独裁、贪污腐败在全社会盛行,这一切都早已由国民党政权的特殊性质所决定。

---

① 中国第二历史档案馆.民国时期文书写作和档案工作资料选编[M].北京:档案出版社,1987.
② 中国第二历史档案馆.民国时期文书写作和档案工作资料选编[M].北京:档案出版社,1987.

四、中国共产党的公文

十月革命的一声炮响,给中国送来了马克思主义。紧接着,"五四"运动爆发,中国无产阶级开始登上历史舞台。1921 年,中国共产党成立开创了中国革命的新时期,即由五四以前的资产阶级领导的旧民主主义革命,转变为无产阶级领导的新民主主义革命。新民主主义革命从 1921 持续至 1949 年中华人民共和国成立,先后经历了两次国内革命战争、抗日战争和解放战争三个阶段,长达二十八年。新民主主义革命时期的公文是指这二十八年中,中国共产党和根据地人民政权机关使用的公文(即新民主主义革命公文)。它和北洋政府、国民政府公文在时间上均有交叉,但分别属于两个完全不同的公文体制。

(一)第一阶段(1921—1937 年)

1921—1937 年跨越了两次国内革命战争。这一时期的中国社会仍是半殖民地半封建社会,中国革命依然是资产阶级性质的民主主义革命。中国共产党的文书工作紧密围绕当时的革命斗争形势,回答了文书"为谁写——为中国半殖民地半封建社会的劳苦大众""为什么写——为反帝反封建的革命任务"的根本问题。

1. 文书工作的新面貌

(1)中国共产党建党初期,行文呈现出不同于旧政权的新面貌

建党初期公文最大的特点是以生活事实为行文依据。这种以实事求是为原则,以"革除一切旧政权那一套公文格式"为手段,以完成"革命职务"为出发点的行文要求,是中国共产党文书工作的一个明显特点,也是中国共产党把共产主义的理想和中国革命实际相结合发动工人运动、农民运动和青年运动的革命实践在文书工作中的具体体现。

此外,中国共产党一开始就使用白话文写作公文,有的还使用了方言土语等,这使得党的方针、政策、主张等能很快地传达到党员群众中去,很容易为群众所理解。在第一次国内革命战争之前,中国共产党的绝大部分文书就已有标点符号,打破了公文"铁板一块"的状况,使得文面生动活泼,利于阅读、理解和把握,大大提高了收文处理的效率和质量。另外,这一时期还确立了文书签发制度。1923 年颁布的《中国共产党中央执行委员会组织法》规定"本党一切函件须由委员长和秘书签字",此后,中国共产党的文书一直坚持负责人签发的制度。这使得文书处理走向制度化和正规化,杜绝滥发文件的现象发生。

(2)因时因地制宜,中国共产党文书工作做出了适时调整

1927 年,蒋介石和汪精卫背叛革命,悍然发动"四一二""七一五"反革命政变。中国共产党开始转入地下,此时的公文工作也进行了适时的调整。其中包括文书及出版物更加小型化、使用代号和暗语、中共中央领导人用英文签署文书等,无时无刻不把保密工作放在首位。

(3)既管文书档案,又管党报党刊

1927 年之前,中国共产党的文书管理工作的特点之一是既管文书档案,又管党报、党刊、标语、传单、文件汇集等,公文传播工作形成了较为鲜明的特点。此后,在 1927 年至1937 年,又形成了更加明显的资料工作。中国共产党建立资料工作的一个主要原因便是

宣传马列主义和党的政策的需要。宣传马列主义、党的主张和方针政策,传播国内外革命斗争的经验,揭露帝国主义的侵略行径,鞭挞封建主义的腐朽,反对资本主义的剥削,用共产主义的道德和理想教育干部、战士和群众的一个重要工具就是革命的书报刊物及其资料。中共中央除秘书处外,中央宣传部也有图书材料科,专做图书资料工作。中国共产党建立资料工作也是党政军群各机关开展内部工作的需要。八七会议后,中国共产党的各级机关逐渐恢复和加强,为了有利于工作的指导、经验的交流、请示报告制度的建立和实际工作的开展,中央和中央各部委、各省委、各地市委都出版了秘密刊物在内部发行,供各级干部参考使用。

各级出版机构的广泛建立客观上促进了资料工作的发展。在第二次国内革命战争时期,涌现出大量的出版机构,如:中共中央出版部、共产国际月刊社、广州平民书社、广州政治周报社、实话报社、红星社、工农通讯社、前锋周刊社、人民周刊社等,它们的建立保证了各类资料的出版与发行。在革命根据地、苏维埃政权和红军部队,各类资料的出版环境较好,但也经常遭到敌人的破坏;处在国统区的资料的出版主要是秘密进行,也有少数公开出版。不同环境的资料工作呈现出不同的特点:第一,书报刊物的名称经常改动。由于斗争形势复杂,出版环境恶劣,中国共产党的内部刊物经常变换名称。第二,书报刊物极为丰富。第二次国内革命战争时期的党政军群机关都办有刊物、报纸和各种资料。第三,红军长征中仍坚持继续出版报刊资料。中央红军于年开始长征,在艰苦的长征过程中,依旧出版了不少报刊资料。第四,资料保管工作与剪贴报刊相结合。将资料保管与报刊剪贴结合起来是中国共产党在特殊的战争环境下保存文书资料的创造性的工作方法。一般的书刊页码较多,一般的报纸纸张篇幅较大。资料的厚度、篇幅均与文件不同。在战争环境下,原封不动地保存书刊资料既不利于携带和保管,更不利于保密。所以,除了一部分特别重要的刊物整本保存外,其他均采用剪贴的方法,按时间先后顺序,做成剪报,保存起来。

(4)制定《文件处置办法》

1931年2月,周恩来视察上海中央秘书处,他发现这里的公文处理较混乱,当即指出材料应分类整理,还推荐瞿秋白着手拟定文件处理办法。由此,瞿秋白起草、周恩来批准的《文件处置办法》正式执行。其中包含了收集、整理、编目、留存、销毁等原则。作为中国共产党的第一个公文处理文件,《文件处置办法》的制定和实行在中国共产党公文现代化进程中具有里程碑意义。

(5)建立中共中央档案库

中共中央档案库负责专门保管中央及各部委档案材料,受中央秘书处领导。从1931年开始,中央秘书处文件保管处的文件数量猛增,文件保存的外部环境也越来越恶劣。敌人运用各种手段对中国共产党的领导机关及群众团体进行破坏,安全性难以保证。另外,原来的档案库分为三套,一套由中央秘书处文件保管处保管,其他两套分别由共产国际与顾顺章代存。1931年,顾顺章叛变,中国共产党地下党组织遭受严重破坏,多名地下党员遇害,中共中央档案库在这样的背景下建立起来。中共中央档案库的出现使中国共产党的文书档案管理工作有了专门机构,为中国共产党文书工作的制度化提供了组织基础。

(6)建立无线电台,开展电报工作

1928 年,由于中共中央需及时与各根据地及工农红军联系,遂开始建立无线电台,开展电报工作,周恩来为该项目负责人。中国共产党的电报工作经历了明码电报和机密电报两个阶段。明码电报不能保密,有时要采取暗语等限制措施。1928 年,周恩来从莫斯科回国,派专人学习无线电通信技术,创建党自己的无线电台。1930 年 1 月初,中共中央与广东省委首次用密码通电。总而言之,这一时期,中国共产党文书工作的现代化主要体现在以下几个方面。

第一,创新公文行文格式。"以生活事实为行文依据"的面貌是中国共产党"一切从实际出发,理论联系实际,实事求是,在实践中检验真理和发展真理"的认识路线在文书工作中的体现。

第二,改革旧文风,创造新文风。中国共产党成立之初,尽管处于秘密状态,文件往来十分困难,但仍十分注意公文的文风问题。中国共产党提出要使用白话文、反对文言文,以及书写文件一律使用标点符号等。

第三,因时因地制宜,灵活开展文书工作。国民党反动派发动反革命政变后,中国共产党的公文工作都配合当时的社会环境和革命斗争适时进行了调整,体现出中国共产党人的聪明才智和高超的斗争技巧。

第四,初创文书工作制度。从《文件处置办法》到"中央文库"建立到请示报告制度,中国共产党文书工作的各项制度初步创立起来。

第五,利用无线电等先进的通信技术传递公文和其他各类信息,开启了公文传播手段现代化的第一步。为了配合无线电通信的使用,中国共产党的各级党政机关都设置专门机构或人员,加强电报的使用和管理。

(二)第二阶段(1937—1945 年)

这一阶段我国处于全面抗日战争时期。中国共产党积极倡导和组织抗日民族统一战线,制定全面抗战路线,公文工作紧紧围绕抗日战争这个中心任务,呈现出如下特点。

1.中国共产党的文书工作围绕抗日战争这个中心任务,与国民党、群众团体等合作形成抗日民族统一战线

在国统区,中国共产党的公文工作处在半公开半保密的环境中,公文处理、电讯业务、档案工作呈现出"三合一"状态。由于中共中央南方局受到重庆当局的秘密监视,公文处理必须力求简洁、准确和安全。因此,在南方局的电文中,除了请示批复和总结报告外,主要是调查材料和会议记录。

在延安和其他抗日民主根据地的党政军机关和群众团体等单位所处的环境相对稳定,工作日益发展,文电的内容更加丰富,除了原有的政治、组织、宣传、军事、党务、青运、妇运等公文材料外,又产生了统战、敌工、文化、教育、文学艺术、财政经济、民主政权等文书材料,形成了专用公文、技术公文与通用公文并举的局面。与此同时,延安和其他抗日民主根据地还建立了行之有效的文书工作制度。如文件传阅制度、发借文件制度、归档制度等。

2.公文工作机构发展壮大,公文处理工作向科学化、规范化方面迈进了一大步

这一时期,中共中央及其办公机构、地方根据地政府制发了一系列改进文书处理和相关制度建设的文件,使文书成为党政机关加强领导、管理公务和开展工作的有力武器。

1935年10月,中共中央和中央红军到达陕北后,中央秘书处和各机关的秘书部门也很快得到恢复,新的文书档案工作系统也逐渐形成。首先,除了中央和中央军委、八路军、新四军司政机关设有秘书长和副秘书长之外,中央机关较大的部委也均设置秘书长,并明文规定秘书长主管文书处理、电讯业务和档案管理工作。其次,恢复中央秘书处并调整中央秘书处的组织和任务。再次,在党的机关恢复中央办公厅作为管理文书档案和机要电报的职能机构。1941年9月28日,中共中央发布《关于成立中央书记处办公厅及任弼时兼任办公厅主任的通知》,恢复了中央办公厅,中央办公厅领导中央秘书处、机要处、中央管理局和特别会计科等单位。原中央秘书处一分为二,即中央办公厅秘书处和中央办公厅机要处。最后,设立电整科和电整股,实现文件和电报分存。在抗日战争初期,中央机要科、中央军委机要科和中央社会部机要科形成的电报归中央秘书处保存。随着年月中央办公厅机要处和年中央机要局成立,机要电讯业务已成系统,电报档案急剧增加。为了保护好电报档案,中央办公厅机要处下设电整科,专门整理保存电报档案;其他机要部门也相应成立了电整股,实现了文件与电报的分存。

（三）第三阶段（1945—1949年）

1945年8月15日,日本宣布无条件投降。不久,国民党反动派在美国的支持下发动内战,解放战争爆发。中国共产党在这一阶段的公文工作主要在以下两个方面呈现出鲜明的特点。

首先,建立健全了文书档案工作制度,文书处理、电讯业务、档案工作已经形成了三个密切联系并相对独立的系统,文书档案工作已初步制度化。解放战争时期,中国共产党的公文处理工作逐步规范化,文电处理工作呈现出新的特点。例如,制订《中央办公厅承办电报及归档程序》,从制度上明确文书处理的新程序。1948年9月30日,中央办公厅制订《承办电报及归档程序》,明确了文书处理的新程序,加强电报的审批会办制度。到达西柏坡前,中央秘书处、机要处、中央书记处办公处都有文电处理业务,但分工不够明细。到达西柏坡后,中央秘书处主管中央文件资料的分发处理;机要处主管电报的接收、译电和发电。中央各部委也加强了文电处理和档案管理工作。各机关文件材料的处理工作分为签收、登记、编号、呈送负责人批办、办理、收退、整理、归档等内容。

其次,对办理电报工作提出注重质量的新要求。1947年5月12日,中央军委发出《关于中央与各地通讯办法的指示》,要求中央在陕北携带的电台、中央后委的电台在负责收转中央与各地来往电报时,要紧缩电文,力求细心正确。各中央局、分局、中央各部委与中央和中央后委电台保持联络时也要紧缩电文,力求精练,避免发电、译电的误差,并再一次规定电报实行一事一报制度。为了适应新形势,中共中央于1946年11月3日发布《关于处理保存密件的指示》,规定秘密文件分机密和重要机密两种。由于每天的电报数量庞大,很难完全保证党政军各种机密不受损失。因此,中央规定由首长确定发报的缓急,方法为一、二、三、四和特级。此外,中共中央还确定了电台和电报分类管理的制度。解放战争时期,电台分公开台、半密台和机密台。1947年11月24日,刘少奇建议将各解放区无线电台严格分为公开、半密与秘密三个系统,这是为适应复杂的环境和战争情况而采取的必要措施,也是在实际工作中摸索出来的经验。1948年9月,杨尚昆起草《关于电报处理的意见》,规定机要处将电报分类处理,按其内容分轻重缓急处理以便不延误和无人负责。

除以上两点外,人民政权还接收了国民党政府残留的档案,吸收了大量知识分子和文书档案工作人员,积累了一些文书资料整理的成功经验并培养了一大批文书档案工作干部,基本上完成了新中国成立前中国共产党文书工作现代化的进程。

第三节　现代公文

一、新中国成立以来的公文发展

(一)新中国成立以来公文发展概览

1. 初步探索(1949—1966年)

这一时期也被称为十七年时期。这十七年,是中国历史由新民主主义革命向社会主义过渡的至关重要的阶段,是国内外政治、经济、文化等方面的矛盾因素错综复杂的激荡时代,也是党和政府对旧社会进行大刀阔斧改造整合、致力于建设生机勃勃的新社会的转型时期。国家组织机构的新生,国内外事务的多元化都带动着新中国成立初期公文的发展,这些公文或是对民国时期、新民主主义革命时期公文的延续和拓展,或是为适应新时代的社会需要而顺势而生,在功用效能、适用范围、语体特征、文风体式等各方面都呈现出"十七年"的时代色彩,真实记录下了新中国成立初期的时代轨迹和历史选择。

1950年12月,政务院秘书厅发布《公文处理暂行办法草案》(简称《草案》),《草案》将公文的种类分为函令、决定、指示、报告、签报、批复、布告以及通报和通知。共八类十种。1951年9月29日,中央人民政府政务院正式颁布了新中国第一个公文处理规范《公文处理暂行办法》(简称《办法》),其采用繁体文字进行书写和发布,明确指出了新中国公文的含义,即"公文是政府机关宣布和传达政策、法令,报告、商洽和指导工作,交流经验的一种主要工具"。内容包括总则、公文种类、公文格式、行文规则、公文起草、校核、签发、办理和传递、管理、立卷归档、保密等内容,共八章四十条。在公文种类方面,《办法》将其分为报告、签报命令指示批复通报、通知布告、公告、通告公函、便函。共七类十二种。它还规定了公文的体式、办理公文中各个工作环节的手续和要求,并突出了催办检查工作。这一文件是第一部关于全国公文及公文工作的规定,在新中国公文发展历史上有着里程碑意义。

公文发展与秘书部门的建设密不可分。1951年7月26日,政务院发布《关于各级政府机关秘书长和不设秘书长的办公厅主任的工作任务和秘书工作机构的决定》,对秘书长和办公厅主任的工作性质、原则、方法与作风等做出了明确的规定,我国公文工作的发展开始逐步走向规范化和制度化。

公文和档案也有着千丝万缕的联系,公文制度的变化对档案工作的发展有着重要的影响。1954年12月,中共中央办公厅召开的全国档案会议上通过了《中国共产党中央和省(市)级机关文书处理工作和档案工作暂行条例(草案)》。1955年2月,国务院常务会议发布了《国务院和国务院所属各部门行文关系的暂行规定》,1956年10月22日,国务院秘书厅发布了《关于公文名称和体式问题的几点意见(稿)》,将公文划分为命令、令指示报告、请示批复、批示通知、通报布告、通告函。共七类十二种。1956年12月,国务院发布了《国务院和各省、自治区、直辖市人民委员会行文关系的暂行规定草案稿》;1964年2月,国务院秘书厅制定了《关于文书工作部门对公文文稿进行把口的几点意见稿》;等等。①

在党的文书处理方面,1955年中共中央制定的《中国共产党中央和省(市)级机关文书处理工作和档案工作暂行条例》,以及1956年《中国共产党县级机关文书处理和档案工作暂行办法》,都是对党的机关文书处理的规范。

1956年,新中国完成了由新民主主义革命向社会主义改革的转变,国民经济逐渐恢复和发展起来。经济基础决定上层建筑,经济基础的好转和政治体制的建立必然为我国的文化事业发展提供机遇。文化事业出现了"百花齐放,百家争鸣"的景象。在这其中,值得注意的是,语言文字的改革,由于新中国成立初期,繁体汉字较多,不方便读写,方言的分歧和少数民族无文字的现状阻碍着文化建设和国家的发展。于是,国务院公布了第一个《汉字简化方案》,随后,国家成立了文字改革研究会,政务院秘书厅也在《人民日报》上发布了国家出版总署制定的《标点符号使用办法》。语言和标点作为公文写作的主要部分,从这两个文件的公布我们可以看出,公文制度的基础设施建设正在逐步完善,这为我国公文发展提供了基础和支持。

2. 曲折发展(1966—1976)

"文化大革命"在新中国成长的历史上无疑是一段充满曲折和痛心的历史。这一时期,国家政权混乱,经济、文化都遭受了严重破坏,一些党政机关的秘书部门处于混乱或停滞状态,假话、大话、空话、套话的公文文风肆虐,为"文化大革命"推波助澜。直至粉碎"四人帮"后,各级党政机关的公文工作才开始拨乱反正,逐渐走向正轨。

1966年9月5日,中共中央、国务院发出《关于组织外地高等学校革命学生、中等学校革命学生代表和革命教职工代表来北京参观文化大革命运动的通知》。这则通知从内容和形式上符合当时社会背景,但由于公文具有很强的政治性,最终导致了当时全国范围内的停课"闹革命",严重影响了学校的正常运行和社会的正常秩序。接踵而至的政治、经济的无序和混乱导致了公文发展的曲折,公文制度建设的缺位和相关指导思想的偏离一定程度上影响着政治和经济的发展。我们可以说,这一时期的公文建设是落后的,是当时国家政权混乱的一个写照,公文已沦为政治斗争的工具。

总而言之,"文革"时期的公文体式、语言、文风等遭到破坏,党政机关公文的规范化进程不进反退。但不可否认的是,这一时期公文依然得以大规模传播,在整体的国家管

---

① 李昌远.中国公文发展简史[M].上海:复旦大学出版社,2007.

理方面发挥了重要作用。经过这一时期后,我们应当始终明晰:公文不能沦为政治斗争的工具,应始终为人民服务、为社会主义革命和建设服务。

3. 修订改革(1977—2011)

20 世纪 70 年代后期至 21 世纪初,是新中国成立后我国公文规范化进程中的修订改革阶段。这一阶段,党政机关公文的规范化继续保持新中国成立后分开发展的模式,依据各自的条例和办法对公文的文种、格式、处理流程等作出不同的规定,并随着时代的发展适时修订相应的公文工作规范性文件。值得注意的是,该阶段秘书学、档案学等学科发展迅速,公文工作人员素质和业务水平不断提高;新兴媒介技术快速发展,公文载体日渐多样化;有关公文写作的专著、教材的大量出版,公文规范化进程逐渐加快。

国务院在这一时期先后四次修订了行政机关公文处理办法,分别是 1981 年《国家行政机关公文处理暂行办法》、1987 年《国家行政机关公文处理办法》、1993 年《国家行政机关公文处理办法》和 2000 年《国家行政机关公文处理办法》(以下分别简称 1981 版《暂行办法》、1987 版《办法》、1993 版《办法》和 2000 版《办法》)。中共中央先后颁布了两个公文处理条例,分别是 1989 年《中国共产党各级领导机关文件处理条例(试行)》、1996 年《中国共产党机关公文处理条例》(以下分别简称 1989 版《条例》、1996 版《条例》)。

同时,与公文处理规范相配套的格式标准正式出现。国家技术监督机构先后发布了两个公文格式方面的标准,分别是《国家机关公文格式》(GB/T9704—1988)、《国家行政机关机关公文格式》(GB/T 9704—1999)(以下分别简称 1988 版《格式》、1999 版《格式》)。

20 世纪 70 年代末 80 年代初,办公自动化概念传入我国,各机关开始利用电子计算机、微机、复印机等设备开展公文工作。1985 年,为提高公文检索、处理和存储的效率,党的公文开始标注主题词。1988 年 12 月,国务院办公厅发布了《国务院公文主题词表》,并于 1994 年、1997 年对该主题词表进行了两次修订。1993 年 5 月,中共中央办公厅秘书局发布了党的《公文主题词表》,并于 1998 年对该主题词表进行了一次修订。为适应电子公文发展的需要,2002 年 12 月《电子文件归档与管理规范》出台,随后《电子公文传输管理办法》《中华人民共和国电子签名法》《机关公文二维码使用规范》等文件相继发布,我国电子公文的规范化发展也有了依据。

4. 科学完善(2012 至今)

2012 年,党政机关公文一体化后,公文规范化进程进入科学完善阶段。2012 年 4 月,中共中央办公厅、国务院办公厅联合发布了《党政机关公文处理工作条例》(以下简称 2012 版《条例》),各地方党委政府据此制发了具体的实施细则或办法。同年 6 月,与 2012 版《条例》相配套的《党政机关公文格式》(GB/T9704—2012)(以下简称 2012 版《格式》)发布。在此之前,党和行政机关的公文处理规范分别设立、各成体系,党政机关公文在文种、格式等方面存在诸多没有必要的差别,这些差别阻碍了党政机关公文质量和处理效率的提高。2012 年党政机关公文处理规范统一后,公文的定义更加科学,公文处理的原则更加明确,公文的文种划分更加合理,公文的格式标准更加完善,公文的处理环节更加简明。

至此,党政机关公文工作的规范正式统一,科学统一的公文体系正式形成。然而,从现实情况看,国家出台的公文工作方面的规范性文件约束力度不够,相关法律法规不够健全,公文不规范现象时有出现。因此,党政机关还需要拿出改革的决心和有效的措施,继续更新公文制度,完善公文体系,不断提高党政机关公文的规范化程度。

(二)新中国成立以来公文发展的推动因素

公文发展的根本在于生产力决定的生产关系(经济基础)发生变革。[①] 因此,新中国成立后党政机关公文的发展是生产力与生产关系、经济基础与上层建筑矛盾发展的结果。在这一根本动力的推动下,党政机关公文的规范化发展主要受下面四个因素的影响。

1. 时代背景和社会环境

通过公文内容,我们往往能在一定程度上感知公文所记载或反映的时代背景和社会环境。而同时,特定时期、特定环境必然也会给公文的规范化发展带来影响。新中国成立后,中国大致经历了四个历史发展阶段,分别是:七年新民主主义向社会主义过渡的时期;全面建设社会主义的十年探索时期;十年无产阶级"文化大革命";社会主义现代化建设时期。不同历史阶段,我国的政治、经济、文化、社会环境等发展状况不同,党政机关公文的规范化发展所受到的影响也因此不同。

在十七年的探索、过渡时期,全国各领域都处在革除旧时期历史发展积弊和建立新的工作规范的状态中,公文工作主要是废除旧的公文套语、体式和创立新的公文处理规则,在全面建设社会主义的方针政策的指导下,党政机关对公文体式、公文撰制、行文关系、公文管理等进行了更为深入的探索和细致的补充,规范的公文体系得以正式建立。然而,由于当时实行计划经济体制,党政机关公文还是出现了依"话"行文、依"文"行文等不规范现象。计划经济时代,公文起草的第一要求通常是符合党和国家的方针政策、法律法规和上级机关的有关规定。而实际工作中,党政机关的一些部门及领导习惯于发布公文传达上级机关的指示、本级机关的指令,有些地方习惯以领导人的言行为标准起草公文,导致了一些不合法律法规、损害公众利益的公文出现。改革开放后,随着市场经济的发展和依法治国的推进,"指令""指示"文种依次被取消,依"法"行文逐渐取代依"话"行文和依"文"行文,成为规范的公文起草方式。从这一转变来看,正是在时代背景和社会环境的影响下,党政机关的公文工作才开始走上依"法"行文的规范化轨道。

2. 机关工作开展的需要

公文来源于国家治理的需要,是人们对国家治理活动中所产生的认知、情感等进行语文表达的外在形式,这种形式受到特定组织、制度和体式的规范要求。[②] 新中国成立后,党政机关为开展管理活动,每天都会起草、批转各种公文,使用公文传递信息、布置工作。为了规范日常工作中的公文实践,党政机关通过制定一系列规范性文件的方式,对公文工作不断地改革和调整,确保了党政机关公文朝着规范化的方向发展。具体地,从

---

① 李昌远.中国公文发展简史[M].上海:复旦大学出版社,2007.

② 刘访.党政机关公文处理工作条例精解与范例[M].2版.北京:中国法制出版社,2014.

党政机关公文规范化的总体进程来看,为了确保工作高质、高效地开展,避免出现"公文旅行""文件积压"等现象,党政机关不断地优化和简化公文办理环节;为了确保工作的有序开展,避免出现"越级行文""政出多门"等现象,党政机关不断地补充和调整公文的行文规则;为了确保公文的权威和效用的真实发挥,避免出现"空头文件""有令不行"等现象,党政机关不断地推行规范的公文版式和加强公文管理。正是由于党政机关开展工作的需要,公文才能一直受到重视,并在党政机关把控的条件下朝着规范化方向发展。

3.相关人员的参与

新中国成立后,我国公文的规范化发展除了依靠党政机关对公文制度的大力推广和应用外,还有赖于相关人员的参与。其中,公文使用者们往往依据自身的经验,对公文的撰写、整理归档、文风等提出深刻见解,为党政机关公文的规范化发展提供指导。20世纪80年代,我国公文研究也开始逐步开展,许多专家、学者加入到公文队伍,相关专著、教材纷纷涌现。在公文研究者们的大力参与下,党政机关公文方面的理论研究成果越来越丰富,党政机关的公文实践越来越科学规范。

4.相关领域的协同、规范化发展

纵观整个公文规范化进程,我们可以发现:国家用纸标准的改变,推动了公文用纸规格和用纸技术要求的改变;档案工作的发展,推动了公文书写材料和文书整理归档的逐步规范;语言文字、标点符号、出版物数字用法等方面规范的相继出炉,推动了公文起草要求的不断完善;国家法律法规的逐步发展,推动了公文定密、保管、密级变更、解密全过程的规范发展。如今,在融媒体理念下,发文机关可以充分利用媒介载体,将广播、电视、报纸等传统媒体与微博、微信、短视频等新兴媒体进行融合,构建信息传递、舆论传播新格局。相信在以后,公文发展与其他领域的融合会越来越密切,公文的规范化进程将与相关领域的规范化发展协同进行。

二、信息时代的公文传播与写作

2015年3月,全国两会政府工作报告中首次提出"互联网+"战略,自此,中国进入"互联网+"元年;7月,国务院发布《关于积极推进"互联网+"行动的指导意见》,要求"充分利用互联网、移动互联网应用平台等,加快推进政务新媒体发展建设"[①]随着政务的公开和透明,我国各级政府部门的上网工程开始实施,政务新媒体逐步发展,新的公文传播形式、写作方式和公文格式不断出现。

(一)公文传播方式的变革

现代传媒语境下的公文传播,根据受众对象的不同分为内部传播和外部传播。内部传播指各单位内部的信息交互,外部传播指的是各单位与其他企业、社会组织及广大人民群众之间的信息交互方式。无论是内部传播还是外部传播,都可以按照主体和客体分为上传、下传和平传。传统公文的传播渠道固定,多采用纸质文本进行传递,极少数公文

---

① 国务院.国务院关于积极推进"互联网+"行动的指导意见[EB/OL].(2015-07-04)[2016-12-30].中华人民共和国中央人民政府网.

会通过报纸、广播、电视等传统媒体向社会发送。这使得普通受众无法直接读取公文,也无法直接接受公文的传播,只能被动、二次地接受公文信息,这种单向传播模式决定了普通受众在接收到公文的信息后,无法直接向传播主体反映问题与疑虑,导致公文传播与普通受众的日常生活无法直接关联。这一状况在移动互联网语境下,随着信息公开体制的健全而发生改变。具体而言有三点。

首先,公文传播媒介由单一到多样综合。传统的公文传播方式比较单一,除了少数需要被广泛知晓的公文会借助报纸、电台、电视台进行发布外,大部分公文主要是通过纸质这一媒介进行内部传播,能够得到文件纸质文本的只是少数相关的单位,这种内部传播形式具有很强的封闭性,容易引发耗时长、磨洋工、无监管等问题。在新媒体语境下,公文逐渐摆脱过去以纸质文本为主要媒介的传播形式,无论是在起草修改,还是审核校对,或是发文收文都借助网络媒体以电子公文的形式进行传播,大大提高了传播效率,特别是政府带头鼓励政务公开后,机关单位的绝大多数公文都要上网或通过各种官方网络新媒体与公众见面,借助官方网络门户、官方微博、官方微信等多种网络新媒体传播媒介,打破了过去单一的以纸质为媒介的内部传播,让公众实时了解具体的公文内容,协助监督公文的落实。

其次,公文传播受众由少量到众多。传统公文的收文者除了少数周知性公文面向社会公布外,基本为各单位内部所见。就法定公文而言,当其大多数信息掌握在少数人手里,公文的真实内容、发文机关单位的真实意图,不可避免会存在理解和执行的偏差,导致上情无法下达、执行效率低下等现象的产生。但随着信息的公开,大量公文通过网络新媒体直接面对社会公众,公文传播的受众不再局限于内部单位及其领导人、负责人,公众对公共事务享有更高的知情度,当涉及切身利益,公众还可以利用文件维权,起到监督作用。在网络新媒体语境下,公文传播受众的大众化是公文传播面临的新形势。

最后,从低效反单向性照应到即时互动反馈。传统的公文传播由于借助的媒介是纸质文本,加之收发文的一系列程序,传播效率极为低下,公文传播的反馈则是需要更长的时间。在移动互联网环境下,各级单位通过网络办公,实现公文电子化,公文的传播效率得到极大的提升,受众反馈也可以实现即时化。当公文通过网络及各类社交媒体发布时,其独有的交互性特征让任何一个来自互联网的社交账户都可以进行互动反馈。这不仅提高了办事效率,也加强了社会公众与发文单位的沟通交流。

(二)公文内容创作的变革

随着电子办公的发展,各级单位、机关大力提倡无纸化办公,电子公文成为与纸质公文具有同等作用的公文形式,并逐步取代纸质公文。利用电脑写作、通过网络检索收集资料已经成为每个写作者必备的技能,公文写作者也不例外。

第一,写作主体及创作方式的改变。过去几千年来以纸笔为写作工具的传统写作方式正在逐渐被电脑写作代替,借助电脑和网络进行公文写作,不仅能够提高书写速度,还能加快文章的成文速度。通过电脑和网络媒体,写作者可以轻易找到材料,获得写作模板,这使得写作主体迅速提高了写作效率。此外,传统写作由于受写作载体等限制,作品成型后很难更改。移动互联网语境下的写作主体可以突破时空限制,随时随地在文本任一节点进行增删和修改。值得注意的是,在这个过程中,写作主体与客体是互动的,受众参与的观点和材料会即时成为主体创作的一部分。

第二,客体对公文创作的影响。首先,随着智能手机与移动互联网的迅速普及,任何人都可以检索各单位网站或官方微博、微信号,从而获取其下发的公文,这改变了传统写作客体只能被动接受信息的局面,这使得客体在面对复杂多样的信息流时能够独立地进行辨别和选择自己需要的公文信息。其次,客体的参与给公文写作者带来了新的要求。公文的逻辑、内容必须清晰明了,追求严谨,小小的语言甚至格式漏洞都可能引起误读,从而引发网络舆论,这要求公文写作主体随时要以谨慎又开放的态度面对受众。

三、现代传媒语境下的公文传播转向

公文发展总是伴随着时代而变化。辛亥革命以来,更是公文的重大变革时期。中华人民共和国成立后,公文制度不断完善,历经 1951 年、1957 年、1981 年、1987 年、1993 年、2000 年和 2012 年的 7 次修订,不断朝着实用、简明的方向发展,反映了国家管理职能和经济文化科技的客观要求。在现代传媒语境下,公文从表达形式到传播媒介,再到写作文风均发生着巨大的转变。除此之外,新兴社交媒体平台上产生了两类新的公文文体,即微博公文和微信公文,我们甚至可以说,微博与微信公文已经成为政务工作中不可或缺的一部分。

(一)表达形式日益通俗化

公文作为各企事业单位和党政机关传达方针政策、发布规章制度或行政法规的重要工具,并代表相关单位和行政部门行使权力和职能,具有一定的官方性,规范严谨是其最明显的特征。但政务公开和受众范围的不断扩大消解了其原有的官方特征,推动其往民间的、通俗化的方向发展,主要表现在成文结构、公文格式和应用体裁这三种表达形式上。

在成文结构方面,传统公文讲究谋篇布局,篇章层次分明,文章内容主次要分明,句与段之间既连贯又严谨。但在各类新媒体平台中,公文写作无法完全按照传统布局来进行。以微博公文为例,由于字数限制,一些公文信息无法全篇发布,即使是一些简短文体也只能把标题、受文单位和正文内容合为一段,迫使公文写作主体简化内容,摒弃"官话"和"套话"。

其次是公文的格式的改变,传统的公文格式严格遵守国家统一标准,从制版、印刷到装订的各个环节都有细致而严格的规定。但在社交媒体上,公文为了适应微博、微信的传播需要,其公文格式改变并简约了许多,以图中银川市公安局发布在官方微信公众号的一篇公文为例,这篇通报以蓝底白字及人民警察警徽组成背景,落款处省去盖章,

只保留发文机关和日期,十分简洁。[①]

---

① 转自银川市公安局官方微信公众号。

最后是应有体裁变化。传统公文会根据行文用途和受文对象进行写作文体的选择，但在新媒体语境下，公文写作主体可能会抛弃既定的文体，采取受众更容易接受的文体，增强传播效果。

在这个碎片化、快速化阅读的时代，用户不会花费太多的时间和精力去精读一篇公文，传统公文各种复杂的行文规定只会影响传播效果。公文创作者们正在抛弃原有的部分严肃性，往民间化、通俗化、符合用户需求的方向转向。

(二)传播媒介日益丰富化

多模态(Multimodality)是指"在符号产品或者事件中几种符号模态的使用"，[①]是语言学研究里的一个概念。多模态的出发点是把语言及其意义的社会阐释扩展到所有的呈现和交际模态。如果说多模态指图像、文字、声音等两种以上模态同时存在，那么单模态就是指只有一种模态的存在。在传统媒体时代，由于载体等限制，其仅用文字这一单一模态进行传播。在如今这个移动互联网及各类新兴媒体迅猛发展的时代，公文传播得以借助电脑、智能手机等丰富多样的媒介进行，往多模态方向发展。随着传播媒介的增加，公文写作者可以通过各种软硬件设备，将文字、图片、音频、视频等元素统一于一份网络公文中，并借助新兴媒介平台向各类用户发布。

---

① KRESS G, VAN LEEUWEN T. Multimodal discourse: the modes and media of contemporary communication[M]. London: Arnold, 2001.

（三）写作文风日益多元化

《国家行政机关公文处理办法》中明确指出,行政机关的公文,是行政机关在行政管理过程中形成的具有法定效力和规范体式的文书,是依法行政和进行公务活动的重要工具。这就要求在公文写作中,必须使用规范化的书面语言,任何个体不能把主观色彩和感情表露在公文语言之中。但随着互联网的普及、政务的公开,公文通过各式网络新媒体平台实现了和普罗大众更便捷的沟通,但也无法避免地受到网络语言、流行语体、热点事件和网络表情包的渗透、交融和冲击,公文文风原有的严肃不断被削弱,而朝着活泼、"接地气"的方向发展。

首先是受网络语言和流行语体的影响。随着网络论坛、社交媒体的发展,网络语言层出不穷,各式各样的网络流行语体更是让人眼花缭乱。厦门反扒警方官方微博曾发布一条"淘宝体"通缉令,①借用"淘宝体"与被通缉的逃犯隔空对话,这种"接地气"的方式拉近了公安机关和民众的距离,将硬邦邦的通缉令内容变得轻松,有利于减轻通缉对象的抗拒心理,扩大了宣传效果。

其次是受热点事件的影响。网络传播即时、跨时空的特点让那些能够引起受众兴趣的新闻事件得以迅速成为热点,这对于公文而言,一方面体现在如上文所提到的对网络流行语的模仿;另一方面体现在对同类运营账号的跟风模仿,这在政务抖音短视频中最为突出,从而导致公文创作者的思考、创作能力下降,难以逃避信息同质化的影响。

随着数字媒体技术的不断发展,融媒体传播已成常态。公文作为人类社会组织生产生活的重要工具,在这样的环境下也在不断发展变化。与此同时,这些改变与公文原有的规范性、权威性也产生着冲突,导致公文格式易混乱、权威性受损。如何协调好公文在现代传媒语境下的交互性、开放性与权威性之间的冲突,是现代公文发展必须要思考的问题。相信在未来,公文发展的蓬勃生命力待我们一起见证。

---

① 厦门反扒在线官方微博.通缉令[EB/OL].(2011-07-14)[2016-12-30].厦门反扒在线官方微博.

第二章 公文传播的属性

第一节 政治属性

现代汉语中的"政治"一词来自日本,19 世纪 90 年代维新变法时期从日本引入。从此,"政治"逐渐从一个外来词转变为普遍使用的汉语词汇。虽然"政治"已经普遍化为汉语通用语,但关于政治的内涵却有着不同的界定。比如,流行甚广的《政治学基础》一书列举了道德政治观、权力政治观、管理政治观、分配政治观、神权政治观等五种政治的内涵,并将政治定义为:"在特定社会经济关系及其所代表的利益关系基础上,社会成员通过公共权力确认和保障其权利并实现其利益的一种社会关系。"本文叙述公文写作传播所具有的政治属性,此时的"政治"是与国家行政机关相联系的"政治",是"行政"维度的"政治"概念。"国家行政机关"是国家意志的执行机关,根本任务就是巩固统治阶级的政治统治,政治主导行政,行政从属政治。国家政权的建立是社会发展的起点,国家政权的稳定是社会制度得以有效长存、经久不衰的首要目标。政治的建设水平是反映国家政权稳定度的风向标,因而本文所阐述的"政治"是国家意志的表达,是国家主流意识形态的外在表征。公文作为政治信息传播的重要媒介,是在政治活动中应运而生的,政治属性是公文的本质属性。

戴维·伊斯顿曾将系统论应用于政治过程分析,认为政治过程是一个"输入—输出—反馈"的循环过程,并由此提出了著名的"政治系统的输入——输出系统"模型。其中,政治信息流动、贯穿于整个政治系统之中。公文是政治信息传递的一种正式的、非常重要的媒介。在一次完整的政治活动中,首先,政治系统需要从环境中接收信息,主要通过上行文的方式;其次,政治系统在系统内部加工处理信息,可以通过上行文、下行文、平行文的方式;最后,政治系统要输出信息,主要通过权威性的决定、法令等下行文的方式。接下来,新的政治信息继续反馈给政治系统,政治系统据此调整自己的活动,推进新一轮的政治活动开始,如此循环往复前进。

一、公文传播与政治的关系

(一)公文诞生于政治之中

公文是公务文书的简称,是政权机关在公务活动中,按照特定的规范体式,经过一定的处理程序形成和使用的具有法定效用的书面文字材料。公文是政权机关颁布法律法规,传达贯彻政策、方针,指示和答复问题,指导、布置和商洽工作,报告情况,交流经验的重要工具,可以说公文是政治信息传播的重要媒介,公文的诞生源于国家政治治理的需要。

回溯公文的历史,我国公文的产生可以追溯到甲骨文时期,《尚书》可以被认为是中国第一部公文文集,经过历代的演变发展,逐渐形成了诏、誓、命、典、律、诰、敕、册、奏、议、表、檄、旨、谕等各类公文。最早的公文总称是"书契",《周易·系辞下》中有记载:"上古结绳而治,后世圣人易之以书契,百官以治,万民以察。"从中可以得知,书契的作用是把社会生活中需要遵守的事情"立为公信",官吏用以治理国家,社会成员用以鉴戒自己。

(二)公文的内容为政治服务

从公文的发展史中可以窥见,我国公文诞生于政治的需要,同时又为政治服务。纵观我国公文发展史,古代公文大体可以分为三类:首先是诏令类公文,它是古代封建皇帝、皇太后、皇后所发的命令、文告的总称,包括诏、谕、制、救、诰、册文、策、玺书等,功能是布告臣民,是国家最重要的下行公文;其次是臣属的奏议类,是从中央到地方的各级政权机关向皇帝上奏的公文,这类文章在《尚书》《左传》《国语》《国策》等历史文献中存在较为集中,战国以前统称上书,秦朝时期出现了章、奏、表、议的分类,汉代以后体制日增,又出现了疏、刽子、封事、笺等;最后是各级封建政权的官方文书,它包括中央政权各部门与地方政权的往来公文、地方政权与地方政权的往来公文,是国家重要的上行、下行和平行公文,担任着各地政权之间行政往来的重要沟通媒介,传递着政治信息。

(三)公文传播影响着政治

回顾中国公文产生、发展的历史可以看出,政权机关的政治活动离不开文字材料,无论是命令、公告的下达,建议、报告的上传,还是信函的传递往来,都需要通过一定明确的、规范的书面形式来开展和进行。自殷商时期甲骨文出现以来,古代公文贯穿了整个古代政治传播体系,是政治传播活动的重要载体,"公牍之起也,自生民知止其群始也"是国家彰显并稳固其权力的手段之一。作为政治信息的核心要素和推行政令的工具,公文是一种最严谨、最具权威性的政治传播类型,担负着其他任何文本都不能担负而且不允许担负的特殊使命。公文的内容要最大限度宣传统治阶级及其政党的政治、哲学思想,宣传、推行统治阶级的国家治理路线、方针、政策等,是国家意志的诉求和表达。

公文作为一种传播媒介,政府通过公文的发布和执行来实现对国家的管理,维持社会的稳定和发展。同时,"媒介即讯息"技术的优势带来的不仅是政治信息传递与沟通的便利,更是政治宣传、政治影响力角逐的延伸,公文真实的本质属性是政治,公文传播具有与生俱来的政治属性。公文传播效果的好坏与政府公文的影响力紧密联系,从而对政府的执政效果产生重大联系和影响。

二、公文传播的政治价值

(一)宣传政治理念

宣传活动在人类文明发展史中源远流长。中国西晋史学家陈寿(233—297)所著《三国志·蜀志·彭羕传》中有"先生亦以为奇,数令羕宣传军事,指授诸将,奉使称意"句,可见中国东汉末年已将"宣""传"两字合用。在英语"propaganda"的词根中,借植物栽种、接木而含有强行传播之意。现代意义上的"宣传"一词,渊源于1622年罗马天主教皇格列高利十五世创立的"信仰宣传委员会"(Congregation for Propaganding the Faith),当时该会简称为Propaganda,意思是通过传教士使用各种文字、语言符号传播教义。宣传一词的广泛运用,是在18世纪下半叶美国反殖民主义的革命和法国资产阶级革命时期。中国在戊戌维新(1898)和辛亥革命(1911)时期,"宣传"一词已广为人知。宣传是一种专门为了服务特定议题的信息表现手法。在西方,宣传原本的含义是"散播哲学的论点或见解",但现在最常被放在政治环境中使用,特别是指政府或政治团体支持的运作。

公文作为一种政治工具,具有上令下达的功效,因而公文传播的最终目的必定是为统治阶级所服务,宣传正确的政治理念。我国的公文写作与使用迄今已有几千年的历史,奴隶社会以前,为了记录重要事情和重要活动,或相互之间留下信用凭证,人们开始结绳记事和刻契记事,而甲骨文的出现则标志着文书的形成。到了夏商以后,由于社会生活、国家制度和国家机构都相对简单,各级机构和官吏只需执行君王发布的命令。到了封建社会,社会生活、国家制度和国家机构逐渐完善,处理政事的方式有了很大的变化,比如帝王发布命令最早只有口谕,后来开始使用诏书,大臣上朝进言则开始使用奏章、奏折。在此时期,只有帝王及其亲信等极少数人才能参与封建王朝的管理,诏书、奏章等公文基本上是为维护帝王的利益及其王朝的稳定而存在的。公文的制作者、发布者以及发布范围等都有很苛刻的限制,制作者和发布者要么是帝王,要么是朝廷重臣或县级以上的长官等特权人物,这些公文的主要目的是在国家行政体系内宣传帝王的思想和政治理念。除此之外,还有布告、告示等少数公文,面向百姓公布重大事宜,这一阶段的公文传播具有小范围向百姓传播、大范围在行政机关内部传播的特点。

清末,特别是鸦片战争以后,封闭垄断的封建社会制度被打破,现代民主意识萌发。在此背景下,公文写作发生了跨时代的巨大变革。特别是1911年辛亥革命后,南京临时政府对沿袭而来的封建时代的文书进行了全面改革,总体上呈现公文传播的范围向普通民众转移的特点,因而其向大众宣传政治理念的功能更为突出。

1949年10月1日,中华人民共和国庄严成立,开辟了中国历史的新纪元。中华人民共和国的成立推翻了帝国主义、封建主义和殖民主义的三座大山。备受压迫和剥削的中国人民当家作主,马克思主义在中国取得了胜利,社会主义中国从此开始了伟大的民族复兴,中华人民共和国成立以后的公文制度建设伴随着政权的建立而起步,为了适应国家的政治、经济和社会各方面的管理的需要,公文的种类和写作的规范工作不断地发展。

随着时代的发展,公文的发展不仅仅局限于种类与写作规范等制度方面的变化,尤其是当今新媒体时代的来临,传播工具的变革,使得公文在传播渠道上也发生着剧烈的变化,目前我国的中国政府网也开辟了专门的"公文公报"专栏,通知国务院有关文件、中央有关文件、部门地方文件及政府公报、政府白皮书等。目前,我国公文在宣传政治理念方面的作用主要体现在法定公文中的周知性、指示性、规范性文书等。党和国家领导人的讲话、报告则在此作用中担任着重要的角色,例如,2021年3月5日,李克强总理代表国务院在十三届全国人大四次会议上作《政府工作报告》中,李克强总理在结尾提及:

【例文】

"让我们更加紧密地团结在以习近平同志为核心的党中央周围,高举中国特色社会主义伟大旗帜,习近平新时代中国特色社会主义思想为指导,齐心协力,开拓进取,努力完成全年目标任务,以优异成绩庆祝中国共产党百年华诞,为把我国建设成为富强民主文明和谐美丽的社会主义现代化强国、实现中华民族伟大复兴的中国梦不懈奋斗!"

宣传者的目的旨在影响受众,力图使受众按宣传者的意图行动。自从党的十八大以来,以习近平同志为核心的党中央高度重视宣传工作,随着国际形势的变革和我国经济社会的转型发展,宣传思想工作的环境、对象、范围、方式发生了很大变化。但宣传思想工作"巩固马克思主义在意识形态领域的指导地位,巩固全党全国人民团结奋斗的共同思想基础"的根本任务没有改变。开创宣传思想工作的新局面,就必须按照"围绕中心、服务大局作为基本职责,胸怀大局、把握大势、着眼大事,找准工作切入点和着力点,做到因势而谋、应势而动、顺势而为"的总要求,不断创新宣传思想工作的思路。

一是要从党和国家发展的全局来筹划宣传思想工作,从时代发展的潮流和改革开放的趋势来推进宣传思想工作。当前我国正处在全面建成小康社会的关键时期,经济转型发展、社会管理等方面任务繁重。宣传思想工作要始终围绕大局、服务大局,为党和政府的中心工作服务,消解宣传思想工作是"务虚"的片面认识,立足改革发展实践,注重从理论与实践、历史与现实、国内与国际的联系上,引导干部群众深刻领会中国特色社会主义道路的独特创造、理论的独特价值、制度的独特优势,更好地认清发展规律、发展大势、发展方向,坚定不移地贯彻党的理论和路线方针政策。充分发挥宣传思想工作引领社会、凝聚人心、推动发展的支撑作用。二是要拓展宣传思想工作渠道,延伸宣传思想工作触角。

公文传播就是政治宣传其中一个很重要的环节,目前我国的行政机关通过一系列重要会议、发表一系列重要讲话,并在国家行政机关的相关网站上发布权威公文,深刻回答了宣传工作方向性、全局性、战略性重大问题,做好了新形势下宣传工作。

(二)宣传说服与政治教化

宣传只是传播主体将信息进行传播,而说服更侧重于传播效果,重视受众对于传播主体传播信息的接受程度,因而公文传播政治属性的进一步表现在于宣传说服与政治教化。政治教化是中国古代传统政治的基本理念及策略,是统治者通过官学、书院、社学诸途径,向民众灌输"忠""孝"等观念,从而达到维持现有政治权威、巩固政治合法性的目的。随着互联网的逐步普及,新媒体不断发展,传媒已成为紧趋学校教育、家庭教育、社会约定等之外的重要政治教化力量。在政治教化或政治社会化的过程中,借助融合传媒的技术优势,公文凭借其特殊的信息价值和威慑力量,其传播通过具有社会声望的媒体发布相关信息,进而改变政治受众的态度、信念与行为。

信息化时代的来临,传播渠道的革新使得公文传播具有前所未有的进步,相对宽松的公文内容报道,加之注重刊登的时效性,使得政治与政府的权威既及时又有效地传达至下属各层级。而且,公文所反映的价值观通过媒介技术的传播深入到社会各阶层,既能有力地促进政治教化,又能最终促进整个社会的认同,并在一定程度上达到特定的政治目的。公文传播的这一作用在通报、决定等文体之中体现明显,通报适用于表彰先进,批评错误,传达重要精神或告知重要情况,决定适用于对重要事项作出决策和部署、奖惩有关单位和人员、变更或者撤销下级机关不适当的决定事项。例如下面一则表彰决定:

【例文】

教育部关于表彰全国优秀教师和
全国优秀教育工作者的决定

教人〔2019〕15 号

近年来,全国广大教师和教育工作者坚持以习近平新时代中国特色社会主义思想为指导,认真学习贯彻党的十九大和十九届二中、三中全会精神,深入贯彻落实全国教育大会、全国高校思想政治工作会议和学校思想政治理论课教师座谈会精神,围绕立德树人根本任务,教书育人,爱岗敬业,无私奉献,涌现出一大批先进典型。

为表彰他们的杰出贡献,大力弘扬尊师重教的良好社会风尚,进一步增强广大教师和教育工作者的荣誉感、责任感,推动形成优秀人才争相从教、教师人人尽展其才、好老师不断涌现的良好局面,促进教育事业科学发展,教育部决定授予于立君等 1432 名同志"全国优秀教师"称号,授予陈姗等 158 名同志"全国优秀教育工作者"称号。希望受到表彰的同志以此为新的起点,积极进取、奋发有为,充分发挥引领示范作用,在新时代教育改革发展事业中取得更加丰硕的成果。

广大教师和教育工作者要以受表彰的优秀教师和优秀教育工作者为榜样,更加紧密团结在以习近平同志为核心的党中央周围,牢固树立"四个意识",坚定"四个自信",做到"两个维护",坚决贯彻党的教育方针,模范履行岗位职责,学为人师,行为世范,为加快推进教育现代化、建设教育强国、办好人民满意的教育作出新的更大的贡献!

教育部

2019 年 9 月 4 日

表彰优秀,是要弘扬正气、树立标杆,充分发挥先进典型的激励作用。教师自古以来都身负建国君民、教化人伦的责任,新时代教师的社会担当必然有新的内涵,身处新时代的教师需要认识到自身的教育职责是为人民服务、为中国特色社会主义服务、为改革开放和社会主义现代化建设服务,是经师与人师的统一。新时代要求教师成为担当国家与社会发展的"大先生",在实现中华民族伟大复兴中国梦的实践中发挥重要作用,这些都需要在教师荣誉制度的顶层设计中体现出来,并通过荣誉的社会作用落实。

(三)塑造政府形象

政府形象是政府言行及其表现所形成的印象、评价和信念的总称。政府形象本身优劣状态关系到整个政府管理活动是否能顺利进行,有关政府政策能否获得社会公众的支持,在一定程度上也反映出政府形象所产生的效果是积极性的还是消极性的。中外政府管理史与现实表明,政府形象建设不是权宜之计,一蹴而就的,需要较长时间的管理经验积累,也需要长期性的时间、精力和经费投入,而且其回报是渐进性的。政府形象分为政府自我形象和政府公众形象,二者之间存在着差别。政府自我形象是政府对自身政策和行为的总体印象;政府公众形象是公众作为主体对政府客体政策和行为的总体印象和判断,政府公众形象一般会有好、坏或一般三种取向。通过树立政府形象的各项工作,促使政府内部与政府外部公众对政府的政策和行为产生理解和支持,使公众对政府产生友好的态度和行为,督促政府以公开方式或直接方式承认政府自身决策和行为所造成的失误和责任,并对有关政策和行为进行修正和补充,解决政府组织和人员工作中所遇到的难处,寻求公众同情、谅解和合作,争取在公众心里形成良好的政府形象,避免产生不良的政府形象,提高政府工作效率,促使政府较好地实现工作目标,取得实绩。

政府内部通过公文的内部传播塑造政府自我形象,通过对外传播塑造政府的公众形象。例如下面一则意见:

【例文】

国务院办公厅关于建立政务服务"好差评"制度

提高政务服务水平的意见

国办发〔2019〕51 号

为全面及时准确了解企业和群众对政务服务的感受和诉求,接受社会监督,有针对性地改进政务服务,提升政府工作效能,优化营商环境,建设人民满意的服务型政府,经国务院同意,现就建立政务服务"好差评"制度提出以下意见。

(略)

国务院办公厅

2019 年 12 月 3 日

意见是对重要问题提出见解和处理办法,"好差评"原本是网络电商平台为了提高服务水平而设立的评价制度,其逻辑是把服务体验、商品质量的评判权交由消费者,倒逼卖家不断改善服务。"好差评"于 2019 年首次写入国务院《政府工作报告》,成为一个政务新词。建立政务服务"好差评"制度,政府服务水平的高低好坏由企业和群众来评判,体现了对企业和群众的充分尊重和信任,也表明了政府勇于改革的坚定决心。此则政务服务"好差评"制度实施意见的公文,是对国务院有关部署的贯彻落实,将促进各区、各部门持续改进和优化政务服务工作,让企业和群众真正成为评价政务服务效果好坏、质量高低的主体,进一步提升企业和群众办事便利度和获得感。同时在传播上也让公众感受到了政府准确定位政务服务工作中的堵点和难点,及时回应企业群众的诉求和期盼,努力建设人民满意的服务型政府的决心。

一般而言,媒介之于政治取向的影响可分为认识的、情感的与行为的三个层面。这一过程亦可称为政治社会化过程,而政治社会化的场域又可分为政治性场域(如政党、政府)和非政治场域(如家庭、同伴)。就政治性场域而言,政治受众的政治教化大致有"模仿、预社会化、政治教育、政治经验"[①]政治传播的通道有政治演说、政治广告、政治新闻、政治公文等,这些途径传播的广度与深度直接影响着政治传播的效果。

公文直接受制于政治与行政,有国家权力的支配与支撑,加之目前公文传播技术的发展臻于成熟,因而从某种程度上来说,公文传播是政治形象塑造之源。公文从法规或法理上确立了政治人物的政治形象,再通过诸如报纸、广播、电台等媒介的宣传将其塑造成一个政治符号,久而久之,定格为一种领袖形象传播。

同时前文有提及,公文传播影响着政治的效果,得当的公文自然会对政府形象产生正面影响,但若是公文在内容、传播等方面没有严格遵从公文的相关法定条例,将会对公文传播的主体——政府产生负面影响,例如下面一则公文:

【例文】

信息公开申请告知书

本机关于 2021 年 4 月 29 日收到您通过当面提交的《政府信息公开申请书》。

经审查,您申请公开的长沙市岳麓区钰龙天下小区整体及各地块(包括一期、二期(含东区、西区)及未开发西北地块)自初次出让以来的历次规划条件修改或变更(如果有)的详情本机关予以公开,依据《政府信息公开条例》第三十六条第(二)项的规定,本机关将该政府信息提供给您(复印件附后)。

经查实,本机关未检索到您所申请的长沙市岳麓区钰龙天下小区整体及各地块(包括一期、二期(含东区、西区)及未开发西北地块)土地出让时所附的《规划条件书》。根据《政府信息公开条例》第十七条的规定,本机关不是您所申请的政府信息公开的主体,本机关不是您所申请的政府信息公开的主体,建议您向长沙市自然资源和规划局提出信息公开。

长沙市自然资源和规划局
2021 年 5 月 13 日

这份《信息公开申请告知书》公文的落款和公章为"长沙市自然资源和规划局",文中却称"本机关不是您所申请的政府信息公开的主体,建议您向长沙市自然资源和规划局申请信息公开",并且将"本机关不是您所申请的政府信息公开的主体"重复了两遍。这则公文系长沙某楼盘业主向湖南湘江新区国土规划局申请信息公开,由湘江新区国土规划局于 5 月 13 日制作和出具的。根据长沙市自然资源和规划局授权,湘江新区国土规划局以该局名义并使用"长沙市自然资源和规划局政府信息公开专用章"等公章办理信

---

① 夏书章.行政管理学[M].广东:中山大学出版社,2003.

息公开等工作,在回复行文中又简单套用长沙市资规局专用函头、落款及公章,造成了自相矛盾。该局相关领导在审核过程中也未履行把关职责。

本次办理过程中,经办人和相关责任人工作不细致、不认真,以至于出现严重工作失误,导致答复内容与答复主体自相矛盾、文字重复等严重错误,暴露出服务意识淡薄、工作责任心不强的突出问题,红头文件一头连着政府,一头连着群众,这份公文的错误严重损害了长沙市行政机关的公信力。

第二节　管理属性

"管理"一词在古老法文的解释是"领导、执行的艺术";在拉丁文解释里是"以手领导"。在现代,"管理"可包括领导和管理所有组织;通过组织、调度和运用各种人力、财务、原料、实体、知识、资产或其他无形资源的活动(包含规划、决策、组织、领导和控制),以有效率且有效用的方式达成组织目标。由于管理包含了对人力资源的组织,因此它暗示了管理需要有效沟通。

管理是指在一定组织中的管理者,运用一定的职能和手段来协调他人的劳动,使别人同自己一起高效率地实现组织既定目标的活动过程。管理是术与道的关系。管是术(术法计谋),理是道(道德修养和具体的操作与执行手段)。老子《道德经》中说:"有道无术,术尚可求,有术无道,止于术"。一个道德高尚,修养良好的人,即使没有术法计谋,还是可以去学习的,但是,如果只有术法计谋,而品德低劣的人,只能止步于当前的成就,而不能再进一步。

"管"是术法计谋,"理"是道德修养和实践。要想达到管理的目的、必先理在道德修养,所以你想管得住,就要理得正。管的着力点在于改变人,改变人的态度,改变人的能力;管理是由"管"与"理"组成的。有的人只会管,有的人只会理。而事实上,一个合格的领导者,除了必须会管以外,更要善于理。管而不理是"命令";理而不管是"盲目"。管理的目的是效率和效益。为了实现管理的目的,就必须去管。为了认识管理的目的,就必须去理。管是刚性的,理是柔性的,"管"与"理"必须有机结合,才是真正意义上的管理。

一、公文传播与管理的关系

在当今世界,人类社会的群体中,国家是最大且拥有至高权力的、正式的组织群体,其庞大与复杂程度要远高于其他各类组织。仅内政就涉及政治、经济、社会、科技、思想、教育、文化、资源、环保等很多方面,涉及中央、地方和普通百姓,在管理过程中要考虑当前和未来,而这方方面面又是相互关联、相互作用和影响的。从科学角度进行理解:国家管理应站在上述角度,运用各种相关科学思想、理念、方法、技术和手段,以系统思维的方式把国家视为一个有机的整体,对国家的建设与发展,不间断地进行系统的分析、运筹、谋划和预测;从重要性、紧迫性、各问题相互间的关联情况,解决问题的难易程度,目前的工作能量等各方面,统筹考虑、安排和制定对策;通过对方案的实施、检查、反馈和修正,使国家建设中的方方面面,始终处在一种高速有效、有条不紊的状态,并使各方面不断地协调、改进、完善和发展。

(一)公文是管理的手段

公文传播的管理属性是公文的非本质属性,但无论是从国家层面还是其他层面,公文都是管理的必要手段。

就宏观国家层面而言,我国古代的帝王和高级官吏一直高度重视政治信息的收集,但因其工作和生活范围的局限性,他们亲自巡视、收集信息的能力精力和时间十分有限。因而,政权机关建立了其他收集政治信息的制度。例如:古代很早就实行上计制度,将各地的财政、民政等信息层层上报,以掌握民情,为政治决策提供依据;古代官吏政绩的考绩述职制度,详细反映吏治情况,为官员奖惩提供依据;《国语·周语》中,"故天子听政,使公卿至于列士献诗",也是为了反映民情,考察政治得失。此外,帝王还会定期或不定期地下诏征求民间的政治建议,尽可能发挥社会民众的智慧,为国家的政治统治、政治发展而建言献策。于是,在收集政治信息的活动中,公文便成为下情上达的重要工具。

在古代公文中,臣属的奏议,作为我国古代公文的一大类别,是政治信息收集反馈的主要载体。这类文章在《尚书》《左传》《国语》《国策》等历史文献中存在较为集中,战国以前统称上书,秦朝时期出现了章、奏、表、议的分类,汉代以后体制日增,又出现了疏、劄子、封事、笺等。统指包含中央和地方的各级政权机关向皇帝上奏的公文。奏议公文在政治监督、制约帝王权力方面起到了一定的作用。在帝王较为开明、政治较为清明的时期,臣属向帝王所反馈的政治信息也较为充分,能够较为有效地节制帝王的绝对权力,避免帝王的决策失误。其中,公文不光充当着传播政治信息,统治者进行管理的媒介,还担任着管理制约帝王绝对权力的工具。

(二)公文传播中形成的管理文化

现代管理学之父彼得·德鲁克在《管理》一书中把管理与文化明确地联系起来,他认为管理不只是一门学科,还是一种文化,有它自己的价值观、信仰、工具和语言。管理文化是一种文化样式,公文在其传播之中,形成了独有的管理文化。纵观历史长河,文献中记载过许多国家的兴衰成败与变迁,其原因是多种多样的,但其中管理问题是不可回避的重要原因之一,管理既是成功的要素,又是失败的根源。任何国家、任何社会,其发展离不开内部管理的水平,其中,管理者在从事管理工作的时候,总会受当前的主流意识形态所控制,同时,公文成了国家行政机关传播国家主流意识形态思想,进行沟通、交流、治理的重要工具。

公文传播独有的管理文化包括两个方面,一是国家对公文形成的独特管理体制,二是公文作为信息传播的权威媒介,自身所具有的管理功能。

1949年新中国成立以来,党和政府更加注意发挥公文的作用,大力加强和改善文书工作。1951年,中央人民政府政务院颁布了《公文处理暂行办法》,将公文分为七类十二种。同时,还对公文处理工作的原则、公文体式及撰写要求等,做了全面、具体的规定。

中共中央办公厅、国务院办公厅2012年4月16日印发的《党政机关公文处理工作条例》第三条规定:党政机关公文是党政机关实施领导、履行职能、处理公务的具有特定效力和规范体式的文书,是传达贯彻党和国家的方针政策,公布法规和规章,指导、布置和商洽工作,请示和答复问题,报告、通报和交流情况等的重要工具。并通过各种条例对公文从发文机关、收受主体、公文内容、公文的传播、公文的收档等方面作出了体系化的管理规定。

同时,公文作为信息传播的权威媒介,通过传达、贯彻党和国家的路线、方针、政策、法规与规章,实施领导与管理,体现和反映党和国家机关的政治意向、指挥意志、行动意图,维护党和政府的权威以及它所代表的人民群众的根本利益。在公文传播的过程中,上级机关制定及发布的各项方针政策、指示、决定等,给下级机关和广大群众指明方向、阐明措施和做法。下级机关和广大群众按照上级的部署、意见和决策进行工作。阐明政治主张,说服教育群众,让群众了解领导意图等作用。在各个机关、组织之间,需要互通信息和情报,需要协调、处理许多工作和事务,如上对下有晓谕与安排,下对上有请求与汇报,单位之间有联系、交流与商洽配合。

二、公文传播的管理价值

弗雷德·希伯特、西奥多·彼得森、施拉姆在《大众传播的四种理论》一书中提出的社会责任理论认为,人类并非在任何时候都能合乎理性地做出正确判断,所以必须先有好的教育机制、好的新闻工作者激励人们运用理性,"真理"才有可能出现。没有这种激励,人是不会主动去追求真理的。同时,公文作为传播文本,是良性的沟通管理工具,因而公文传播在为统治阶级服务时,也承担起了社会责任,具有管理属性,公文传播的管理属性表现在公文传播与社会大众之间进行沟通、交流,并承担治理作用。

回溯古今,秦统一全国,出于其政治统治和国家管理的需要,对文书进行改革,对文书的名称、格式用法、功能作用等都作了明确的规定,并为汉朝及其后来的历朝历代所沿袭和发展,这就决定了它是一种作为历代统治阶级处理政府、号令天下、治理国家的"经世致用"之文。公文在传播过程之中的管理功能自其诞生之日起,便奠定了其基调,本文认为公文在传播的过程中主要通过沟通、交流、治理三种方法对社会进行管理。

(一)沟通

在谈及公文传播的沟通功能之前,需厘清沟通与交流之间的区别。沟通和交流都指不同主体之间信息、情感的互换,但侧重点不同。沟通更侧重于在不同看法、不同意见方之间进行,两者之间通过沟通试图达到观念与意见的一致认同,而交流可以在具有同样意见、态度方之间进行,不强调交流双方具有的差异特征,也并不追求交流的结果,注重的是交流之间的过程。简而言之,沟通的重点是彼此了解对方的意思,交流的重点则在互相交换信息。

传统公文传播多在党政机关单位特殊层级之间传递,而只有极少数公文通过报纸、电台、电视台等媒体向社会发送。传统公文的收文者除极少数通行性公文是社会公众外,基本为机关单位及其领导人、负责人,而通达社会公众的公文,主要以约束性、法规性为主,而指挥性、部署性、报请性等公文为主,普通百姓无缘得见。执行公文也只是党政机关单位之间的事情,公文传播与普通百姓的工作、学习、生活等似乎没有多少关系。随着新媒体技术的推波助澜,政务公开体制的建立健全,公文传播的方式发生了巨大改变。

随着政务的公开和透明,我国政府上网工程的逐步实施,公文传播方式逐步转变。按照国务院要求,到2010年我国所有的县处级以上政府和部门都要有自己的门户网站。2007年4月5日,国务院总理温家宝签发国务院令,(中华人民共和国政府信息公开条例)自2008年5月1日起施行。随着互联网在我国的逐步普及,电子政务、办公自动化、电子公文处理等新的政务形式的出现,传统传播方式被逐步打破,新的公文传播方式不断出现,微博公文便是最好的例证,在新浪微博平台中,除了许多省市区级公安局开设相关官方账号外,还开设了"警情通报"专门的微博超话话题,进行官方公文传播。例如2021年5月11日,四川省成都市公安局成华区分局官方微博"平安成华"发布的一则《警方通报》:

【例文】

警方通报

2021年5月9日18时49分,我区中学发生一起在校学生高坠死亡事件。接报后,公安机关高度重视,立即组织警力到达现场,发现死者系林某某(男,16岁,49中学高二学生)并开展调查处理工作。

经现场勘验、走访调查、调阅监控、电子数据勘验,提取书证、尸体检验,认定林某某系高坠死亡,排除刑事案件。

5月11日下午,公安机关已依法将调查结论告知林某某家属,家属对调查结论无异议。

公安机关对林某某深表惋惜。同时呼吁公民不信谣、不传谣,共同营造清朗网络空间,维护良好社会秩序。

政务的公开,表明着接收受众的扩大,受众自身知识水平的多样性表明着公文在内容规范上需要面对更大的舆论压力,这则通报发出后随即在网上引发了轩然大波,此则公文从内容上存在两个巨大的错误。

一是公文的写作方面的错误。首先是使用了错别字,公文中的"庚即"二字为"赓即"的错误用法,"庚即"是不正确的,在汉语词典中也不被认可,赓即是指"立即、马上、立刻"的意思,是较为正式的用法。其次是词汇应用场景的错误使用,"赓即"在公文、书信中,有加重正式成分的作用。在微博公文的撰写中,考虑到网民素质的层次不一,面对受众的多样化,在下行传播时通常不使用此类正式的用法。

二是公文内容的错误,在警情通报的微博公文中,因微博平台传播的及时性,公文传播主要担任着与受众进行沟通的作用。在"成都四十九中"事件中,网民本就对事件存在着重重疑问,但在这则正式发布的官方公文中,并未对网民的疑问作出应有的回应,而是单方面地公布信息,必然引起网民的不满,尤其是在当今的后真相时代之中,人们不再相信真相,只相信自己想看到和听到的东西,诚然这则公文是在基于事实的基础上撰写出来的,但文中许多内容避重就轻,忽视或者并没有正面回应网民所关心的方面,在群体极化情绪的推波助澜下，这则公文的传播阻碍了公文发挥与公众进行良性沟通的功能，反而激发了民众的不满，损害了发文机关的公信力，进而影响其在公众心中的形象。

而在今年"长沙货拉拉"事件之中，长沙市公安局发布在微博平台的警情通报，相对而言则令人更加信服：

【例文】

关于周某春涉嫌过失致人死亡案件的情况通报

近期，长沙市高新区发生的"货拉拉女乘客坠车死亡事件"受到社会广泛关注。该事件发生后，公安机关高度重视，抽调精干警力成立工作组，扎实开展前期调查和案件侦办工作。为回应社会关切，现将案件情况通报如下：

接处警经过及当事人情况（略）

现场勘查和受害人伤情诊断、遗体检验情况（略）

视频侦查和侦查实验情况（略）

案件经过还原（略）

长沙市高新区公安分局
2021 年 3 月 3 日

这则公文不同于成华区公安局发布的公文，用公关性的语言含糊了公众最关切的问题，而是从接警经过、当事人情况、现场勘查、受害人检验、视频侦查、案件经过还原等方面对事件进行了详细的说明，其中警方未能侦查到的地方也进行了说明，真切回应了公众关心的问题，也有力说明了长沙市公安局在这起事件中的发挥的作用，切实起到了公文在发文机关与公众之间发挥良性沟通的作用。

（二）交流

传统公文的传播渠道比较固定、狭窄、封闭甚至有些神秘，公文传播权利被少数人占有，普通受众无缘直接读取公文，无法直接接受公文的传播，只能从管理者那里了解公文的内容、被动接受公文的信息，处于完全被动的被管理状态。受众多为二次被动接受。

20 世纪 80 至 90 年代，随着网络技术的突飞猛进，各国纷纷走上了信息化建设之路。在这一时期，我国政府办公自动化以政务信息化为发展重点，包括信息电子化和公文电子化。1988 年，国务院办公厅开始建设国内第一个"公文管理系统"，电子公文的思想开始萌芽；2001 年，国家电子政务总体标准开始制订，电子公文成为国家电子政务总体框架中的重要组成部分；2003 年，国务院办公厅正式下发了《电子公文传输管理办法》，并首次提出了"电子公文"的概念；2005 年，我国县级以上政府普遍开通了电子公文系统，各省级以下地方政府也纷纷根据国家《电子公文传输管理办法》制订了地方规定；2011 年 4 月 2 日，海宁市政府信息公开网发布《关于启用微博公文的通知》，在全市司法系统内推行微博公文。随即，海宁市司法局官方微博发出 01 号微博公文，开全国政府机关微博发公文先河……公文与网络传播相组合，将信息的单向流动转变为双向传播，增加了媒体与公众之间，以及公众与公众之间的互动。这种互动为公众提供了一个对现实生活中的各种现象和问题，表达情感、态度和观点的重要渠道。尤其是互联网的普及使得舆论环境更加开放，每个人都可以独立发布信息。这种开放性使得公众，包括弱势群体和边缘化群体,也具有一定程度的话语权,而这种话语权以前多属于权力阶层和知识精英。以往对涉及自身利益的政策,受众往往通过来信来访的形式,提出自己的诉求,向政策制定部门或主管机构和部门反映自己的意见、建议。而现在当一个政策法规出台以后,当一份文件摆在百姓面前时,由于利益的相关性,受众会通过网络的渠道对公文内容进行及时研读,并迅速做出回应,在网络环境下,相关文件只要点击有关网站就能了如指掌。传播方式的改变,使得行政行为的客体能与行政行为的主体几乎同步作出反馈,这种反馈,逐渐改变行政客体被动性的局面,使公文反馈主体与公文传播几乎同步进行,形成了公文传播与受众进行交流的局面。

全国各省市机关单位在其官方网站中及时公布了相关信息,市民可登录各区融媒体客户端,或通过各区政府门户网站、政务微信、政务微博等平台进行查询、评论、反馈,提出建议。在此公文传播的过程中,网民不仅可以在官方媒体留言发表看法,也会转发相关信息至个人社交媒体,实现大众传播,加快此公告的传播速度,扩大影响力。

于公众而言,在新冠肺炎疫情防控的关键时期,公众也获得了发声的机会,同时也将公众关心的问题透明化,使得公众切身感受到政府的服务正在向基层延伸。政府创新政务公开方式为公民群众主动参与行政提供了广阔的空间,提高了政府行政的透明度和民主化程度。网络为公民群众了解政府的工作提供了经济而快捷的渠道,大大推动了公民与政府的直接对话,使中央政府的政令能够畅通无阻地抵达基层,基层的反馈也能迅速向上传达。这突破了传统政府的界限,使政务信息与公民共享,不断提高政务公开的实际效果,促进政府的良性运作。

（三）治理

公文传播管理属性的治理作用体现在治理社会以及自我治理上。首先是治理社会,发布公文是政府进行信息公开的主要途径,党和国家行政机关将掌握事关公众利益的相关信息对公众公开,能够有效地推动政府依法执政,提升公信力,降低行政成本,继而有效地推动各项公共建设事业的发展,达到社会治理的效果。政府的周知性、普发性公文引导群众增强和坚定信心。党和政府在对国家治理过程中依法、及时、准确、公开、透明发布相关信息,调动各方力量和资源,并进一步提升社会治理能力,促进实现社会治理体系治理能力的现代化。

其次是自我治理,公文传播通过大众传播渠道与社会大众进行沟通、交流,同时社会大众倒逼对发布公文的行政主体进行自我治理。例如下面一则意见:

【例文】

中共中央 国务院关于加快建设全国统一大市场的意见

（2022 年 3 月 25 日）

建设全国统一大市场是构建新发展格局的基础支撑和内在要求。为从全局和战略高度加快建设全国统一大市场,现提出如下意见。

一、总体要求

（一）指导思想（略）

（二）工作原则（略）

（三）主要目标（略）

二、强化市场基础制度规则统一

（四）完善统一的产权保护制度。（略）

（五）实行统一的市场准入制度。（略）

（六）维护统一的公平竞争制度。（略）

（七）健全统一的社会信用制度。（略）

三、推进市场设施高标准联通

（八）建设现代流通网络。（略）

（九）完善市场信息交互渠道。（略）

（十）推动交易平台优化升级。（略）

四、打造统一的要素和资源市场

（十一）健全城乡统一的土地和劳动力市场。（略）

（十二）加快发展统一的资本市场。（略）

（十三）加快培育统一的技术和数据市场。（略）

（十四）建设全国统一的能源市场。（略）

（十五）培育发展全国统一的生态环境市场。（略）

五、推进商品和服务市场高水平统一

（十六）健全商品质量体系。（略）

（十七）完善标准和计量体系。（略）

（十八）全面提升消费服务质量。（略）

六、推进市场监管公平统一

（十九）健全统一市场监管规则。（略）

（二十）强化统一市场监管执法。（略）

（二十一）全面提升市场监管能力。（略）

七、进一步规范不当市场竞争和市场干预行为

（二十二）着力强化反垄断。（略）

（二十三）依法查处不正当竞争行为。（略）

（二十四）破除地方保护和区域壁垒。（略）

（二十五）清理废除妨碍依法平等准入和退出的规定做法。（略）

（二十六）持续清理招标采购领域违反统一市场建设的规定和做法。（略）

八、组织实施保障

（二十七）加强党的领导。（略）

（二十八）完善激励约束机制。（略）

（二十九）优先推进区域协作。（略）

（三十）形成工作合力。（略）

意见按照其性质和内容分为四类：一是建设性意见，用于向上级以及平级机关提出建议；二是上复性意见，用于对上级机关征求意见作出回复；三是质疑性意见，向同级或下属单位提出不同看法；四是指导性意见，用于向下级机关布置安排工作，提出工作措施和要求。此则意见属于指导性意见。

第三节 文化属性

文化一词是由古罗马哲学家西塞罗首次使用拉丁文"cultura animi"定义的，原意是"灵魂的培养"，由此衍生为生物在其发展过程中积累起跟自身生活相关的知识或经验，使其适应自然或周围的环境，是一群共同生活在相同自然环境及经济生产方式的人所形成的一种约定俗成潜意识的外在表现。目前，对"文化"有各种各样的定义，其中之一的意义是"相互通过学习人类思想与行为的精华来达到完美"；广义的文化包括文字、语言、建筑、饮食、工具、技能、技术、知识、习俗、艺术等。大致上可以用一个民族的生活形式来指称它的文化。考古学上"文化"则指同一历史时期的遗迹、遗物的综合体。同样的工具、用具、制造技术等是同一种文化的特征。文化和文明有时在用法上混淆不清。

现今中文里文化一词的意思，借自于日文和制汉语中"文化"之义，其所表达的概念、集合与意涵和华夏古籍的原义相差甚远，应避免望文生义。互联网成熟的发展使原先相对疏离的个人或组织可以很容易经由社群网站，建立许多新的基于价值观、理想、观念、商业、友谊、血缘等非常错综复杂的联系，由此发展出特定社群意识的网络文化，这种网络文化联系瞬间的爆发力，对特定议题及选举所造成的影响已经不可忽视。

一、公文传播与文化的关系

在谈及公文传播与文化的关系时，首先需要厘清文化与文明的区别。文明偏在外，凡是政治、法律、经济、教育等生活上的表现，以及工艺与科学的成果，可以认为是文明的表现。文化偏在内，偏重于精神方面，包含了宗教、哲学、艺术等思想与习俗。

文化实际上主要包括器物（物质文化）、制度（制度文化）三个方面，具体包括语言、文字、习俗、思想、国力等，客观地说文化就是社会价值系统的总和。"器物层次"指人类为了克服自然或适应自然，创造了物质文化，简单说就是指工具、衣食住行所必需的东西，以及现代高科技创造出来的机器等。人类借助创造出来的物质文化，获取生存所必需的东西。"制度层次"指为了与他人和谐相处，人类创造出制度文化，即道德伦理、社会规范、社会制度、风俗习惯、典章律法等。人类借助这些社群与文化行动，构成复杂的人类社会。"观念层次"指为了克服自己在感情、心理上的焦虑和不安，人类创造了精神文化。比如艺术、音乐、戏剧、文学、宗教信仰等。人类借助这些表达方式获得满足与安慰，维持自我的平衡与完整。

（一）公文受到文化的影响

1. 公文的内容受到文化的影响

中华人民共和国成立初期，国内外政治、经济和文化面临的形势依然严峻。虽然中华人民共和国的成立，建立了以工人阶级为领导的、工农联盟为基础的人民民主专政的国家政权，但是，国内残余的帝国主义、封建主义势力仍然存在，阶级斗争和阶级矛盾依然存在，因此，人民民主政权需要得到巩固。因此，这一时期要扫除残余官僚主义和文牍主义等对公文发展的消极影响。

中华人民共和国成立初期，由于汉字繁体字较多，不方便读写，方言的分歧和少数民族无文字的现状，阻碍着文化建设和国家的发展，于是，国务院公布了第一个《汉字简化方案》，随后，国家成立了文字改革研究会。之后政务院秘书厅在《人民日报》上发布了国家出版总署制定的《标点符号使用办法》。语言和标点是公文写作的主要部分，从这两个文件的公布我们可以看出，公文的内容与我国当时的社会文化环境息息相关，受到当时社会文化环境的影响。

改革开放是我国历史发展的一个重大转折，我国的工作中心开始转移到以经济建设为中心的轨道上来，中国开始了新的经济体制的探索，即社会主义市场经济的探索。随着第三世界的崛起，国内外形势发生了深刻的变化，对外开放的提出，使得中国在新形势下面临机遇与挑战，同时为公文制度的发展提供了新的机遇。中共中央办公厅在全国各省区市秘书长座谈会上，总结中华人民共和国成立以来的秘书工作经验、教训的同时，明确指出了一些公文制度需要改革和完善。随后，国务院或国务院办公厅先后四次发布国家行政机关公文处理的《暂行办法》，最后一则《暂行办法》是目前国家行政机关系统处理公文的重要依据。

2. 公文的传播方式受到文化的影响

随着第三次科技革命的兴起，互联网和信息技术的不断发展以及进入新世纪以后的知识经济的发展，我国的信息化建设应运而生。科学技术给人类社会带来了巨大的变化，电子文件的产生是公文发展的一大变化。随着电子政务的不断开展与深入，电子文件的管理问题尤为重要。计算机和网络技术的出现给我国各方面都带来不小的变化，并且在社会生活中发挥着越来越重要的作用。因此，这段时期出现的电子公文，使得公文制度的发展面临机遇和挑战。由于电子公文的发展，国家陆续出台了关于电子文件方面的法律、法规和相关政策、方针。国家质量技术监督局发布了中华人民共和国国家标准《电子文件归档与管理规范》，国务院办公厅下发了《电子公文传输管理办法》，全国第九届人大常委会十次会议通过了《中华人民共和国电子签名法》，国家档案局公布了《电子文件归档管理暂行办法》，随后国家实施了《中华人民共和国电子签名法》，这个法律的颁布对电子公文的规范性管理有着重要的依据。

这些文件为我国电子公文的发展提供了制度保障和依据，从而为我国电子政务建设奠定了基础，推动了我国信息化建设。在这段时期，需要特别提到的是电子文件的出现，当计算机和信息技术日益深入到国家和社会发展的各个层面的时候，电子政务、电子商务等就出现了，并且不断发挥着主导作用，无纸化办公已经成为一种趋势。公文工作的发展也不例外,在信息化和电子化的大背景下,公文工作的发展需要变革,以适应信息化建设和时代发展的需要。因此,电子公文的规范与管理提上了日程。

电子公文是指在电子环境下生成和传递的,以代码形式储存于磁盘、光盘等载体中的具有规范格式的文书。它是信息化办公下的产物,是社会发展进步的象征。纵观公文的发展史,从最初的甲骨文刻字,到后来的竹简公文,再到印刷术发明后的纸质公文,再到电报的出现,再到如今互联网浪潮下应运而生的电子公文、新媒体技术发展中诞生的微博公文……公文的传播形式受到社会文化环境的影响。

(二)公文传播影响着文化环境

公文传播具有文化承载功能,通过将道德价值和文化基因融入进公文传播的文本之中,潜移默化地引导社会大众的世界观、文化观、价值观。

自古以来,中国文人就是一个思想意识较强的群体,崇尚儒家"修身、齐家、治国、平天下"的入世精神,以治国兴邦为己任,将政治意图、个人感情和审美理念寓于文章之中。正因如此,一些古代政治家都是优秀的文学家,如陆贽、王安石、范仲淹、林则徐、左宗棠等都兼称文豪,留下了数量可观、质量上乘的公文佳作,供后世研究。

二、公文传播的文化价值

近年来,随着社会生活的进一步发展,文化建设问题在社会生活中的重要性日益得到强调。在中国共产党第十七次全国代表大会上,中共中央总书记胡锦涛作了题为《高举中国特色社会主义伟大旗帜,为夺取全面建设小康社会新胜利而奋斗》的报告,他提出的"在十六大确立的全面建设小康社会目标的基础上对我国发展提出新的更高要求",即包括了"加强文化建设,明显提高全民族文明素质。社会主义核心价值体系深入人心,良好思想道德风尚进一步弘扬"。在社会文化建设受到高度重视的背景下,公文传播具有意识形态工具的政治属性和管理属性,之所以说公文传播具有重要的文化属性,正是因为今日之传播事业既是社会文化的生产者,更是社会文化至为重要的传播者。公文的使用目的决定了其问题特点,公文的制作关乎政府的威严和公信力,关系政府在人民群众心目中的威信,更关系到政策的贯彻执行效力。同时公文一旦形成,就必须保持其严肃性,保证其严格性,不能出现朝令夕改、错漏百出、不符实际、脱离群众的现象。因此,公文传播对于社会文化具有十分重要的影响。如上所言,公文传播中形成的相关文化现象是社会文化中不可忽视的部分。

(一)传播文化

在谈及公文传播中形成的文化时,首先需要界定"传播文化"与"文化传播"两个概念,它们是两个截然不同的概念。文化传播是指文化从一个社会传到另一个社会,从一区域传到另一区域以及从一群体到另一群体的互动现象。而传播文化是指文化中的一种,是公文在其演变过程中形成的自己特有的一种文化属性,总而言之,从语义分析的角度,"传播文化"属于名词性质,"文化传播"属于动词性质。

公文写作是一种运用文字符号进行传播的行为,按照传播方向不同,公文传播一般可分为上行传播、平行传播、下行传播。公文写作,实际上也就是上级对下级、下级对上级、不相隶属机关单位之间、政府组织向人民群众所进行的说服传播行为。公文传播的目的是要公文受众接受公文传播的内容,并产生预期的效果,一定程度上影响了公文的传播效果和社会效用,在此过程中形成了独特的传播文化。

我国目前的公文由诏令文书演变而来,民间俗称为"圣旨",是皇帝对臣民下达命令或公告事项的正式公文。由于拟旨承宣的机构与功能各有不同,功用、名称便不同,如诏书、诰命、敕命、敕谕、敕令、谕令、谕旨、圣旨、皇旨、圣批、圣令、皇令、皇榜、金榜、公榜、册、书、符、檄文等。皇后、皇太后的诏令则称为懿旨。

古代文书在传播过程中,统治阶级用其来号令天下,治国安邦、管理国家、发展社会生产和经济建设,同时人们(后代研究时)把它作为反映社会生活、交流思想、表达意愿、沟通情感、传达社会信息的工具、手段和方式。因而公文传播过程中所形成的传播文化是从古至今公文在其传播过程中形成的一系列精神文化的表征。

传播学中有经典的5W模式,即谁(Who),说了什么(Says what),通过什么渠道(In Which Channel),对谁说(To Whom),取得了什么效果(With What Effect),本文将基于此理论来描述公文传播中所形成的传播文化。

1.公文传播的主体

传播的主体是党政机关、社会团体、企事业单位等合法组织,公文有法定的作者,即发文的机关单位和合法组织及其负责人,公文必须以这些组织或其合法代表人的名义执法。

2.公文传播的内容

公文传播的内容,主要是传达、贯彻党和国家的路线、方针、政策、法规与规章,公文的内容在各个机关、组织之间互通信息和情报,按照使用范围分,公文分为法定公文,是党的机关公文和行政机关公文,以及专用公文,是有关职能机关或行业专用的公文,如审判机关的起诉书、判决书,外交工作中的国书等。按照行文关系分为:上行文,即下级机关向上级机关传递的文书,如报告、请示、部分函、意见等;下行文,即上级机关向下级机关传递的公文,如命令(令)、决定、公告、通告、批复、公报、决议、多数通知、纪要、部分意见、函等;平行文,即向平级机关或不相隶属机关传递的公文,如部分议案、通知、函、纪要等。

3.公文传播的渠道

公文传播的渠道,从古至今发生了巨大的变化。从最开始的刻在龟甲、牛骨或鹿骨上的文字,即甲骨文,到刻在铜器上的钟鼎铭文,再到刻在竹简上……造纸术的发展使得公文能够用纸进行传播,再到近代以来,电子信息技术的发展,公文的传播渠道从纸质到电子发生了质的变化。公文通过电报的形式进行传播,再到现在互联网的产生,公文在新媒体平台中进行传播,由此诞生了微博公文。

4.公文传播的受众与效果

公文传播的效果随着公文的传播渠道发生改变,本文将公文传播按照传播渠道分为器物时代、纸质时代以及电子时代。

在器物时代中公文传播的效果因为传播载体的局限性最弱,其受众一般是定向受众,同时因为载体的限制,公文制作的周期长、传播的速度慢、传播的范围窄、传达的内容有限,传播的形式单一。

造纸术是中国四大发明之一,发明于汉朝西汉时期,改进于汉朝东汉时期。在纸质时代中,公文传播的效果取得了一定的发展,但其受众开始出现了区分,除了以往的定向受众外,公文传播的不定向受众产生,例如古代政府张贴的布告。布告多指政府张贴于公共场所(如古代常悬于城门或通衢等人多之处)、对民众昭示事项的文书,常涉及发布命令、追寻罪犯和征询意见等,为诏令文体的一种,明清时称为告示,且明代时已作为重要的宣传形式渗透到社会生活的各个方面,民国时改称布告并沿用至今。

纸的发明以及印刷术的产生,使得公文传播的受众范围扩大、公文的制作周期缩短,传播的速度相较于器物时代有了进一步发展,同时传达的内容相较于器物时代,也更为丰富。

在电子时代,传播的范围更进一步扩大,例如在纸质时代中,公文传播的受众,需要在特定场所看到张贴的布告之后,才能完成传播的过程,具有身体的在场性,而在电子时代,公文可以通过电子媒介传播到受众处,对于受众而言没有场所的限制,受众可随地通过电子媒介浏览到政务公开的相关公文。同时传播的内容也进一步丰富,以往受到器物或者纸张篇幅的限制,公文的内容只能言简意赅地传达统治者的思想,而在电子时代,传播的过程中,政府发布公文之后,会附上相关详细的文件,用以补充公文的内容。

传播的速度也飞速发展,在器物时代,公文的制作与传播需要将公文一一刻在相关器物上,然后再通过水运、路运等方式传达至公文的收受者手中。而在电子时代,传播媒介的迅速发展,使得公文在编撰好之后,能够通过互联网立刻传输至网络之中,公文的受众通过互联网就能立刻浏览到相关公文。

在器物时代,由于传播载体的限制,公文仅有专门的受众,属于定向的单向度传播,用于统治者向其下属宣贯政令以及下属向统治者反馈民情。在纸质传播时代,公文传播的受众分为专门受众和一般受众,专门受众是统治者与被统治者,用于两者之间传达政令、交流民情。一般受众属于不定向传播,例如古代布告的收受者。在电子时代,公文传播的受众分为专门受众、一般受众与网民,专门受众具备明确的兴趣与接受倾向,在处理公文时也更为专业,例如政府内部的公文传播。一般受众为通过纸质媒介浏览公文的非党政机关人员,其对公文的处理不具备专业性,对公文内容的注意力也相对涣散,对信息的要求也更具随意性,但其浏览完公文后,只能发表口头意见,不具备与公文主体的交互性。网民是电子时代所诞生的新型受众,通过国务院办公厅统一配置的电子公文系统接受到公文信息,同时能通过电子公文系统的反馈渠道填写自我的意见,或者在微博平台中,在微博公文下及时评论,具有广泛性、非专业性、交互性的特点。

(二)制度文化

公文的制度文化是公文在传播过程中所构建的。制度文化有五大基本特点:

第一,制度文化的内涵包括各种成文的和习惯的行为模式与行为规范。

第二,制度文化凝聚了社会主体的政治智慧,并通过社会实践的延续而世代相传,从而成为人类群体的政治成就。

第三,制度文化的基本核心,是由历史演化产生或选择而形成的一套传统观念,尤其是系统的价值观念。

第四,制度文化作为一种系统或体系具有二重性。一方面它是人类活动的产物,另一方面,它又必然成为限制人类不规范活动的因素。

第五,制度文化以物质条件为基础,受人类的经济活动制约。因此,人类在社会实践中逐步形成的制度文化,因地域、民族、历史、风俗的不同,而异彩纷呈,表现为多样性。

制度文化的特点表明,制度文化是一个不断运动、变化着的动态过程。

1. 行文模式与行文规范

制度文化的内涵包括各种成文的和习惯的行为模式与行为规范。在公文的制度文化中具体表现为公文的处理制度。

公文在写作的过程中具有相对固定的模式,这种模式从最开始古代的"约定俗成",到现在的用具体条例进行约束,现行的《党政机关公文处理条例》中对15种公文的格式做了明确的规定;中国标准化研究院、中共中央办公厅秘书局、国务院办公厅秘书局、中国标准出版社起草出版的《中华人民共和国国家标准GB/T9704—2012》对公文制作格式做了详细规定。

国家颁布的公文制度一般有以下几个方面内容总则、公文种类、公文格式、行文规则、公文办理、公文立卷、归档、销毁以及附则。在公文撰写方面:第一,要求其符合党和国家的相关法律、法规、方针、政策。党和国家的法律、法规、方针、政策等,体现了人民的根本利益,是指导各项工作的根本依据和规范,各级机关都必须遵照执行,而各级机关制发的公文,从根本上说,也是为了更好地贯彻执行党和国家的各项方针、政策。不允许有任何的违背和抵触。第二,公文写作要从实际出发,要真实客观,不可胡编乱造,这是公文写作最基本的要求。第三,要选用正确的文种。公文制度对不同文种的使用范围进行了规范,不同级别机关,不同事务应采取不同的文种来写作,切不可混淆公文文种,那样容易导致公文执行力的丧失,阻碍相关事务和工作的顺利开展。第四,公文写作的语言力求准确、简洁。公文的最终表现形式是书面的文字材料,或者电子公文,这都涉及公文的语言表达,准确、简洁的用语能够清晰地传达党和政府的政策、意图,有利于提高行政效率,提高公文执行质量,事半功倍。相反,歧义的语言,不合身份的语气和错误的表达内容则会导致公文执行的失效。第五,公文写作格式的规范性。它包括公文的字体、纸张的大小、公文的标题、发文字号、签发人、秘密等级、紧急程度、主送机关、正文、附件、印章、发文时间、抄送机关、附注等。公文格式的规范性是公文的一大特征,因此,公文撰写者务必要遵循公文制度的相关规定,按时按质地做好公文撰写工作。

公文制度是对公文和公文工作一种约束和规范性的管理制度,是机关单位办理公务的书面工具,这种工具制发机关多、使用频率高、运行数量大、保管任务重,只有规范化才能方便写作、运转、处理和保管,提高工作效率。

2. 公文制度文化的动态演变

从古至今,各级各类的法定作者都在制作公文,公文的数量之多难以估算,而公文通过具备自身特定外观特征,形成特有的制度文化,才有利于维护自身的严肃性,同时方便各级主体迅速地撰写、传递和处理公文,也有利于利用现代化手段管理公文。

我国先后两次以国家标准的形式发布公文格式,第一个标准是国家技术监督局 1988 年发布、1989 年 5 月 1 日实施的《国家机关公文格式》(GB/T9704—1988),第二个标准是国家质量技术监督局 1999 年 12 月发布、2000 年 1 月 1 日开始实施的《国家行政机关公文格式》(GB/T9704—1999)。

公文格式是公文的门面,是品评公文规范与否的第一层次,因此也是公文工作者必须首先关注的问题,公文处理的权威性文件和相关的国家标准在不断地发生着变化,公文制度的建设应该是一个每隔几年就需要进行调整和不断完善的过程,但是,新中国成立以来,我国的公文制度建设在"文化大革命"期间出现了断层,这个断层一定程度上不利于我国公文制度的发展。公文是一把双刃剑,如何使用完全在于人的因素,"文化大革命"时期的错误思想和指导方针导致了公文和公文工作为文化大革命服务,这违背了公文发展的初衷。因此,在今后公文制度建设过程中,务必要有明确的科学的思想。

3. 目前我国公文传播中制度文化的基本核心

公文在写作的格式、文种两方面具有严格的规定。国务院发布的《国家行政机关公文处理办法》第二十五条指出:"公文的文种应当根据行文目的、发文机关的职权和与主送机关的行文关系确定。"因而公文在文种挑选上,形成了严格的制度文化。公文格式是公文的规格式样,是指组成公文外观形式的各要素在公文文面上的排列顺序和标识规则,如庄重醒目的发文机关标识、发文字号规范标注、表明秘密等级的标注变化、慎重标注的紧急程度、用来区别文件个体的份数序号、发文必有签发文、公文标题的三项式及其省略式、主送机关的标注、成文日期的标注、加盖印章的规矩。

公文是社会合法组织展开公务活动的产物,是处理公务的工具,具有鲜明的功利性和实用性,直接服务于特定组织的公务活动。目前我国已经建立了一套较为完整的,公文和公文工作的制度和规范,《国家行政机关公文处理办法》的第八章"公文管理"对此规范做了明文说明:

【例文】

国家行政机关公文处理办法

第八章 公文管理

第四十四条 公文由文秘部门或专职人员统一收发、审核、用印、归档和销毁。

第四十五条 文秘部门应当建立健全本机关公文处理的有关制度。

第四十六条 上级机关的公文,除绝密级和注明不准翻印的以外,下一级机关经负责人或者办公厅(室)主任批准,可以翻印。翻印时,应当注明翻印的机关、日期、份数和印发范围。

第四十七条 公开发布行政机关公文,必须经发文机关批准。经批准公开发布的公文,同发文机关正式印发的公文具有同等效力。

第四十八条 公文复印件作为正式公文使用时,应当加盖复印机关证明章。

第四十九条 公文被撤销,视作自始不产生效力;公文被废止,视作自废止之日起不产生效力。

第五十条 不具备归档和存查价值的公文,经过鉴别并经办公厅(室)负责人批准,可以销毁。

第五十一条 销毁秘密公文应当到指定场所由二人以上监销,保证不丢失、不漏销。其中,销毁绝密公文(含密码电报)应当进行登记。

第五十二条 机关合并时,全部公文应当随之合并管理。机关撤销时,需要归档的公文整理(立卷)后按有关规定移交档案部门。

工作人员调离工作岗位时,应当将本人暂存、借用的公文按照有关规定移交、清退。

第五十三条 密码电报的使用和管理,按照有关规定执行。

由此可知,从公文的编制、印发、传播到归档,是一整套严格的制度体系,形成了严密的制度文化。公文的处理是党政机关、人民团体、企事业单位在管理中一项经常性的重要工作。从拟写与制作公文(包括起草、会商、审核、签发、登记、缮印、校对、用印或签署,形成正式公文)到传递公文(将拟制的公文,根据公文的性质与要求以多种方式传递或者分发给收受公文的机关)再到办理公文(对于收到的公文予以登记、核发、拟办、批办、传阅、承办、催办、查办,或撰写新的公文作出答复、批转、转发。执行了解与处理公文内容所针对的公务,督促检查公文贯彻落实情况,实现来文的目的要求),最后到管理公文(指对公文的分类管理、提供利用,包括立卷、归档、销毁等工作。按照《中华人民共和国保守国家秘密法》的规定,做好公文的保密工作)。

4.公文传播的制度公开

随着政府的透明化和公开化,公文的传播范围不再严格拘泥于行政机关之间的内部传播,而是逐渐向着大众化、公开化的方向演变。例如下面一则公文:

【例文】

中华人民共和国国务院令

第 711 号

现公布修订后的《中华人民共和国政府信息公开条例》,自 2019 年 5 月 15 日起施行。

总理 李克强

2019 年 4 月 3 日

中华人民共和国政府信息公开条例

(2007 年 4 月 5 日中华人民共和国国务院令第 492 号公布 2019 年 4 月 3 日中华人民共和国国务院令第 711 号修订)

第一章 总 则(略)

第二章 公开的主体和范围(略)

第三章 主动公开(略)

第四章 依申请公开(略)

第五章 监督和保障(略)

第六章 附 则(略)

　　该则公文说明目前我国政府正在通过各种途径增强公民政务公开意识,提高公众参与度。相对于发达国家公民强烈的自主和参政意识,我国公民参政议政意识相对薄弱,政务公开意识普遍不强。这就要求我国党政机关要充分发挥主观能动性,探索公民参与的途径和方式。同时,公民也要强化主人翁意识,明白获取政务信息并参政议政是宪法赋予的基本权利。每个公民的信息汇集在一起,就会成为推动政务公开的强大动力。

　　我国的公文传播制度在逐渐向保障公民、法人和其他组织依法获取政府信息,提高政府工作的透明度演变,对公文公开的主体和范围、主动公开的先决条件以及依法申请公开的条件都作出了相应的说明,该则公文的传播有利于建设法治政府,充分发挥政府信息对人民群众生产、生活和经济社会活动的服务作用。公文的公开传播有利于行政机关全面推进决策、执行、管理、服务、结果全过程公开,加强政策解读、回应关切、平台建设、数据开放,保障公众知情权、参与权、表达权和监督权,增强政府公信力执行力,提升政府治理能力的制度安排。

第三章 公文传播的形态和功能

第一节 公文传播的内容形态

公文是党政机关、社会团体、企事业单位等合法组织办理各种公务时使用的具有特定效力和规范格式的应用文书,是传达贯彻党和国家的方针、政策,发布法规和规章,实施管理,规范行为,融洽工作,记载和传递公务信息等的重要工具。"内容"指事物内部所含的实质或意义。公文传播的内容则指公文内部所含的实质或意义,即公文的结构及所要表达的意图、观点。公文传播就是人们通过公文交流信息以期发生相应变化的活动。作为人类信息传播的重要载体之一,公文传播是组织成员之间、组织与组织之间、组织与公众之间信息交流的主要方式。

按照不同的划分标准,公文传播的内容可以划分为不同的种类,常见的有以下几种分类。第一,按使用的范围来分,公文可以分为法定公文(即通用公文)和专用公文。法定公文是指由《党政机关公文处理工作条例》所规定的15种正式文种,包含:决议、决定、命令(令)、公报、公告、通告、意见、通知、通报、报告、请示、批复、议案、函、纪要。专用公文则是有关职能机关或行业专用的公文,如审判机关的起诉书、判决书,外交工作中的国书等。第二,按行文关系来分,公文可以分为上行文、平行文和下行文。上行文是指下级机关向上级机关传递的公文,如报告、请示、部分函、意见等;平行文是指向平级机关或不相隶属机关传递的公文,如部分议案、通知、函、纪要等;下行文则是上级机关向下级机关传递的公文,如命令(令)、决定、公告、通告、通报、批复等。第三,从保密要求来分类。按保密级别来分,公文可以分为普通件、秘密件、机密件、绝密件。按阅读范围来分,公文则可分为公开级、国内级、内部级(含"限知")。第四,按办理时限来分,公文可以分为特急件、急件和平件。以电报方式传递的紧急公文还分为平急、加急、特急、特提。

本书最终选取按文本性质划分的分类方式,将公文传播的内容分为了政治、经济、军事、教育和社会五大板块。

一、政治

纵观公文产生、发展的历史，公文是伴随着社会权力机构的出现而产生的。公文的内容和形式，体现了当时的经济发展水平、思想文化水平，更直接被这一时期的政治权力结构、政治社会思想所决定。因此可以说，公文是服务于政治领导者的文书，它发挥着信息载体的作用，使得各项政治活动实现统一性、规范性，有力地维护着政权机关的政治领导和社会政治秩序。

回顾中国公文产生、发展的历史，可以看出，政权机关的政治活动离不开文字材料，无论是命令、公告的下达，建议、报告的上传，还是信函的传递，都需要通过一定明确的、规范的书面形式来进行。在一次完整的政治活动中，首先，政治系统需要从环境中接收信息，主要通过上行文的方式；其次，政治系统在系统内部加工处理信息，可以通过上行文、下行文、平行文的方式；最后，政治系统要输出信息，主要通过权威性的决定、法令等下行文的方式。接下来，新的政治信息继续反馈给政治系统，政治系统据此调整自己的活动，新一轮的政治活动开始，如此循环往复。例如下例公文就展现了一次政治活动中的一个环节：

国务院关于同意在天津、上海、海南、重庆

开展服务业扩大开放综合试点的批复

国函〔2021〕37号

天津市、上海市、海南省、重庆市人民政府，商务部：

你们关于开展服务业扩大开放综合试点的请示收悉。现批复如下：

一、同意在天津市、上海市、海南省、重庆市（以下称四省市）开展服务业扩大开放综合试点，试点期为自批复之日起3年。原则同意四省市服务业扩大开放综合试点总体方案，请认真组织实施。

二、试点要以习近平新时代中国特色社会主义思想为指导，全面贯彻党的十九大和十九届二中、三中、四中、五中全会精神，统筹推进"五位一体"总体布局，协调推进"四个全面"战略布局，按照党中央、国务院决策部署，立足新发展阶段、贯彻新发展理念、构建新发展格局，以推动高质量发展为主题，以深化供给侧结构性改革为主线，以改革创新为根本动力，以满足人民日益增长的美好生活需要为根本目的，紧紧围绕本地区发展定位，进一步推进服务业改革开放，加快发展现代服务业，塑造国际合作和竞争新优势，促进建设更高水平开放型经济新体制，为加快构建新发展格局作出贡献。

三、四省市人民政府要加强对服务业扩大开放综合试点工作的组织领导，在风险可控的前提下，精心组织，大胆实践，服务国家重大战略，开展差异化探索，在加快发展现代产业体系、建设更高水平开放型经济新体制等方面取得更多可复制可推广的经验，为全国服务业的开放发展、创新发展发挥示范带动作用。

四、国务院有关部门要按照职责分工，积极支持四省市开展服务业扩大开放综合试点。商务部要会同有关部门加强指导和协调推进，组织开展成效评估，确保各项改革开放措施落实到位。

五、需要暂时调整实施相关行政法规、国务院文件和经国务院批准的部门规章的部分规定的,按规定程序办理。国务院有关部门相应调整本部门制定的规章和规范性文件。试点中的重大问题,四省市人民政府和商务部要及时向国务院请示报告。

国务院
2021 年 4 月 9 日

此外,在一个政治体系内,最为基本、不可或缺的一种政治活动是政策法令的实施推广。颁布政策法令,是政治领导者取得合法地位的体现,是政治体系存在、运行的必要前提。自有文字以来,在这种政治活动中,政权机关通常要通过公文来传达、贯彻政权机关的方针政策和各项指令,保证政治领导者对各项具体工作的领导和指挥。因此,颁布公文是加强政治领导、维护政令统一、保证政治系统各个部分的工作步伐统一的重要手段。例如下例公文:

国务院关于落实《政府工作报告》
重点工作分工的意见
国发〔2021〕6 号

各省、自治区、直辖市人民政府,国务院各部委、各直属机构:

为全面贯彻党的十九大和十九届二中、三中、四中、五中全会精神,深入落实中央经济工作会议精神和十三届全国人大四次会议通过的《政府工作报告》部署,做好今年政府工作,实现经济社会发展目标任务,现就《政府工作报告》确定的重点工作,提出分工意见如下:

一、落实 2021 年经济社会发展总体要求和主要预期目标

(一)总体要求。

1. 在以习近平同志为核心的党中央坚强领导下,以习近平新时代中国特色社会主义思想为指导,全面贯彻党的十九大和十九届二中、三中、四中、五中全会精神,坚持稳中求进工作总基调,立足新发展阶段,贯彻新发展理念,构建新发展格局,以推动高质量发展为主题,以深化供给侧结构性改革为主线,以改革创新为根本动力,以满足人民日益增长的美好生活需要为根本目的,坚持系统观念,巩固拓展疫情防控和经济社会发展成果,更好统筹发展和安全,扎实做好"六稳"工作、全面落实"六保"任务,科学精准实施宏观政策,努力保持经济运行在合理区间,坚持扩大内需战略,强化科技战略支撑,扩大高水平对外开放,保持社会和谐稳定,确保"十四五"开好局起好步,以优异成绩庆祝中国共产党成立 100 周年。(国务院各部门分别负责,年内持续推进)

(二)今年发展主要预期目标。

2. 坚定信心,攻坚克难,巩固恢复性增长基础,努力保持经济社会持续健康发展。国内生产总值增长 6% 以上;城镇新增就业 1100 万人以上,城镇调查失业率 5.5% 左右;居民消费价格涨幅 3% 左右;进出口量稳质升,国际收支基本平衡;居民收入稳步增长;生态环境质量进一步改善,单位国内生产总值能耗降低 3% 左右,主要污染物排放量继续下

降;粮食产量保持在1.3万亿斤以上。(国家发展改革委、财政部、人力资源社会保障部、生态环境部、农业农村部、商务部、人民银行、海关总署、国家外汇局等按职责分工负责,12月底前完成)

(三)更好统筹疫情防控和经济社会发展。

3.坚持常态化防控和局部应急处置有机结合,继续毫不放松做好外防输入、内防反弹工作,抓好重点区域和关键环节防控,补上短板漏洞,严防出现聚集性疫情和散发病例传播扩散,有序推进疫苗研制和加快免费接种,提高科学精准防控能力和水平。(国务院各部门分别负责,年内持续推进)

二、保持宏观政策连续性稳定性可持续性,促进经济运行在合理区间

……

三、深入推进重点领域改革,更大激发市场主体活力

……

四、依靠创新推动实体经济高质量发展,培育壮大新动能

……

五、坚持扩大内需这个战略基点,充分挖掘国内市场潜力

……

国务院

2021年3月19日

文字是文化的天然的传播媒介,公文是政治权力机关意志的体现,因而公文是传播政治信息的一种正式的、较为重要的媒介。国家政权可以通过公文这一载体,将法律、制度、政策、决定等政治信息传播出去,将政治系统内外的政治信息收集回来,从而在思想上、组织上、行动上维护管理。公文立足于一定的经济基础,反映着社会各阶级之间的斗争,在国家活动中发挥着重要作用。因此,公文受到特定政治语境的指导,为一定的政治制度服务,从而也体现出鲜明的政治性。

二、经济

经济类文书是在经济活动中使用并形成的,是经济管理部门、企事业单位为了反映经济情况、处理经济事务、传播经济信息、研究经济问题、协调经济关系而制作的具有实用价值和固定格式的文书。经济类文书是以实用为原则,以经济活动为内容,以经济利益为目的,它包括了大量的有关经济活动的调查研究、经营决策、计划安排等相关文本。

经济类文书因横跨经济学和写作学两个领域,凸显出其自身鲜明的特征。第一,专业性。写作经济类文书常常要融合法学、社会学、统计学、文化学等内容,而且经济类文书写作主要以经济活动为特定内容,以促进经济活动开展、提高经济效益为写作的根本目的。经济类文书往往反映了写作主体对某一经济活动的本质和规律的认识。第二,规范性。从文本上来看,经济类文书有其特定的语言习惯,尤其是涉及经济学类专业术语,必须要求规范、正确;从格式上来看,经济类文书的文体格式要求规范,甚至由主管部门做出统一具体的规定。这既方便读者阅读、理解和执行,又有利于提高经济工作的质量

和效率。第三，政策性。社会主义市场经济本身就是法制经济，作为直接服务于经济活动的文书必须依法拟制，与相关法律保持一致，不能违背最基本的政策，这样才能得到法律的保护，否则就会削弱行文的现实效用，达不到预期的目的。第四，时效性。大多数经济类文书只是在规定的时限内发生效力、作用，否则就会失去现实效用，只具有历史档案作用或经济参考价值。作为信息载体的经济类文书，必须及时准确反映急速变化的经济活动情况，否则时过境迁，文书就会失去其现实效用和实用价值。第五，求实性。经济类文书写作内容应当是真实、准确、可靠的，它反映的是现代市场经济的运作情况，必须客观、科学，能反映出市场经济的规律。例如下例公文：

重庆市人民政府办公厅关于

培育发展"巴渝新消费"的实施意见

渝府办发〔2021〕42 号

各区县（自治县）人民政府，市政府各部门，有关单位：

为顺应消费升级趋势，根据《国务院办公厅关于以新业态新模式引领新型消费加快发展的意见》（国办发〔2020〕32 号）精神，经市政府同意，现就培育发展"巴渝新消费"提出如下实施意见。

一、总体要求

（一）指导思想。以习近平新时代中国特色社会主义思想为指导，全面贯彻党的十九大和十九届二中、三中、四中、五中全会精神，深化落实习近平总书记对重庆提出的营造良好政治生态，坚持"两点"定位、"两地""两高"目标，发挥"三个作用"和推动成渝地区双城经济圈建设等重要指示要求，坚定实施扩大内需战略，以建设国际消费中心城市为引领，实施"巴渝新消费"八项行动，加快打造富有巴渝特色的国际消费目的地。

（二）工作目标。经过 3—5 年努力，培育形成一批商旅文体、线上线下融合发展的示范区县（自治县，以下简称区县）、领先企业，打造一批国际消费中心、区域消费中心城市。到 2025 年，全市社会消费品零售总额达到 1.55 万亿元以上，服务消费占总消费比重达 40% 左右，消费对经济增长贡献率超过 50%。

二、重点任务

……

三、保障措施

……

重庆市人民政府办公厅

2021 年 4 月 30 日

经济类文书作为经济工作的常用工具，对确保市场经济的正常运作和推动市场经济的发展发挥着重要的作用。首先，经济类文书起到了领导与指导的作用。经济管理是一个多层次的系统结构，为了维护正常的经济秩序，实现经济活动的有效管理，就必须借助经济类文书及时将党和国家的方针政策传达给下级部门，对基层单位的工作进行具体领导和指导。其次，经济类文书用于汇报和交流，能够为组织经营决策提供依据。要搞活市场经济，就要掌握好市场动态，必须先对市场各个方面的情况进行调查，然后才能作出经济决策。例如上海财经大学高等研究院发布的《中国宏观经济形势分析与预测年度报告（2020—2021）》，这份经济预测报告可以为经济部门和企业进行预测、制定政策、作出经营决策提供重要的依据，对提高企业的应变能力和竞争能力，促进市场营销活动，提高经济效益具有重要作用。再次，经济类文书还起到了引导消费、促进竞争的作用。在市场经济中，各种商品琳琅满目，其功能也五花八门。经济广告和商品说明等文书就起到向消费者宣传解说商品性质、用途、构造、作用、方法，进而引导他们购买的作用。接着，经济类文书对于维护市场秩序、维护各方合法权益也大有裨益。在市场经济中，生产企业与销售者之间，经营者与消费者之间，为了使生产活动和经营活动顺利地进行，相互之间往往订立各种形式的契约，以保护各自的合法权益。最后，经济类文书还能起到预测市场需求、提供科学依据的作用。商场如战场，在市场经济大潮中，企业可运用"经济预测报告"对市场需求进行预测，对客观经济过程及未来变动趋势进行分析、测算和判断，然后才制订计划，进行产品生产，投放市场，从而保证自己的产品能在激烈的市场竞争中取胜。

三、军事

军事类公文一般指军事公文，军事公文是军队机关处理公务中形成的具有法定效力和规范体式的文书，是军队机关履行职能的重要工具。军事公文主要用于传达贯彻上级的方针、政策和意图，赋予部队任务，组织战备和军事训练，部署军队、组织指挥作战，布置和指导工作，报告和通报情况，请示和答复问题，总结和交流经验，发布军事法规，统一内部行动，沟通内部关系，并可以起到依据和凭证的作用。

根据《中国人民解放军机关公文处理条例》，军事公文的种类有：命令、通令、决定、指示、通知、通报、报告、请示、批复、函、通告、纪要。这些文种与一般机关通用公文文种大致相同，以上均适用于军事范围。例如：在通用公文中，"命令"适用于公布行政法规和规章、宣布施行重大强制性行政措施、批准授予和晋升衔级、嘉奖有关单位和人员；而在军事公文中，"命令"则用于发布军事法规、军事规章，确定和调整体制编制，部署军事行动，调动部队，授予、变更和撤销部队番号，调配武器装备，任免干部，授予和晋升军衔，选取士官，授予荣誉称号等。例如下例公文：

国务院办公厅　中央军委办公厅关于同意建立

全国征兵工作部际联席会议制度的函

国办函〔2020〕102号

中央军委国防动员部：

你部关于建立全国征兵工作部际联席会议制度的请示收悉。经国务院、中央军委同意，现函复如下：

国务院、中央军委同意建立全国征兵工作部际联席会议制度。联席会议不刻制印章，不正式行文，请按照有关文件精神认真组织开展工作。

附件:全国征兵工作部际联席会议制度

国务院办公厅　中央军委办公厅

2020 年 11 月 3 日

附件

全国征兵工作部际联席会议制度

为进一步加强对征兵工作的领导,强化统筹协调,形成工作合力,经国务院、中央军委同意,建立全国征兵工作部际联席会议(以下简称联席会议)制度。

一、主要职责

……

二、成员单位

……

军事公文通常采用文字记述式、表格式、地(略)图或海图注记式、网络图式、光电记述式等形式。军事公文有统一的格式和记述、拟写方法,包括标题、编号、秘密等级、主题词、制发机关、承办单位和联系人、成文时间和发文地点、署名印章等。其中,作战文书通常还要注明地图比例尺和年版。文书工作的好坏,往往影响到军队工作和战斗行动的进程,甚至关系到军队工作和战斗行动的成败。因此,拟制和处理军事公文要求做到迅速及时,准确细致,简明易懂,确保机密。审批签发、登记分发、传递、承办、立卷、归档和销毁等环节严格按照规定执行。

此外,军事公文是军队各级领导机关行使职能、实施指挥和管理部队的重要工具和基本手段,是各级参谋机构工作人员必须掌握的基本工作技能,也是对参谋机构工作人员业务能力的基本要求之一。熟悉军事公文的种类、作用、内容、格式,熟练掌握军事公文的拟制、处理方法,有利于更好地发挥军事公文的作用,提高军队工作和指挥的效能。

四、教育

公文传播的内容中,还有很大一部分内容属于教育板块。在我国教育迅速发展的背景下,各所高校内部机构相互之间及与外部其他机关单位之间的联系日益紧密和频繁,而公文又是依法治校和进行公务活动的重要工具,因此公文成为高校管理内外沟通联系的重要桥梁。

高校公文是学校办理有关贯彻党和国家的方针、政策,制定规章制度,请示和答复问题,指导和商洽工作,报告情况,交流经验等公务所形成的具有一定体式的书面文字材料。它在某种程度上体现了学校的办学思想、教育观念、工作方法、管理水平,影响着师生的思想和生活。高校公文具有以下特点:鲜明的政治性和政策性;具有法定的权威和行政约束力;有法定的作者;有特定的体式和处理程序。例如下例公文:

关于成都四十九中学生坠亡的情况通报

2021 年 5 月 9 日 18:40 许,成都市第四十九中学高二学生林某某在学校发生高坠,不幸离世。对此,我们感到无比痛心和惋惜,对失去孩子的父母及亲属表示深切哀悼和慰问。

　　事发后,成华区高度重视,立即成立由区委宣传部、区委政法委、区公安分局、区教育局等部门组成的联合调查组开展调查。

　　经公安机关现场勘验、法医检验、调阅监控、全面调查,认定:1. 尸体损伤符合高坠致死;2. 根据现场攀爬痕迹、足迹和指纹印证,认定高坠属个人行为;3. 经勘查无他人痕迹、物证,排除他人所为。综上,排除刑事案件。

　　联合调查组对该生返校当天及近期情况进行了多方调查,未发现学校存在体罚、辱骂学生等师德失范问题,未发现该生在学校受到校园欺凌情况。基本判断该生是因个人问题轻生。

　　区教育局已会同相关部门和属地街道搭建平台,做好家属接待安置、情绪安抚及善后处理事宜,并安排专职心理教师对相关学生、家长和老师进行心理疏导。

　　该事件的发生,表明学校在学生心理关爱方面存在薄弱环节。下一步,区教育局将举一反三、引以为戒,在全区学校强化心理健康教育,更加注重珍爱生命、敬畏生命、尊重生命等专项教育,努力使每一个孩子健康成长。

成华区联合调查组

2021 年 5 月 11 日

　　从某种意义来说,教育治理体系一个很重要的职能就是处理好政府与高校的关系,而管理内容和管理方式则是深刻理解政府与高校关系的重要问题链,也是管理体制中最复杂、最丰富、最具中国特色的关键内容。在一定程度上,政府与高校关系是政府管理内容覆盖面大小以及管理方式的使用等重要因素相互结合产生的总体特征和效果。因此,行政公文作为一种特殊文本,是政府管理高校的重要手段和工具,集中反映着管理内容和管理方式,同时也作为广大公众对学校进行教育教学监督的重要工具而存在。

　　此外,公文管理还是高校办公室工作的核心内容之一,其质量和效率直接关系着高校贯彻落实党和国家各项方针政策的力度及学校行政管理水平的高低。随着我国教育事业的蓬勃发展,教育管理体制改革的持续推进以及高校信息化、网络化建设的不断深入,各个高校办公室应以"准确、优质、高效"为宗旨,不断提升公文管理工作的制度化、科学化和规范化水平,才能更好地围绕学校办学目标提高管理水平。

五、其他

　　自从文字产生之日起,公文就成了一种与社会发展、人民生活密不可分的社会管理工具。大到国家决策、庆典,小到百姓的婚丧嫁娶都可以看到公文的影子,公文已经伴随人类游历了漫漫的历史长河并深入到社会生活的方方面面。

　　一般而言,当公文随着人类社会的发展应运而生的时候,它的任务主要是为阶级统治、阶级压迫而服务。但早在奴隶制社会时期,就已经出现了用于社会管理和经济管理的户籍文书和会计文书。那时,虽然社会生产力水平十分落后,但公文在人们进行生产劳动、产品分配和商业活动中的管理作用已经明显地展露出来。在封建社会时期,由于生产力水平有了较大发展,兴修水利、商业往来以及统一文字、统一度量衡,随之产生了大量的公众事务性文书。进入资本主义社会后,尽管公文进行阶级统治、阶级压迫的实质没有消除,但其用于纯社会管理的作用就更加明显和突出,而且,其用于社会管理方面的内容也大大增加。在社会主义社会也是如此,我国的社会现实更加有力地说明了这一点。新中国成立以后,经过土改、"镇反"和合作化运动的胜利完成以及社会主义建设五年计划的实行,经济建设日益发展。特别是在消灭了完整意义上的阶级后,党的十届三中全会决定把党和国家的工作重心转移到经济建设,并开始了"四化"建设的伟大事业,公文的作用发生了根本性变化。公文从纯阶级斗争、阶级压迫文书逐渐转变为纯社会管理文书,并且社会管理文书逐渐占据了主导地位。这说明,随着社会的发展,公文的作用呈现由以服务于政治为主向以服务于社会的管理性为主,再向以纯社会管理性为主转变的发展趋势。

进入新时代,随着理论与实践的发展,党的十八届三中全会作出的《中共中央关于全面深化改革若干重大问题的决定》首次提出"社会治理"概念,代替了原来的"社会管理"。习近平总书记指出:"治理和管理一字之差,体现的是系统治理、依法治理、源头治理、综合施策。"从社会管理到社会治理,仅一字之变,不只是概念的转换,更是一种全新的改革理念的升华,体现了治国理政理念的与时俱进。那么相应地,当面对社会重大突发事件时,公文也随之出现了社会治理的功能。

这些公文充分调动各方力量和资源,为切实有效地防控社会重大突发事件打下坚实基础,并在这个过程中进一步提升社会治理能力,促进实现社会治理体系和治理能力的现代化。由此可见,在社会管理和社会治理的过程中,公文是必不可少的角色和工具。

第二节 公文传播的媒介形态

一、公文传播的形态

公文传播古已有之,自从有了公文,便有了公文传播现象。然而由于公文的政治性和在一定时间内的机密性,公文传播在我国长期以来发展缓慢。中华人民共和国成立后,特别是党的十一届三中全会以后,随着我国经济和政治体制改革的不断发展和深化,以及电子政务的迅猛发展,我国公民、单位、政府、社会之间的公文交流与传播显得越来越重要。我国的公文传播逐渐突破"单通道传播体制"(科层系统内传播体制),趋向于多通道传播。这些公文传播形态各有特点,在维护国家统一、保证国家系统正常运转和维护广大人民群众利益方面起到了非常大的作用。

本书中,公文传播的形态特指公文传播的媒介形态。传播媒介可称为传播渠道、信道、传播工具等,是传播内容的载体,是传播过程中的重要组成部分,也是大部分传播行为得以实现的重要手段。媒介是传播学的核心概念之一,媒介作为信息传递、交流的工具和手段,在人类传播中起着极其重要的作用。传播媒介经历了从单一到综合、从简单到复杂的发展过程,这一过程与人类文明的进步是同步的。媒介技术发展与社会的演化变革密切联合在一起,没有语言和文字中介,人类传播就不能摆脱原始的动物传播状态;没有机械印刷和电子传输等大量复制信息的科技手段的出现,就不会有近现代的大众传播,更不可能有今天的信息社会。

公文传播的形态多种多样,可以是口语或文件,也可以是报纸或广播,还可以是电视或电影等。互联网出现后,公文传播更是产生了许多新兴的媒介形态。总的来看,对于公文传播的形态的讨论,本书依据互联网的出现将其分为公文传播的传统媒介形态和公文传播的新媒介形态。

二、公文传播的传统媒介形态

在互联网出现以前,公文传播一般通过口语、纸质、电报、广播、电视等形态进行传播。

(一)口语公文

口头语言的诞生大约发生在 2—2.5 万年前,由于口头语言能系统、抽象地表达声音、客观事物和人类行为的联系等,并能使人类把声音同他们所指的对象分离开来,所以它有助于人类更有效地利用信息、从事信息传播活动。于是,口头语言很快成为人类占主导地位的传播手段。口语媒介以声音作为载体,以直接的面对面交流为特征,是一种双方同时在场的即时传播,也是一种口耳相传的窄播。

公文传播的口语形态运用十分广泛。在古代,公文传播的口语形态可以是皇帝上朝议事,也可以是口传圣旨等;而在现代,各个部门、单位或组织内部常用的口头通知、会议讲话等都属于公文传播的口语形态。

(二)纸质公文

人类学会将声音与其所指对象分离开,便产生了语言。之后,人们又学会了将声音同发出声音的人也分离开,从而使它们更便于携带,这便产生了文字。公元前 4000 年左右,文字以其后来居上的崭新姿态登上了传播舞台。随着人类传播活动领域的不断扩大,人与媒介间的区分日渐明晰,媒介终于成为独立于人体外的一种存在。文字的发明与使用是人类进步历程中最具意义的成就之一,它弥补了口头语言时空障碍的缺陷,具有规范、便携、长期保存等优点,所承载的信息也由简单、容易变得复杂、繁多。正是文字符号突破了时空限制,改变了早期传播关系中人与物、人与人之间原本的直接关系,实现了传播媒介与主体的脱离,从而导致了从直接交流向间接交流的转变,使得大规模的社会管理和控制成为可能。后来,随着造纸术和印刷术的发明,文字传播在时空维度上更是获得了主体地位。

公文传播的纸质形态也十分多样,例如各个告示栏里张贴的纸质公告、各个部门工作交流运用的纸质文件、机关或组织印刷的内部刊物、报纸报道的相关公文等。

(三)电报公文

资本主义凭借 15 世纪以来启蒙运动和资产阶级革命的成果,于 19 世纪进入了第一次工业革命,大众化报业形成、教育普及、科学进步,导致传播史上新时代——电子时代的萌生。1840年,美国人S.摩尔斯发明有线电报,开电讯传播信息之端。到了19世纪90年代,各地仍然要通过电线来传送电报,尼古拉·特斯拉等科学家在这个时候开始研究以无线电发送电报。1895年,意大利人G.马可尼首次成功收发无线电电报,1899年他成功进行英国至法国之间的传送,1902年首次以无线电进行横越大西洋的通信。无线电报的发明使流动通信变得可能,配备无线电电报机的远洋船只,就算在海洋上仍然与陆地保持通信,更能在需要时发出求救信号。

中国首次出现电报线路是在1871年,由英国、俄国及丹麦敷设,从香港经上海至日本长崎的海底电缆。由于清政府的反对,电缆被禁止在上海登陆。后来丹麦公司不理清政府的禁令,将线路引至上海公共租界,并在同年6月3日起开始收发电报。1879年,北洋大臣李鸿章在天津、大沽及北塘之间架设电报线路,用作军事通信。

电报最初进入中国是出于军事传递信息的需要,为军事防务服务,由于其方便快捷的特点,迅速扩展到其他领域,如政治、经济、文化等,尤其是在政治领域被广泛使用。电报能及时远距离传送命令,大大缩短了公文的运转速度,因此在近代尤其是民国时期被广泛用于各个部门。中央政府及地方政权之间的政令传达基本上依靠电报,使电报成为公文的一种普遍存在形式。电报的往来不仅是传递书文,还从军事防务逐步扩展到其他有关镇压革命、通商贸易、开矿建路、河工防汛、会党宗教、华工侨务等军国要政。

20世纪80年代上映了一部名为《黑炮事件》的电影,其讲述的就是矿山工程师赵书信去邮局发了封电文内容为寻找"黑炮"的电报,引起有关部门的高度关注并对他进行审查的故事。最终赵书信接到了放着一枚"黑炮"的包裹,才真相大白,原来所谓"黑炮"是指象棋中的"黑炮",但工程因没有他的参与而造成了巨大损失,矿山党委副书记埋怨他小题大做,而他则惊讶于领导们为了枚棋子大动干戈。由此可见,电报当时已经成为公文传播的一种普遍形态,关系到军国要政,有关部门才会对电报中的"黑炮"较为敏感。

之后,随着通信科技的不断发展,电报已不再是主要的通信传播方法。自从电话网络数字化以后,电报通信变成数位通信网络中一种以文字通信的应用,在传真机普及后更被传真所取代。

(四)广播中的公文

广播指的是通过无线电波或导线向广大地区传送声音符号的传播媒介。运用无线电波传送的称为无线广播;运用导线传送的称为有线广播。广播的诞生与19世纪末无线电的发明有技术上的血缘关系。20世纪20年代,第一批正式的广播电台开始播出,并迅速成为现代国家公众生活中不可或缺的重要大众传播媒介。"二战",伴随着电视的冲击,广播也进行了一系列技术和设备上的更新以及传播形式和内容上的调整,还出现了调频广播乃至如今的数字广播等。

通常我们所说的广播即收音广播。目前我国各城市的广播,主要是以中波广播和调频广播为主。中波广播电磁波覆盖范围广、抗干扰能力强、磁场污染小,能定向传输,特别适合我国边远地区和边境地区的广播信号覆盖。同时,当发生自然灾害(暴雪、地震等)时,中波广播可以及时有效地传递国家抢险救灾信息,为稳定灾区人民情绪,协助抢险救灾发挥积极的作用。

这种广播属于应急广播,是公文的一种应急传播。在面临突发公共事件时,从国家层面通过广播向公众发布紧急消息,提供信息服务,协助救灾救援,是一种十分重要的应急手段,也是国家应急体系重要的组成部分。应急广播体系在应对自然灾害和突发事件中发挥着重要作用,可以实现信息发布、舆论引导、组织救援等多种功能。

（五）电视中的公文

电视是使用电子技术传输图像及声音的现代化传播媒介。它通过光电转换系统将图像、声音传递和重现在远距离的接收机屏幕上,定期向观众传送新闻、娱乐节目和其他节目。自20世纪20年代起,通过电子装置传送图像的技术逐步成熟,30年代第一批电视台开播。第二次世界大战延缓了电视发展的步伐,"二战"后,电视迅速普及,一跃成为世界各国影响力最大的媒体。

长期以来,在我国的电视新闻报道中,时政新闻都占据着重要的位置。中央电视台和各省级卫视的新闻节目中,时政新闻皆是主要被报道的内容。时政新闻地位如此突出的原因与我国的实际政治经济情况密切相关。我国的新闻媒体仍隶属于国家管理的范围内,各级电视台报道的新闻内容,特别是政治要闻都要经过政府的宣传部门监管,因此新闻报道的内容与国家的党政工作紧密相连,也同公文传播密切相关。

时政新闻,顾名思义,就是新近发生的有关时事、政治的新闻,旨在把握时代脉搏,关注国计民生。以中央电视台为例,《新闻联播》是报道时政新闻的一个典型范例。自1982年9月1日起,中共中央明确规定,重要新闻首先在《新闻联播》中发布,由此开始奠定该节目为官方新闻发布渠道的重要地位。在《新闻联播》中,时政新闻还可以进一步细分为会见、外交、会议、领导活动、宣传重点、公告等类别。时政新闻在《新闻联播》中占有重要的报道比例,无论是播出条数还是播出时间,都超过《新闻联播》节目三分之一的比例,可见时政新闻一直都是电视新闻报道的重中之重。

除此之外,电视新闻由于其在声画方面的充分结合体现了与纸质媒体不同的特色,电视时政新闻也在文字报道的基础上有了更为立体和生动的展现方式。比如目前在报道会议类新闻时,可以采用现场直播的技术,通过多角度的机位及多景别的配合,使得过去传统的会议场面变得鲜活起来,观众也可以在第一时间了解到党的方针、政策的变化。

由此可见,电视新闻报道重要党务、政务活动,以新闻事实反映社会发展进程,对人民群众就党和政府的重要决策形成"共识",对维护政治稳定起到积极作用。同时,我们也能从中看出电视媒介是公文传播中不可或缺的一种形态。

二、公文传播的新媒介形态

1969年,美国国防部建立了阿帕网"ARPANET",它是互联网的前身。1991年,CERN(欧洲粒子物理研究所)的提姆·伯纳斯李开发了万维网(World Wide Web)以及简单的浏览器,并设立了第一个网站。自此之后,互联网开始向公众普及。随着更成熟的浏览器的诞生和联网计算机的增多,在20世纪90年代中期之后,互联网开始在全世界爆炸性普及。

比尔·盖茨曾说过:"因特网改变了一切。"的确,网络媒介的革命浪潮来势汹汹,只用短短的几年便将每一个人包围。21世纪以来,人类已经全面进入信息时代,计算机信息处理技术成为发展速度最快的科技领域之一,同时也大大推动了全球网络化进程。在这样一个世纪里,网络新媒介已成为人类社会最为便捷、使用最为广泛、最具影响力的传播媒介之一,网络传播业已成为影响社会生活各个方面的最为重要的信息传播手段。

在人类的社会实践活动中,生产工具的变革必然引发人的意识观念的改变,人的意识观念的改变又会促使人的实践行为发生变化。传播学奠基人之一马歇尔·麦克卢汉说过:"媒介是社会发展的基本动力,也是区分不同社会形态的标志,每一种新媒介的产生与运用,宣告我们进入了一个新时代。"随着电脑应用技术和互联网应用技术的蓬勃发展和广泛应用,电脑和互联网已成为人类社会实践的主要生产工具。网络环境给公文的写作带来很大的好处,网络写作意识使得相关人员不再局限于借助传统的笔和纸去进行公文写作,而是越来越借助电脑和互联网这些开放的广阔平台,从网络中获取写作资料、寻求写作支援,从而进行并完成公文写作。丰富多样的网络信息资源为公文写作实践性资料的占有奠定了厚实的物质基础。人们已经明显地看到利用电脑和互联网进行公文写作逐渐成为当前较为普遍的公文写作方式,公文写作已经跨入了电脑网络环境下写作的新时代。

根据《2020年联合国电子政务调查报告》,从全球范围来看,世界各国电子政务发展持续推进,越来越多的国家正在大力推进数字政府战略,以数据为中心,强化电子参与,整合线上和线下渠道,提升以人为本的数字政务服务能力。报告数据显示,我国电子政务发展指数从2018年的0.6811提高到2020年的0.7948,排名比2018年提升了20位,取得历史新高,达到全球电子政务发展"非常高"的水平。目前,随着互联网的不断发展、计算机的广泛普及以及社交媒体的兴起,我国公文传播也产生了以电子公文、微博公文、网络直播、短视频等为主的新兴形态。

(一)电子公文

随着全球化经济模式的深入,我国社会主义市场经济的发展,公文处理工作也面临着新的考验。公文所承载的信息在数量上的膨胀与内容上的复杂与日俱增,使网络信息技术和办公自动化方式成为公文处理工作的有效改革途径,并催生了新电子政务这一新型的公务活动模式,面貌一新的电子公文应运而生。

电子公文是运用现代信息管理技术制作,以数字形态存储于特殊载体,依赖计算机系统阅读、处理并可在通信网络传输的一种新的公文办理模式。为了与国际接轨,我国政府早在1999年就以建立"电子政府"为目标启动了"政府上网工程",各级政府也逐步建立了大量的官方网站和内部互联网,与之相适应的网络化电子公文也越来越多地得到应用。关于网络化电子公文写作的研究也成为公文写作学科的重要组成部分。随着电子政务的蓬勃发展,在网络媒介的新环境下的网络化电子公文已经展示出不可阻挡的必然趋势。

目前,电子公文办公系统已广泛应用于各政府机关部门和企事业单位。相对于传统的纸质公文,其在传输过程中通过计算机系统阅读处理并通过网络进行传输,提高了办公效率,以实现其与纸质公文具有同等的法律效力。电子公文的特点是基于计算机和互联网的特性而产生的,因此它呈现出与传统公文不同的特点。首先,电子公文具有快捷性。电子文档的制作、处理、存储以及归档均可依托于特定的软件系统完成,在文件传输和发放上、信息资料的整理等各方面突破了空间的限制,使得异地办公、远距离办公成为现实。其次,电子公文具有灵活性。同一份电子公文,可以供不同人在同一时间、不同地点进行阅读,在行文方式、资料收集和整理等方面具有灵活性,有助于工作的开展和实施。最后,电子公文还具有经济性。在文件传输上,电子公文的使用缩短了空间距离,可以大大减少人力、物力、财力上的支出;在文件存储上,由于公文以数据形式进行存储,可以节约更多的储存空间;在进行整理归档、处理过期公文时,也可灵活采用数据处理的方式,从而减少了办公用品的支出和管理成本。

由此可见,电子公文在制作、使用、批转、发放等方面具有独特优势,被越来越广泛地使用,成为当前最为普遍的公文传播的形态之一,具备较大的发展潜力。

(二)微博公文

微博,即微型博客(MicroBlog)的简称,是一个基于用户关系的信息分享、传播以及获取平台,用户可以通过计算机、手机以及各种客户端组建个人社区,以140字的文字更新信息,并实现即时分享。对于微博公文目前学术界没有明确定义,本书将用微博公文开创者海宁司法局局长金中一的解释将微博公文界定为"用微博的形式发布的公文,其公文和纸质形式的公文具有一样的行政效力"。

2011年4月2日浙江海宁市政府信息公开网发布了《关于启用微博公文的通知》,号召在全市司法系统内推行微博公文。随即,海宁市政府在新浪网上开通"浙江省海宁市司法局官方微博",并以"海宁司法"的名称发布通告、公告等。4月2日晚,海宁司法通过官方微博发布了《关于做好清明节假期值班工作的通知》的微博,其前缀为"〔微博公文〕01号",类似于正式公文的发文字号。这条微博就是海宁司法局发出的第一条"微博公文",也是全国第一条从微博平台发出的公文,开全国政府机关微博发公文先河。

微博公文是一种新型公文,与以往各不同载体公文相比,微博公文有其独特特点。微博的特点是信息传播快速便捷,通过转发与评论,达到"一传十,十传百"的效果。原本微不足道的力量,可以在口口相传中被放大,让众人之力快速集结,影响事件本身走向及发展趋势。首先,政府通过微博发布公文让百姓们能第一时间了解政务动态、国家政策,也能在留言讨论区和微博转发评论区提出建议、反映心声,实现了政府部门之间、政府和民众之间、民众之间的即时互动,有利于公民参政议政权利的更好实现。其次,无论在哪里,就算手边没有电脑,也可以用手机发送或转发微博信息。需要周知的通知、简报、决定等公文通过微博平台发布,大大提高了信息流转速度,加快了公文处理的节奏,提高了效率。不仅如此,微博公文因为要遵从微博的特点,所以每条微博一般不超过140个字,相比普通公文来说,要更为简洁明了,省去了以往公文中的套语与官话,让受众能轻松读懂并理解知晓。

2021年1月22日,人民网舆情数据中心发布《2020年政务微博影响力报告》。报告显示,截至2020年12月31日,经过微博平台认证的政务微博已达到177437个,其中政务机构官方微博140837个,公务人员微博36600个。

随着互联网的不断发展,微博公文的应用已经越来越广泛,政务微博已经逐渐趋于常态化。因此,这就要求各部门、各单位善用微博公文,充分发挥微博公文的优势,在重大事务及突发事件上快速响应民众关切,将这种新形式同政务密切结合,使其能更好地成为社会治理的利器。

(三)网络直播中的公文

"直播"一词由来已久,它是一种传播技术,最早在电视领域得到广泛应用,如晚会直播、访谈直播、体育比赛直播等。后来由于互联网发展迅速,网络直播逐渐走进大众视野之中。2016 年被称作我国的"网络直播元年",网络直播经历了前所未有的爆破式发展,网络直播平台达到 300 多家,直播市场呈现出一种"百播大战"的局面。2021 年 2 月 3 日,中国互联网络信息中心(CNNIC)在京发布第 47 次《中国互联网络发展状况统计报告》(以下简称《报告》)。《报告》显示,截至 2020 年 12 月,我国网民规模达 9.89 亿,较 2020 年 3 月增长 8540 万,互联网普及率达 70.4%;我国网络直播用户规模达 6.17 亿,较 2020 年 3 月增长 5703 万,占网民整体的 62.4%。随着网络直播应用的快速发展,网络直播用户也在高速增加,从而开启了一个"人人都有摄像头"的全民直播时代。

在这个背景下,政务直播的平台也由传统媒体平台向新媒体平台转移,并呈现出常态化的发展趋势,使得网络直播也成为公文传播的常见形态。政务直播将政务和网络相结合,渐渐成为架设在政府和公众之间的桥梁,是一种基层社会治理的新手段,有其独有的特征。首先,政务直播具有新颖性。自"阳光政务""阳光行政"等概念提出以来,各地政府多次尝试将政务与网络相结合,从早期的市长热线电话,到门户网站、问政平台的开设,再到当下政务直播。这一系列的更新换代,反映出基层社会治理方式不断推陈出新、越来越接地气,是我们党执政能力现代化、国家治理能力现代化的重要表现。其次,政务直播具有平等性。网络直播与政务的结合开启了公众参与、公众治理的新模式,各行各业的人民群众都可以在直播中以主人翁身份进行参政议政。领导干部能够面对面最直接地听到最基层、最一线、最真实的群众心声,拉近政府和公众距离,为了解群众意愿,满足群众需要,维护群众利益发挥了重要作用。最后,政务直播还具有开放性。互联网本身就极具开放性,短时间内信息能够广泛传播。传统政府机构信息传递具有自上而下、逐级逐层、单向进行的特点,传播方式上表现出层级性、封闭性和单一性。政务直播开放性、多元性和互动性的特点使得政务信息能够第一时间对公众进行发布,让公众了解第一手信息,在节约传播成本的同时,也提高了传播效率,对提升社会公众的传播力、引导力、影响力、公信力具有重大作用。

由此可见,政务直播通过互联网可以充分调动广大基层群众和各方组织来参与社会治理。将政务和网络直播相结合,可以针对基层治理中的社会问题,发挥多元治理主体的作用,尤其是依托广大人民群众的智慧和力量,对完善社会福利、保障改善民生、化解社会矛盾、促进社会公平、推动社会有序和谐发展都有着重要意义。

(四)短视频中的公文

一般认为,短视频是指播放时长在五分钟以下(无严格界定),通过移动智能终端实现播放、拍摄、编辑,可在社交媒体平台上实时分享和无缝对接的一种新型视频形式,它是继文字、图片、传统视频之后新兴的互联网内容传播形式。近年来,随着移动互联网普及、大数据以及人工智能等新技术加速应用,短视频以极低的技术门槛以及便捷的创作和分享方式迅速获得用户青睐,成为人们获取资讯和消遣娱乐的主要工具之一。短视频平台依托海量用户、内容生产与内容消费门槛降低迅速成为行业争抢流量的重点。同时,短视频平台向政务新媒体伸出橄榄枝,众多政务号、媒体号入驻抖音、快手平台,借助短视频形式扩大自身传播力、影响力。

政务短视频是指由党政机关、事业单位等机构和新媒体短视频平台联合建立政务号,通过官方发布的行政公务类短视频。在诸多的短视频平台中,抖音是最受关注的合作平台,截至2020年底,政务抖音号的总数已突破一万个。2018年4月,首批政务短视频账号在抖音推出,随即引发了政务短视频的爆炸性增长,并使2018年成为"政务短视频元年"。政务短视频立足于自身的职能属性,依托短视频平台提供的背景音乐配合内容的制作特点,将文字、图片、视频、特效巧妙结合于一体,以用户喜闻乐见的形式进行内容生产,迅速获得用户的关注。

就目前来看,政务短视频已经成为公文传播的一种新趋势。以前我们在电视上观看各种重大新闻,现在已经变成在抖音、快手等平台刷一个个的短视频,而且内容也发生了很大的转变,不再局限于政务工作、安全法律知识、国家工程与科研成就等"主旋律"内容,还有很多接地气的新闻也用短视频的方式进行报道。政务短视频既可以看作传统媒体转型的重要方式,也可以看作政府机关职能转型的一个方向,是国家重大新闻事件的传声筒,也是塑造政府公共形象、创新政府服务、拓展政府作为的有效路径。

随着互联网信息技术持续迅猛发展,不同传播形态的新媒体产品在政府、用户和平台层面给社会治理带来新的挑战和机遇,创新的信息传播特征展现出社会治理的无限潜能。短视频虽然被当作娱乐和营销的工具,但政务短视频连接了娱乐和社会治理,既是消遣娱乐的工具,也是宣传教育阵地,还是社会治理的工具,体现出多重的社会价值。但与此同时,政务短视频也应注意尺度,把握好分寸,避免过度娱乐,兼顾传播效果和官方的严谨性,让其更多地发挥社会治理的价值,更好地成为社会治理的利器。

第三节 公文传播的一般功能

传播是人类的基本行为,在人类社会中起着无可代替的作用。正如传播学之父施拉姆所说:"传播就像血液流经人的心血管系统一样流过社会系统,为整个有机体服务。……我们已经习惯于生活在传播的汪洋大海中,以至于很难设想要是没有传播,我们将怎样生活。"而当代社会是一个信息传播高度发达的社会,当代人生活在一个被信息包围的环境之中,公文即是当代社会诸多信息中非常重要的一个类别。公文与传播如影随形,几乎所有的公文活动,要么本身就是传播活动,要么通过其他媒介进行传播。公文传播是国家公务人员、政府部门、企事业单位、社会组织与公民互动的重要一环。它涉及各级党政机关、企事业单位、团体组织的管理和运行,覆盖政治、经济、文化等多个领域,和广大人民群众的利益息息相关。

对于一个国家而言,公文传播系统的重要性犹如神经系统对于人体的重要性。国家组织程度的高低与公文传播的发展水平密切相关。在不同的国家,因政治环境、地理环境、民族文化等方面的差异,公文传播系统的社会职能不尽相同。在我国,充分利用公文的有效传播已成为改善我国经济发展环境、促进我国政治体制改革、建设我国社会主义和谐社会的重要工具之一。总的来说,公文传播具有交流沟通、控制调节、管理以及宣传教育等功能。

一、交流沟通功能

交流信息是公文传播最初、最本质的功能。在人类社会早期,当图书、报刊还没有登上历史舞台时,只有公文才具有传播信息的功能。统治者将法规和律令铸于金鼎、书于缣帛等载体发布,用以统治国家、约束民众。同时,民众也非常关注这些公文,通过它来了解统治者的意图和社会规范,在与他人交往时也普遍用"白纸黑字"的契约形式来维护自身的权益。随着生产力的发展、社会的进步,公文传播的这种功能依然存在,只是由于其他信息载体的出现,人们了解社会、获取信息的方式增多了,也更容易了,从而使得公文传播的这种社会功能受到了挑战,甚至被人们遗忘。在现代社会,信息多得让人有些无所适从。一方面,大量的专业知识信息需要人们去掌握,而众多的娱乐信息以及与职业活动无关的杂乱信息却时时进入人们的视野。另一方面,大大小小的会议频繁召开,文件不断产生,人们需要了解和把握真正重要的会议信息和文件,而"文山会海"却让人们产生了厌烦情绪,容易对文件视而不见。但是,公文就是公文,它是公务活动、社会活动的产物,它的权威性是任何其他信息载体都不能相比的。在人类社会早期,人们重视公文是因为没有其他渠道可以获取信息,而到了信息社会,随着人们对信息质量要求的提高,利用信息的能力和保护自身权益意识的加强,公文传播作为传播权威信息的主渠道作用日益突显出来,因此公文仍然是人们获取信息的首选,公文传播的独特作用仍然存在。

沟通是一个信息交流的过程,任何组织都离不开沟通。在实际中,每一个组织都努力利用各种沟通手段实现其信息传递的目的。管理沟通学认为,沟通是组织的生命线,管理者必须建立畅通的信息沟通渠道,以保证有效的信息传递,促进组织的成长与发展。根据沟通的形式和渠道,可以将组织内部的管理沟通分为正式沟通和非正式沟通两种主要形式,以公文为载体的书面文字形式是正式沟通常用的重要方式之一。由于公文的严肃性、权威性和法定效力,使得公文传播在组织管理沟通中的作用至关重要。

长期以来,公文作为人类社会生产生活的重要工具,扮演着社会信息沟通角色。从下行文的角度来看,公文要传达、贯彻政权机关的方针政策和各项指令,保证政治领导者对各项具体工作的领导和指挥。从上行文的角度来看,公文传播是下级机关请示、报告工作的基本手段。上行文所承载的信息十分广泛,可以反映政令的执行情况、下属和群众的政治建议等,为政权机关制定、调整政治决策提供依据和建议,有利于对社会问题进行实时的监控和处理。从平行文的角度来看,公文传播是政治系统内部各个平级机关之间联系的纽带。通过平行公文,机关之间可以横向交流信息,在工作中更好地分工协作,形成合力,提高效率,以达到共同的政治目标。

目前,各级政府都加大了公开政务文件的力度,在这样的背景下公文传播"上传下达,下情上报"的作用将得到更充分的发挥。一方面,公众可以方便地与任何一个政府机构直接沟通,通过新技术获得更多的信息;另一方面,政府在保证公众行使参政议政权利的同时,可以及时倾听人民群众的呼声、意见和建议,以加强和改进政府工作。

二、控制调节功能

公文传播的控制调节功能包括两层含义:一是科层系统内部自上而下实施的控制行为;二是社会系统中自下而上的控制,这种控制是由科层系统外的公民和利益集团执行的。由于两者的控制意义不同,它们的控制目的也存在着差异。在当代中国,公文传播中自上而下的控制主要发生在党政系统内部。公文传播的控制功能首先存在于党内系统,然后延伸至人大、政府、军队、司法、政协等系统。我国公文传播的控制调节功能主要是以指令的形式来实现的。

指令即指示、命令。政治公文和管理公文都具有指令功能。中国共产党向权力机关、政府和社会传播的政治公文具有很强的刚性和不可置疑性,其所传播的意识形态就是面向全社会的指令。管理公文传播的指令功能主要是指党政机关内部上级公文对下级公文所具有的命令功能。二者的区分主要是前者的传播方向是单向辐射型的,而后者是双向交流型的,政治公文的传播范围要比管理公文广泛。

在党政机关内部,除了党中央、国务院外,任何一级党政机关都既是公文命令的发出者(传播者)又同时是公文命令的执行者(接受者)。上级公文领导下级公文,下级公文服从上级公文,党政机关的运转主要依据公文所传播的指令。例如2019年公布的修订后的《中华人民共和国政府信息公开条例》:

中华人民共和国国务院令

第711号

现公布修订后的《中华人民共和国政府信息公开条例》,自2019年5月15日起施行。

总理 李克强

2019年4月3日

中华人民共和国政府信息公开条例

(2007年4月5日中华人民共和国国务院令第492号公布 2019年4月3日中华人民共和国国务院令第711号修订)

第一章 总 则

第一条 为了保障公民、法人和其他组织依法获取政府信息,提高政府工作的透明度,建设法治政府,充分发挥政府信息对人民群众生产、生活和经济社会活动的服务作

87

用,制定本条例。

第二条　本条例所称政府信息,是指行政机关在履行行政管理职能过程中制作或者获取的,以一定形式记录、保存的信息。

第三条　各级人民政府应当加强对政府信息公开工作的组织领导。

国务院办公厅是全国政府信息公开工作的主管部门,负责推进、指导、协调、监督全国的政府信息公开工作。

县级以上地方人民政府办公厅(室)是本行政区域的政府信息公开工作主管部门,负责推进、指导、协调、监督本行政区域的政府信息公开工作。

实行垂直领导的部门的办公厅(室)主管本系统的政府信息公开工作。

第四条　各级人民政府及县级以上人民政府部门应当建立健全本行政机关的政府信息公开工作制度,并指定机构(以下统称政府信息公开工作机构)负责本行政机关政府信息公开的日常工作。

政府信息公开工作机构的具体职能是:

(一)办理本行政机关的政府信息公开事宜;

(二)维护和更新本行政机关公开的政府信息;

(三)组织编制本行政机关的政府信息公开指南、政府信息公开目录和政府信息公开工作年度报告;

(四)组织开展对拟公开政府信息的审查;

(五)本行政机关规定的与政府信息公开有关的其他职能。

第五条　行政机关公开政府信息,应当坚持以公开为常态、不公开为例外,遵循公正、公平、合法、便民的原则。

第六条　行政机关应当及时、准确地公开政府信息。

行政机关发现影响或者可能影响社会稳定、扰乱社会和经济管理秩序的虚假或者不完整信息的,应当发布准确的政府信息予以澄清。

第七条　各级人民政府应当积极推进政府信息公开工作,逐步增加政府信息公开的内容。

第八条　各级人民政府应当加强政府信息资源的规范化、标准化、信息化管理,加强互联网政府信息公开平台建设,推进政府信息公开平台与政务服务平台融合,提高政府信息公开在线办理水平。

第九条　公民、法人和其他组织有权对行政机关的政府信息公开工作进行监督,并提出批评和建议。

第二章　公开的主体和范围

......

《中华人民共和国政府信息公开条例》的颁布实际上是从法律角度保证了科层系统向社会系统的公文传播。只有科层系统到社会系统公文传播的有效达到,公文传播的控制调节功能才能实现。

党政机关制发的管理公文虽然带有强烈的科层色彩,但是与执政党制发的政治公文不同,管理公文的传播是双向或多向的。公文传播机关根据公文内容的相关性确定公文的发布范围,不仅上级公文可以向下传播,下级公文也可以向上传播,公文传播不仅可以自上而下和自下而上,而且可以是横向的。管理公文之所以可以自下而上地传播,是因为这样能够为上级控制下级创造条件;管理公文传播之所以可以横向传播,是因为许多行政行为需要多个机构与部门的协调。

公文传播自上而下控制的目标主要有两个:一是保持科层系统的完整性,二是实现组织的效率目标。第一个目标是我国公文传播控制功能的主要目标,第二个目标的实现取决于第一个目标的实现程度。为了实现第一个目标,国家建立了一套复杂的、上下互通的公文传播系统,通过严密的公文传播网络实现对下级的控制。在我国,正式组织都建立了专业的公文传播机构。在执政党系统,政策研究室和宣传部是专门的公文生产与传播机构。在行政系统,国务院政策研究室、新闻办公室和新华社等是公文生产和传播机构。各级办公厅(室)是各级党政机关公文传播的具体组织部门。一般情况下,所有的正式组织都具备公文传播功能,履行自上而下的控制功能。这些正式的公文传播组织主要负责常规性的公文发布,使得上下组织能够整体地联结在一起。为了实现第二个目标,科层系统内部往往在不同程度上都存在着分权的趋势。公文传播的地方化和部门化就是为了解决因权力集中而导致的公文传播僵化和低效的问题,从而为行政高效创造条件。

除此之外,公文传播自下而上的控制功能是我国社会逐渐民主化的表现,表明我国广大公民已取得参与公务活动的权利。在我国,公文传播自下而上的控制主要表现在广大民众能够通过讨论、利益表达等方式对国家管理实施监督。公文传播中公民通常采取信访和舆论方式施行自下而上的控制。公民将自己的意见和要求通过公文向科层系统表达,并要求科层系统作出回应,这种公文传播行为因对科层系统形成压力而实现控制。

三、管理功能

在人类社会发展史中,公文不仅作为信息的载体而存在,更重要的是它是一种有效的管理工具。公文传播在社会管理活动中的实际作用决定了其在公务活动中的地位,因此,社会管理功能是公文传播的又一重要社会功能。不同文种的公文在特定的社会管理活动中发挥着不可替代的作用,例如:国家机关颁布法规、政策使用命令,以保证其得以贯彻执行;各级党政组织使用章程、条例、办法来规范和监督组织成员的行为,促使其实现组织的既定目标。

在21世纪的今天,随着民众要求政府提高行政效率的呼声日益高涨和社会民主化进程的加速发展,公文传播的社会管理作用更加突出。近几年来,世界各国都非常关注电子政务的发展,从国际到国内、中央到地方政府,对电子政务的讨论、规划和建设形成了继电子商务之后的又一全球性高潮。美国的"无纸化政府"实现了对每个美国公民的电子化服务,提高了工作效率,节约了运作成本;英国的"电子政府"使得公众在同政府打交道就像看电视更换频道一样简单;韩国政府早在1994年就开始筹划国家公共部门信息化框架,制定统一的文件处理程序、格式,建立适合文件传递、处理的控制系统;日本也曾提出在 2003 年建成电子政务系统,完全用电子化手段处理各种行政事务……回看我国,从 20 世纪 90 年代开始,政府信息化的建设就开始围绕"通"进行,而现今正逐渐过渡到"云"的建设。从网络的连通、数据的整合,到"云"的出现与整合,政府信息化的建设是一个漫长而又快速发展的过程,正迈向新的里程碑。电子政府的建立拉近了公众与政府的距离,公文传播也理所当然地成为公众了解政府的施政活动和社会动态的主要方式。

党政机关、社会组织作用于社会或者说实施管理的方式大体可以分为三个层次:首先是现场的方式,即管理者直接面对公众及社会事务,通过语言的传递和交流,及时、准确地将自己的意志传达给受众,并力求对其产生影响。这种管理方式的优点在于管理的直接性,它可以在几乎没有中间环节的情况下实现有效的管理,目前备受社会推崇的领导现场办公就属于这种模式。但此种方式也有一个致命的弱点,它受到管理者数量的限制,随着管理范围的扩大,管理者几乎不可能出现在每一个角落,这就难免出现顾此失彼的情况,使有效的管理大打折扣。于是就出现了第二种管理的方式,即会议的方式。会议作为一种管理的方式,在聚众议事的前提下,实际上完成了这样一过程,即受众来到管理者身边。这种管理方式一方面克服了管理者数量的不足,另一方面,又可以使管理思想(包括决策、想法等)在更大的范围内传播,便于会后统一思想、统一行动。但会议也不能不受到召开的地域、时间和经费的影响,因而使受众受阻,无法亲自到场,使有效的管理难以实施。于是,就出现了第三种管理的方式,即公文的方式。公文传播的最大优势在于突破了管理活动的地域、层次和时间等因素的限制,更加准确、规范地传递管理指令及各种信息。也就是说,公文传播可以克服现场方式和会议方式的时空限制,为管理活动营造了一个广阔的空间。因此,公文传播也成为党政机关、社会组织有效的管理工具。此外,公文还具有很强的可塑性,即可以把社会组织的法定地位、管理风格、办事程序等要素通过每份文件表现出来,使管理更具权威性。正是由于公文传播的这些特征弥补了其他方式的不足,才赢得了其在社会管理活动中的重要地位。

四、宣传教育功能

公文既是推动工作的工具,也是向广大干部群众进行宣传教育,使他们提高认识、统一思想的武器。治理一个国家、管理一个企业,首先必须明确前进方向,统一奋斗目标。宣传和贯彻这一前进方向和奋斗目标,离不开公文的写作和传播。因此,宣传教育功能成为公文传播重要的传播功能之一。

行政公文带有很强的法规性、方针政策性和领导指导性,其本身就是对广大干部群众进行思想和政策宣传教育的。与此同时,党政机关、人民团体、企业事业单位通过行政公文传达、布置工作时,不是简单地强制,而是说理性的;不是"民可使由之,不可使知之",而是让上下级、有关干部群众和工作人员知其然又知其所以然。因此,公文本身就是一种宣传教育工具,宣传路线、方针、政策,宣传为什么要做、为什么要这样做的缘由。当然,这同报刊上的理论文章、新闻报道是不同的。大体说来,一些纲领性文件、重大政策性文件和党政领导同志的批示、指示,具有明显的宣传教育作用。有些公文,像传达党和国家方针、政策的,部署工作指导行动的,本身就是方针政策;还有些则是方针政策的具体体现,其中要阐明指导思想、讲清道理、说明做法,可以起到提高认识、统一思想的作用。所以,公文传播还是一个对广大干部、群众进行宣传教育的重要渠道。例如下例公文:

中华人民共和国国务院令

第 741 号

现公布修订后的《中华人民共和国民办教育促进法实施条例》,自 2021 年 9 月 1 日起施行。

总理　李克强

2021 年 4 月 7 日

中华人民共和国民办教育促进法实施条例

(2004 年 3 月 5 日中华人民共和国国务院令第 399 号公布　2021 年 4 月 7 日中华人民共和国国务院令第 741 号修订)

第一章　总　则

第一条　根据《中华人民共和国民办教育促进法》(以下简称民办教育促进法),制定本条例。

第二条　国家机构以外的社会组织或者个人可以利用非国家财政性经费举办各级各类民办学校;但是,不得举办实施军事、警察、政治等特殊性质教育的民办学校。

民办教育促进法和本条例所称国家财政性经费,是指财政拨款、依法取得并应当上缴国库或者财政专户的财政性资金。

第三条　各级人民政府应当依法支持和规范社会力量举办民办教育,保障民办学校依法办学、自主管理,鼓励、引导民办学校提高质量、办出特色,满足多样化教育需求。

对于举办民办学校表现突出或者为发展民办教育事业做出突出贡献的社会组织或者个人,按照国家有关规定给予奖励和表彰。

第四条　民办学校应当坚持中国共产党的领导,坚持社会主义办学方向,坚持教育公益性,对受教育者加强社会主义核心价值观教育,落实立德树人根本任务。

民办学校中的中国共产党基层组织贯彻党的方针政策,依照法律、行政法规和国家有关规定参与学校重大决策并实施监督。

第二章　民办学校的设立

……

第三章　民办学校的组织与活动

……

第四章　教师与受教育者

……

第五章　民办学校的资产与财务管理

······
第六章 管理与监督
······

其次，国家管理重要的是人的管理，而人有好坏之分，也有先进的、错误的人物之分。这就需要传播表彰先进、批评错误的公文，比如一些表彰性、批评性通报，奖励方面的决定等，皆与宣传教育紧密挂钩。其目的正是通过表彰先进、批评错误来教育广大干部和群众"见贤思齐"或引为鉴戒，同时发扬正气、打击歪风，改进和推动各项工作。例如下面两例公文：

国务院关于2019年度
国家科学技术奖励的决定
国发〔2020〕2号

各省、自治区、直辖市人民政府，国务院各部委、各直属机构：

为深入贯彻落实习近平新时代中国特色社会主义思想，全面贯彻党的十九大和十九届二中、三中、四中全会精神，坚定实施科教兴国战略、人才强国战略和创新驱动发展战略，国务院决定，对为我国科学技术进步、经济社会发展、国防现代化建设作出突出贡献的科学技术人员和组织给予奖励。

根据《国家科学技术奖励条例》的规定，经国家科学技术奖励评审委员会评审、国家科学技术奖励委员会审定和科技部审核，国务院批准并报请国家主席习近平签署，授予黄旭华院士、曾庆存院士国家最高科学技术奖；国务院批准，授予"高效手性螺环催化剂的发现"国家自然科学奖一等奖，授予"电化学表面增强拉曼光谱学研究"等45项成果国家自然科学奖二等奖，授予"复杂机场高精度飞行校验技术及装备"等3项成果国家技术发明奖一等奖，授予"农产品中典型化学污染物精准识别与检测关键技术"等62项成果国家技术发明奖二等奖，授予"海上大型绞吸疏浚装备的自主研发与产业化"等3项成果国家科学技术进步奖特等奖，授予"高品质特殊钢绿色高效电渣重熔关键技术的开发和应用"等22项成果国家科学技术进步奖一等奖，授予"优质早熟抗寒抗赤霉病小麦新品种西农979的选育与应用"等160项成果国家科学技术进步奖二等奖，授予马丁·波利亚科夫教授等10名外国专家中华人民共和国国际科学技术合作奖。

全国科学技术工作者要向黄旭华院士、曾庆存院士及全体获奖者学习，不忘初心、牢记使命，继续发扬服务国家、造福人民的光荣传统和追求真理、勇攀高峰的科学精神，坚持新发展理念，深入实施创新驱动发展战略，坚定不移走中国特色自主创新道路，着力实现原始创新重大突破，攻克关键核心技术，推动科技成果转化应用，加强科技创新开放合作，为建成创新型国家、加快建设世界科技强国，夺取全面建成小康社会伟大胜利、实现"两个一百年"奋斗目标和中华民族伟大复兴的中国梦作出新的更大贡献。

国务院
2020年1月7日

重庆市药品监督管理局
关于 12 批次药品不符合规定的通告

为了加强药品质量监督管理,规范市场秩序,保障公众用药安全,我局组织直属检查局和各区县药品监管部门开展药品抽检。经重庆市食品药品检验检测研究院等检验机构检验,标示为四川皓博药业有限公司等 11 家企业生产的 12 批次药品不符合规定。

一、经重庆市食品药品检验检测研究院检验,标示为四川皓博药业有限公司生产的草薢(批号:190701)鉴别(薄层色谱)不符合规定,标示为江西樟树成方中药饮片有限公司生产的制何首乌(批号:19080101)含量测定不符合规定,标示为河北全泰药业有限公司生产的山药(批号:2009003)性状不符合规定。

二、经重庆市万州食品药品检验所检验,标示为云南绿生中药科技股份有限公司生产的鹿仙草粉(批号:C190414)检查(装量差异)不符合规定,标示为贵州三仁堂药业有限公司生产的益脑片(批号:20190303)检查(装量差异)不符合规定,标示为成都市祺隆中药饮片有限公司生产的烫狗脊(批号:200201-03)含量测定、人参(批号:200301-02)检查(有机氯类农药残留量)不符合规定。

三、经重庆市永川食品药品检验所检验,标示为成都吉安康药业有限公司生产的牡蛎(批号:160101)性状和含量测定不符合规定,标示为宜宾仁和中药饮片有限责任公司生产的制何首乌(批号:190701)含量测定不符合规定,标示为凉山新鑫中药饮片有限公司生产的人参(批号:191101)检查(农药残留量)不符合规定。

四、经重庆市涪陵食品药品检验所检验,标示为广东德鑫制药有限公司生产的妇血安片(批号:190301)检查(重量差异)不符合规定,标示为沈阳红药集团股份有限公司生产的乳癖消片(批号:190209)检查(重量差异)不符合规定。

对以上不符合规定的产品,重庆市药品监督管理局已责成有关直属检查局和市场监管局采取查封、扣押、暂停销售、召回等必要的控制措施,依据相关法律法规进行查处。

附件:12 批次不符合规定药品名单

重庆市药品监督管理局
2021 年 4 月 2 日

以上两例公文中,《国务院关于 2019 年度国家科学技术奖励的决定》具有表彰性,而《重庆市药品监督管理局关于 12 批次药品不符合规定的通告》具有批评性。这些行政公文的传播对各级领导干部和广大人民群众起到了警戒和宣传教育的作用。

第四章 公文传播的符号和语言

第一节 符号和语言

一、符号

（一）符号的含义

21世纪以来，我国文化逐渐转向"高度符号化时代"，符号逐渐成为生产和消费的热点，针对符号的研究也不断深入。在对符号的研究中，符号学是什么是一个不可回避的问题。符号学作为一门独立的学科诞生于20世纪初，瑞士语言学家索绪尔在其《普通语言学教程》中首次提出了符号学的概念，而几乎在同时，美国实用主义哲学家皮尔斯通过对康德《纯粹理性批判》的研究也开启了符号学的研究。而到了1964年，法国文艺批评家巴特的《符号学原理》一书问世，标志着符号学作为一门学科的诞生。瑞士语言学家索绪尔和美国哲学家皮尔斯是现代符号学的两个主要创始人，其符号学的思想成为现代符号学思想的源头。索绪尔在《普通语言学教程》中写道："我们可以设想有一门研究社会中符号生命的科学；它将是社会心理学的一部分，因而也是整个心理学的一部分；我们管它叫符号学（sémiologie，来自希腊语 sēmeion）。它将告诉我们符号是由什么构成的，受什么规律支配。因为这门科学还不存在，我们说不出它将会是什么样子，但是它有存在的权利，它的地位是预先确定了的。"西方的符号学研究学者们通常将符号学解释为研究符号的科学，而被学界普遍接受的说法是：符号学是专门研究符号及其意指活动规律的科学。

中国的符号学研究经历了漫长的过程。1926年，赵元任在其长文《符号学大纲》中提出"符号学"这个中文词。在这篇文章中他指出："符号这东西是很老的了，但拿一切的符号当一种题目来研究它的种种性质跟用法的原则，这事情还没有人做过。"但在赵元任提出之后，此词并未引起学者的关注，在之后的几十年中也无人提及。而最早对"符号学"的介绍出现在20世纪五六十年代，目前已知的第一篇介绍是周熙良翻译的《论数理逻辑》。1961年贾彦德、吴棠翻译的《苏联科学院文学与语言学部关于苏联语言学的迫切理论问题和发展前景的全体会议》一文，算是将"符号学"一词正式化了。然而在之后的近二十年中，符号学的研究仍然沉寂。直到 1978 年符号学才重现于中文。真正中国学者讨论符号学的文章出现于 20 世纪 80 年代早期，如胡壮麟、岑麒祥、徐志民、徐思益等学者著文介绍索绪尔学说。而我国东方学家金克木 1963 年发表的《谈符号学》真正把符号学当作一门单独的学科来讨论。19 世纪 90 年代后，符号学在中国呈现爆发的形态。

就目前中外的符号研究来看，各学者对符号各有观点，其定义也各不相同，有着不同的侧重。符号的出现可以追溯到西方中世纪的古典时期，对符号问题的研究最早始于哲学领域，如柏拉图、亚里士多德都曾论及符号问题。在索绪尔的符号学思想中，符号是能指与所指结合的二元关系，能指是符号的形式，即符号可感知的部分。所指是符号的内容，也是符号所传递的意义。美国哲学家皮尔斯的符号三元关系理论中，根据与对象的关系，将符号从第一性、第二性和第三性分为像似符号、指示符号和规约符号。日本学者永井成男认为，只要在事物 X 和事物 Y 之间存在着某种指代或表述关系，"X 能够指代或表述 Y"，那么事物 X 便是事物 Y 的符号，Y 便是 X 指代的事物或表述的意义。中华人民共和国国家标准《GB/T 16786—2007 术语工作·计算机应用·数据类目》中将符号定义为用字母、数字、图符以及它们的任意组合来指称概念的形式。赵毅衡在《重新定义符号与符号学》中给出符号的定义，即符号是被认为携带意义的感知。意义必须用符号才能表达，符号的用途是表达意义。

（二）符号的特征

符号一般分为语言符号和非语言符号，从整体而言，符号具有其一般性特征。英国学者特伦斯·霍克斯对符号及其相关要素做了最全面概括。他认为："任何事物只要它独立存在，并和另一事物有联系，而且可以被'解释'，那么它的功能就是符号。"在这里，符号及其相关要素主要体现为三个特征：一是代表事物的形式，二是被符号指涉的对象，三是对符号的意义解释，也可以说成媒介关联物、对象关联物和解释关联物。

1. 物质性

不论是语言符号还是非语言符号，都有其物质形态，以一定的物质形式出现。语言符号有其文字等形式，而非语言符号在其视觉、听觉、嗅觉等感官系统作用下有其声形的物质外壳。符号是依附物质才能被人类所感知和认识，才能在社会上流通、传播和使用，例如纸、磁带、磁盘等载体，文字符号通过印刷在纸张上进行沟通和传播。同时，事物本身是物质，表示它的符号也是物质。例如，花这种植物和用语言表达它的声符"hua"及用文字表达它的形符"花"三者都是表达同一事物"花"的不同符号。在这里，实物"花"、声符"hua"和形符"花"三种符号都是物质形态，所以说符号具有物质性。符号通过物质化的形态为受众的获取、接收以及传播奠定了基础。部分符号在语言环境下具有多种意义，而符号的物质性特征也有利于不同意义的区分和理解。

2. 指代性

符号是具有意义的内容。在索绪尔的现代符号学思想中，符号是能指与所指的集合，而能指即符号的物质外形，所指是符号的隐性思想和意义，在符号的二元关系中，能指与所指的关系具有一定的指代性，简单来说，即符号负载着在其表面之下的其他意义。

例如在中国俗语"赠人玫瑰,手有余香"中,玫瑰的所指即"玫瑰"这种花,但在中国的语境下,这里的玫瑰指代着"帮助",即"帮助他人,自己也会受益"。国际中通常用白鸽指代"和平",点头表示"赞同",而摇头代表"拒绝",又如社会中一般将穿裙子的默认为是女性,而穿裤子的默认为男性等。

3.任意性

符号的能指和所指不是自然存在的,形态和意义两者的连接存在一定的人为约定,例如"红灯停、绿灯行",红灯与停和绿灯与行之间的关系,又比如"授人以鱼不如授人以渔"这句话中,鱼与知识和渔与学习知识的方法之间的联系,都是通过约定俗成而实现的,索绪尔把这种连接关系称为任意性。因此,符号的任意性指符号的物质形态和意义之间的联系是通过人们约定而形成的,人赋予了符号一定的隐性内涵。在此基础上,符号的任意性一定程度上还指约定的意义是广泛且公认的,具有一定的稳定性,并不能随时且随意进行改动,在索绪尔看来,符号的意义虽然会有历时的变化,在共时上却是固定的。

二、语言

(一)语言的含义

语言学,顾名思义,就是以人类语言为研究对象的科学,主要讨论语言的本质、特点、功能以及语言的结构等问题,并力图从理论中进行总结和阐释,从而揭示语言的共同规律。语言学研究范围广阔,不仅研究现代人们使用的语言,而且还研究古代语言及其发展变化,同时,语言学的研究历程也十分悠久,有着漫长的历史。

在人类文明进程中,语言很早就吸引了众多学者对其进行探讨,语言学也经历了语文学、传统语法、历史比较语言学、结构语言学以及生成语言学几个历史阶段。公元前4世纪至公元前3世纪,古代印度和希腊的学者就开始研究具体语言的语法问题。公元前4世纪,印度人波尼尼在解释《吠陀》中总结分析了古梵文的语法规律,并归纳成《梵语语法》,该书建立了一套较为完整的梵语语法体系,对后世语言学的研究产生了重要影响。同时期,柏拉图、亚里士多德等哲学家和语文学家对语言的起源、语法理论等的讨论也取得了一定成就。从公元前3世纪开始,希腊、罗马人基于对语言的需要,逐渐开始了对语法的系统化研究。希腊人狄奥尼修斯·特拉克斯编写了第一部希腊语语法著作《希腊语语法》,罗马人瓦罗编著了《拉丁语语法》,随后,对语言的研究逐渐拓展到阿拉伯语等语言系统。在西方,18世纪以前的语言研究主要是围绕古代文献进行的,研究对象及方法都与独立学科的语言学研究存在差别,因此被称为前语言学阶段,即语文学。到了18世纪下半叶,一些欧洲的语言学家通过历史比较的方法对语言进行研究,从而产生了历史比较语言学。之后,随着语言学的逐步完善,其理论体系也逐渐建立起来,直至19世纪,历史比较语言学诞生,语言研究站上新起点,语言成为学者独立研究的对象,语言学也成为一门独立的学科。而19世纪以前的语文学和19世纪后的历史比较语言学通常被划分为传统语言学,而20世纪初,以瑞士语言学家索绪尔的《普通语言学教程》为标志,语言学发展进入现代语言学时期。

公元前 600 年至公元前 300 年,语言学有 3 个中心,分别为中国、印度和希腊。中国对语言的研究可以追溯到春秋战国时期,传统的中国语言研究是以书面文献作为研究对象的,形成了文字学、音韵学、训诂学三门分支,总称为"小学"。

先秦时代,孔子只偶尔谈到语言问题。他说,"辞达而已矣"。墨子、荀子谈及更多,《荀子·正名篇》中说,"名无固宜,约之以命。约定俗成谓之宜,异于约则谓之不宜",这与索绪尔在现代语言学中语言符号的任意性观点基本一致。墨子多谈语言与逻辑的关系,这既是古代希腊哲学家所注意的问题,也是现代语言学家所常常讨论的问题。中国的文字学和词典学,包括字典学起源最早,地位也特别重要,因为汉字形体各异,数目也多。在春秋战国至秦汉之间,就连续编出了《仓颉篇》《急就篇》等识字课本用以教学。在秦汉之间,《尔雅》作为我国第一部词语训释专书出现。东汉中期,许慎编著的《说文解字》出现,这本书分析字形,考究字源,注出字音,解释字义,是一部系统严密的辞书,也是我国第一部字典。清代末年,甲骨文被发现,对甲骨文字的研究成为古文字学的热点,并促进了金文、战国文字及篆书等的研究。1898 年,中国第一部语法专著《马氏文通》的出版标志着中国现代语言学的成立。

语言是语言学的核心,而语言又是什么? 在语言的产生过程中,劳动决定了语言的需要,为语言的产生创造了可能性,因此劳动创造了语言,而对于语言的定义,语言学者们有各自的侧重。戴炜栋通过语言的系统性、有声性等特点将语言总结为一种由具有任意性的有声符号组成的人类所特有的用于交际的系统。

(二)语言的特征

1.特有性

语言是人类所特有的。虽然动物之间也有其用于联络的手段,例如鸣叫、肢体动作等,但这与人类语言存在根本性区别,也不能称之为语言。首先人类的语言音节分明,有多个固定的表义单位,且单位之间明晰可辨,而动物的联络方式无法区分出明确的单位。其次,人类语言是由音义结合而构成的符号系统,由语音、语义、词汇等内部元素按一定的秩序有机结合而成。最后,人类语言可以被传授;而动物则是遗传性本能。因此,语言具有特有性。

2.符号性

语言是一种音义结合的符号,语言用人发出的不同声音来表示客观世界和主观世界中的万事万物,它也是一种符号。语言也是一种符号系统,语言系统中音素、音节、音位等元素按一定的秩序组织起来构成语言系统,而语言的层级关系、组合关系和聚合关系也维持了语言系统的秩序。

3.系统性

语言的系统性指的是语言的规则。语言是在一定的规则和秩序下形成的统一整体,无论是单词的拼写还是发音,或者是短语和句子的构成,每一环节的运行都遵循着语言系统的内在规律。首先,语言的各个构成要素之间的相互联系,语音系统、词汇系统、语法系统都是互相关联,互相影响的,比如"网",过去指的是渔网、蜘蛛网、情报网这样的意义,现在增加了"网络"这样的意义,比如"网校、网友、网民、网站"等,意义发生了变化,语法组合功能也发生了变化,比如"上网"。其次,语言要素内部各个单位之间的相互联系,这些单位互相影响,例如语音系统中的音位与音位之间相互影响,其相互的组合关系和聚合关系也是有规律的。最后,各个单位之间的组合具有功能上的联系,同时一个单位具有某种功能,往往有许多具有相同功能的单位形成一个聚合,可以互相替换,每一个词都处于组合与聚合的焦点上,既可以同别的单位组成更大的结构,又可以被别的单位替换。语言单位的组合与聚合体现了语言的系统性。

4.任意性

语言被用来表达观点和描述事务,在这个角度上,语言可以指代客观世界和虚拟世界的事物,但这被指代事物与语言的连接是人们约定形成的,声音与意义的结合是任意的,二者没有本质的、必然的联系,这些语言符号与它们所代表的事物或概念之间不存在自然的必然联系。这也就是不同的语言中对同样事物却有不同符号与之对应的原因。例如人们通常用液体来表述一种处于流动状态的事物,但是液体和流动的事物之间的联系并不是天然的,而是人为约定的结果。

5.社会性

语言是一种社会现象,同时也服务于社会。语言的产生和存在都与社会存在不可分割的关系。语言和社会相互依存,语言随社会而产生,也依附社会而发展,而社会的每一个环节也需要依靠语言来进行,且语言是为了适应社会劳动、交际等需要产生的,之后也以其特有的交际功能为社会服务。社会性是语言的本质属性。语言是人类最重要的交际工具,它存在于运用之中。运用中的语言是人类组成社会的条件之一,是社会成员之间最重要的联系纽带,因而它和社会的发展息息相关。随着社会的发展,新事物、新概念层出不穷,人们的思维越来越细致复杂,这些都会推动语言不断丰富词汇,改进语法。社会的发展变迁必然会在语言的词汇里留下反映各个时代特色的词语,起着历史见证的作用。不同社会的联系、交往、接触也必然会推进语言的发展。同时,中国在和世界各国人民的交流交往中也会吸收借鉴许多外来语言表达。

三、符号与语言的关系

索绪尔是现代语言学之父,也是现代符号学的创始人之一,1894 年,在一篇有关惠特尼(W. D. Whitney)的未完成的论文里,索绪尔开始用 sémiologie 这一术语,提出"特定的符号学就是语言"。[①] 对于语言和符号的关系,索绪尔主要有两个观点。

第一个观点是语符在系统中密切相关。在《普通语言学教程》中,索绪尔指出,语言学是符号学的一个分支。语言是一个表达观念的符号系统。在此符号系统中,各个要素之间是彼此关联、互相联系的,而绝不是孤立存在、毫不相干的。语符要素之间的关系有两种:一是线性的按照序列排列的组合关系,它存在于话语之中,是同现的;二是存在于大脑中的不是即时的而是潜在的联想关系,它顺序不定,数目不限。联想是多维的,可以从词根、词缀、词意等方面展开。"因此,有时是意义和形式都有共同性,有时是只有形式

---

① 屠友祥.索绪尔"符号学"设想的缘起和意图[J].浙江大学学报(人文社会科学版),2005,35(5):34-42.

或意义有共同性。任何一个词都可以在人们的记忆里唤起一切可能跟它有这种或那种联系的词。"

第二个观点为存在于系统中的语符价值源自对立。索绪尔说:"语言的特征就在于它是一种完全以具体单位的对立为基础的系统。"具体单位之间的差异或对立导致价值的产生,或者说,每一单位的自身价值生发于它与其他语言单位的不同。索绪尔之所以强调对立就在于他认为对立"可以使我们对其中每一类的性质有更好的了解"。索绪尔借助于对立生发价值这一观点,试图从语符系统中界定语言的构成单位,讨论每一单位的关系,再进而论述整个语言的系统性和整体性。他认为,语言是一个由相互依赖的词组组成的系统。在这个系统中,一个词的价值只能由其他词的同时存在而获得,孤立地看一个词是不可能获得这个词的价值或意义的。没有对立,很难确定一个词语的身份特征,很难知道一个词语的价值或意义。然而,这种对立不是绝对的对立,而是一种关系系统中的对立。

简言之,索绪尔的语符关系观既强调语符要素的相互依存又强调要素之间的对立,因为只有对立或差异才能使我们分清不同的要素,从而更好地理解它们的意义。对立是关系系统中的对立,价值源自对立。中国传播学研究学者胡正荣曾在其《传播学总论》一书中描述语言和符号:语言是人类社会中最重要的符号系统,它是人们进行交流、沟通的最主要的工具。语言是伴随人类社会的产生而形成的,是人们在长期的社会交往中约定俗成的,以语言和字形为物质外壳,以词汇为建筑材料,以语法为结构规律的符号系统。[1]

公文符号和公文语言也是相辅相成的两个事物。在应用实践层面,公文符号使得公文语言的表达更加简洁,但又让语言文本更为完整,使公文的写作和传播更加完善,更为系统化,更具有权威性。从学术层面而言,公文符号增强了公文语言的学理性,在高度符号化时代,提升了学者们对公文语言研究的兴趣,同时推动了公文传播的学术化研究。对于公文符号而言,公文语言是对其内涵的丰富,使得符号意义的表达成为现实,为公文符号的形成、发展以及研究提供了基础和可能性。从对立角度而言,公文符号和公文语言的差别强化了二者的价值,在公文系统中,二者的合理运用可以有效推动公文传播的发展和进步。

第二节　公文传播的符号系统

一、概述

(一)公文符号的含义

在探讨公文符号之前,首先需要明确公文的概念。《应用写作》一书中提到,广义的

---

[1]　胡正荣.传播学总论[M].北京:北京广播学院出版社,1997.

公文是党政机关、社会团体、企事业单位等合法组织办理各种公务时使用的具有特定效力和规范格式的应用文书,是传达贯彻党和国家的方针、政策,发布法规和规章,实施管理,规范行为,融洽工作,记载和传递公务信息等的重要工具。而狭义的公文是由党中央、国务院共同批准颁布的党的机关公文和国家机关使用公文,它是法定公文,其法定依据是中共中央办公厅、国务院办公厅 2012 年 4 月 26 日印发的《党政机关公文处理工作条例》。从载体而言,我国公文经历了甲骨公文、金文公文、石刻公文、简牍公文、缣帛公文、纸质公文、磁介质公文、感光介质公文以及电子公文九种物质形态。我国公文最早在3500 年前就已形成,中国古代公文中,先秦时期产生了最初的公文和最早的公文典籍《尚书》,秦汉时期确立了公文体制和较为完整的公文工作系统,秦汉之后公文的文种、体式以及制度都逐渐完善。中国近代公文随着战争等因素产生了变化,不论是格式、文风、内容、处理机构等都随时代更替有所变革。在前人的基础上,中国现代公文在经历初创阶段、完善阶段和曲折发展阶段后,已经逐渐走向完善,公文的处理工作也日臻完善。据目前的最新规定,法定公文主要为通知、命令、公告等 15 种类型,在公文的实际应用中,使用了大量的符号语言,即公文符号,因此,公文符号指公文中的符号,是公文在写作与传播过程中使用到的具有外在物质形态和内在意义的事物。

英国学者查尔斯·奥格登和艾弗·理查兹提出语义三角图,即符号是思想的直接现实,符号将意义用词、句记录下来,思想与符号、指说对象有着直接的关系,但符号与指说对象之间没有必然的、直接的关系。与索绪尔的语言符号理论相比,有学者提出索绪尔的符号学思想已经蕴含语义三角理论的基本思想于其中,语义三角理论是对索绪尔二元符号观的继承与发展。图示如下:

从公文而言,公文传播中使用的不同符号都归从于符号系统,例如文字符号"通知",通知的词汇文字本身即是一种符号呈现,而通知又是指说对象,即发布、传达要求下级机关执行和有关单位周知或者执行的事项,批转、转发的公文,而其中又蕴含着知晓性、权威性等内涵。

(二)公文符号的特点

公文作为我国的法定文书,具有政治性、公务性、法定性、规范性和时效性的特点。而公文符号在公文漫长的应用历程中也衍生出自身的特点。

1. 规范性

公文必须按照党和国家领导机关批准并发布的公文规范制发,不得擅自改变,而公文符号也是如此。在公文中,公文符号的使用也要在一定的要求规范下进行,例如"命令(令)",命令(令)是公文的一个文种,但更隐含着一定的意义,在中国传统语境中,命令通常是上级单位对下级单位发布传达相关事宜的文件,而其作为自上而下的一种强制性的符号出现,按规定用于公布行政法规和规章、宣布施行重大强制性行政措施、批准和授予晋升衔级、嘉奖有关单位和人员等情况,需要在规范下使用。

2. 政治性

公文要传达、贯彻党和国家的路线、方针、政策、法规与规章,实施领导与管理,体现和反映党和国家机关的政治意向、指挥意志、行动意图,维护党和政府的权威以及它所代表的人民群众的根本利益,因而具有鲜明的政治性。公文符号作为公文传播中的一个环节更是不能脱离其政治属性,在其内容、主题、形式等方方面面都具有强烈的政治性特点。

3. 约定性

索绪尔认为,符号的能指与所指之间没有内在的联系。讲英语的人用"tree"这个词语来统称木本植物,讲法语的人用的是"arbre",而讲中文的人则用"树",这就是所谓的约定俗成。如此定义能指与所指的关系,索绪尔实际上就意义源于名称还是实在这一古老争议表明了自己的立场。与历史上所有唯名论者一样,他坚持"名称与具体事物的对应只是出于那些使用它们的人所建立起来的习惯和风俗,并非自然而然"。与其他符号相同,公文符号与其意义的结合也是在人们约定下形成的,从1996年5月3日中共中央办公厅发布的《中国共产党机关公文处理条例》到2000年8月24日国务院发布的《国家行政机关公文处理办法》,再到2012年4月6日中共中央办公厅、国务院办公厅印发的《党政机关公文处理工作条例》,都是人为约定下的符号形态与意义。

(三)符号系统

系统是指性质相同或类似的事物按一定秩序和内部联系组合而成的整体。符号系统也是如此,即符号系统是符号按一定内部规律和秩序组合而成的整体。而依据不同符号系统的能指与所指以及它们的表征和意指方式,目前的符号系统主要分为动物符号和人类符号,在人类符号下又划分出自然符号与人工符号,而目前被广泛接受的语言符号和非语言符号两类则是人工符号之下的系统分类。

对于符号系统,系统内部井然有序,各符号相互依存,且都具有"二元"或"三元"结构。同时,符号系统是借助编码组织起来的,编码作为一种符号行为,在特定的符号对象领域里,应用某种规则把能指和所指结合起来,并在能指和所指的关系上体现符号的意指作用,而在这里,规则是至关重要的,没有规则便没有编码。符号系统间的转换必须通过翻译。符号学中的翻译不同于语言的翻译,指的是任何两个符号系统间的转换。

二、文字符号

(一)文种

1. 名称

命令(令)。适用于公布行政法规和规章、宣布施行重大强制性措施、批准授予和晋升衔级、嘉奖有关单位和人员。命令(令)主要包含发布令、行政令、任免(授衔)令、嘉奖令、通缉令、赦免令等,而在命令(令)作为实用功能符号的背后,意指层级关系结构下的强制性要求,带有强烈的权威色彩。

议案。适用于各级人民政府按照法律程序向同级人民代表大会或者人民代表大会常务委员会提请审议事项。议案是中国根本政治制度即人民代表大会制度下，中国人民民主专政的政权组织形式的具体实践，议案作为公文种类之一的能指，其所指是对国家的一切权力属于人民和民主集中制原则的坚持和践行。

公告。适用于向国内外宣布重要事项或者法定事项。公告主要有两种，一是宣布重要事项，如最近中国将在东海进行地对地导弹发射训练；二是宣布法定事项，如宣布某项法规或规章，宣布国家领导人选举结果，同时，公告必须由特定的国家机关制发，涉及内容重大而且多能引人关注，即在公而告之的基础上，公告代表着所告知信息的重要程度和事件的重大性。

通告。适用于在一定范围内公布应当遵守或者周知的事项，通告的周知性较强，适用机关范围最大，各种机关单位都可以发布。内容有时具有专门性，而事项则更一般化。发布方式多种式样，可张贴，也可在报刊、电台发布。同时，通告蕴含着由上至下的行文内涵。

通知。适用于发布、传达要求下级机关执行和有关单位周知或者执行的事项，批转、转发公文。通知的应用广泛，下达指示、布置工作、传达有关事项、传达领导意见、任免干部、决定具体问题等，都可以用通知，上级机关对下级机关可以用通知，平行机关之间有时也可以用通知。通知主要分为发布性通知、批转性通知、转发性通知、指示性通知、任免性通知以及事务性通知六类。《福惠全书.卷九.编审部.立局亲审》中的一句内容为：所有生员，非系本身之事，不得代人呈禀，亦宜揭示通知。而白居易在《扬孝直除滑州长史制》中写道：专习武经，通知吏事。此处的通知分别呈告知、通晓之意，结合公文的应用，通知的背后更为强调发文对象即受众的知晓。

通报。适用于表彰先进、批评错误、传达重要精神和告知重要情况，多用于行政机关，党务机关及人大使用，主要分为表彰性通报、批评性通报、情况类通报，其主要特点为知照性、典型性以及导向性。与其他公文相比，通报更加重视消息的传递，即传播过程。

决定。在汉语语境下，决定指做出主张，某事物成为另一事物的先决条件，起主导作用。语出《史记·龟策列传》："王者决定诸疑，参以卜筮，断以蓍龟，不易之道也。"在公文中，决定适用于对重要事项作出决策和部署、奖惩有关单位和人员、变更或者撤销下级机关不适当的决定事项，同时，决定可以作为行政规范性文件制订的依据，具有权威性、指导性、稳定性和长远性。

报告。适用于向上级机关汇报工作、反映情况，回复上级机关的询问。报告具有内容的汇报性、语言的陈述性、行文的单向性、成文的事后性以及双向的沟通性五个特点，报告在公文文种的基础上，强调的是一种由下至上的行为。

请示。适用于向上级机关请求指示、批准。请示是下级机关或个人主动征求领导意见的一种手段，目的在于得到上级机关的支持和批准，进而解决问题，推进工作的开展。因此，请示具有呈批性和期复性的特点。同时，请示必须是下级机关向上级机关的行文，请示的问题必须是自己无权作出决定和处理的和必须是为了向上级请求批准三个条件，可以看出，请示虽然是一个由下至上的行为，但其隐含的是一个双向互动的过程。

批复。适用于答复下级机关的请示事项。其特点有三个,分别为行文具有被动性、内容具有针对性以及效用的权威性。复始见于商代甲骨文,形声字,本义为返回,后引申为恢复、答复、重复等。在现代汉语中,动词的复有告诉、回答、回复的含义。而批复既是公文的一种,也是由上级对下级的行为动作,展现的是在下级请示后,上级进行回复的动态过程。

函。"函"字的本义是指"装件的袋子",由此就引申出了装信的"信函""信封"等义。后来又由"信函"引申出包裹物件的东西,如"匣子"等。后来又由"信函"引申为"信件"。现代汉语中有"公函""来函""函告"之称。公文中,函是指不相隶属机关之间商洽工作、询问和答复问题、请求批准和答复审批事项时所使用的公文,适用于不相隶属机关之间商洽工作、询问和答复问题、请求批准和答复审批事项,有着多样的行文关系。

纪要。顾名思义,即用文字记录的要点。公文的纪要适用于记载会议主要情况和议定事项,是具有指导性的公文,既可上呈又可下达,主要作用是沟通情况、交流经验、统一认识、指导工作,主要特点是纪实性、概括性、称谓语的规定性。

决议。决议是指多个主体根据表决原则做出的决定,具体是指党的领导机关就重要事项,经会议讨论通过其决策,并要求进行贯彻执行的重要指导性公文。一般具有权威性、指导性和约束性。适用于会议讨论通过的重大决策事项。决议是讨论的结果,其作为公文符号的同时展现的是我国政治的民主性和权威性。

意见。意见的本意是人们对事物所产生的看法或想法,多代表的是个人主观意念上对客观事件或人物的见解,带有较为强烈的主观意愿和色彩,但意见并不代表建议,通常只是表达自己的观点,要落到实处,还需要从实际情况出发进一步规划和整理。而公文中的意见多用于对重要问题提出见解和处理办法,既成为下级向上级或向平级机关提出解决有关重要问题的见解和处理办法等方面建议的渠道,又成为上级在发现下级遇到有关重要问题时,提出见解和办法措施,对下级予以指导的途径。

公报。是一种适用于公布重要决定或者重大事项的公文文种,具有庄严性、告知性和新闻性,重要的公报还有影响的深远性。

2.类别

按照不同的标准,公文可划分为不同的种类。但主要依据行为关系,可分为上行文、下行文、平行文。

上行文。下级机关向上级机关传递的公文,如报告、请示、意见、部分函等,在行文关系上,反映的是不同的层级关系,而上行文则是自下而上的表达。

【例文】

2021年4月社会融资规模增量统计数据报告

初步统计,2021年4月社会融资规模增量为1.85万亿元,比上年同期少1.25万亿元,比2019年同期多1 797亿元。其中,对实体经济发放的人民币贷款增加1.28万亿元,同比少增3 399亿元;对实体经济发放的外币贷款折合人民币减少272亿元,同比多减1 182亿元;委托贷款减少213亿元,同比少减366亿元;信托贷款减少1 328亿元,同比多减1 351亿元;未贴现的银行承兑汇票减少2 152亿元,同比多减2 729亿元;企业债券净融资 3 509 亿元,同比少 5 728 亿元;政府债券净融资 3 739 亿元,同比多 382 亿元;非金融企业境内股票融资 814 亿元,同比多 499 亿元。

注1:社会融资规模增量是指一定时期内实体经济从金融体系获得的资金额。数据来源于中国人民银行、中国银行保险监督管理委员会、中国证券监督管理委员会、中央国债登记结算有限责任公司、银行间市场交易商协会等部门。

注2:2019 年 12 月起,人民银行进一步完善社会融资规模统计,将"国债"和"地方政府一般债券"纳入社会融资规模统计,与原有"地方政府专项债券"合并为"政府债券"指标,指标数值为托管机构的托管面值;2019 年 9 月起,人民银行完善"社会融资规模"中的"企业债券"统计,将"交易所企业资产支持证券"纳入"企业债券"指标;2018 年 9 月起,人民银行将"地方政府专项债券"纳入社会融资规模统计;2018 年 7 月起,人民银行完善社会融资规模统计方法,将"存款类金融机构资产支持证券"和"贷款核销"纳入社会融资规模统计,在"其他融资"项下单独列示。

注3:文内同比数据为可比口径。

下行文。上级机关向下级机关传递的公文,如命令(令)、决定、公告、通知、通报、批复、公报、决议,多数通知、纪要,部分意见、函等。下行文是从上至下的发文,在其背后蕴含的是带有强制性的硬性要求。

【例文】

交通运输部关于印发
《港口及其一线人员新冠肺炎疫情防控工作指南(第六版)》的通知
交水明电〔2021〕31 号

各省、自治区、直辖市交通运输厅(局、委),长江航务管理局、珠江航务管理局,各直属海事局:

为贯彻落实党中央、国务院决策部署,按照"外防输入、内防反弹"要求,继续强化"人物同防",有效应对新冠肺炎疫情在全球蔓延,特别是因船员换班、国际航行船舶船员感染和进口冷链食品以及进口高风险非冷链集装箱货物造成港口一线人员和登轮人员感染的风险,进一步抓紧抓实抓细境外疫情输入防控工作,强化对疫情防控工作的指导,部组织修订形成了《港口及其一线人员新冠肺炎疫情防控工作指南(第六版)》(以下简称《指南》),现印发给你们。

请各单位高度重视,及时做好宣贯,将《指南》最新要求传达到引航机构、港口企业、船舶代理、船舶燃油供应企业、理货公司等有关企业,进一步加强现场巡查和监督检查,指导督促有关企业切实落实主体责任,把保护一线人员措施要求落实到位。各单位在执行过程中如有意见、建议,请及时反馈。

交通运输部
2021 年 5 月 21 日

平行文。向平行机关或不相隶属机关传递的公文。如部分议案、通知、函、纪要等。不同于上行文和下行文,平行文受到较低的层级关系约束,具有更高的沟通性和交流性。

【例文】

国务院办公厅关于同意调整完善

民办教育工作部际联席会议制度的函

国办函〔2021〕38 号

教育部：

你部《关于调整民办教育工作部际联席会议制度职能及成员单位的请示》（教发〔2021〕2 号）收悉。经国务院同意，现函复如下：

国务院同意调整完善民办教育工作部际联席会议制度职能和成员单位。请按照党中央、国务院有关文件精神认真组织开展工作。

附件：民办教育工作部际联席会议制度

国务院办公厅

2021 年 4 月 4 日

（二）要素

1. 份号

公文印制份数的顺序号。不同的份号代表该份公文在全部公文中的位置，也隐含着该份公文所发送对象的信息。涉密公文应当标注份号。

2. 密级和保密期限

公文的秘密等级和保密的期限。涉密公文应当根据涉密程度分别标注"绝密""机密""秘密"和保密期限。不同的秘密级别也代表着该文件的重要性和隐秘性。

3. 紧急程度

公文送达和办理的时限要求。根据紧急程度，紧急公文应当分别标注"特急""加急"。紧急程度越高，对发文的及时性要求越高，对发文效率的要求也更为迫切。

4. 发文机关标志

由发文机关全称或者规范化简称加"文件"二字组成，也可以使用发文机关全称或者规范化简称。联合行文时，发文机关标志可以并用联合发文机关名称，也可以单独用主办机关名称。发文机关不仅是公文的发出单位，更是公文的责任机关，需要对所发出的公文承担责任。

5. 发文字号

由发文机关代字、年份、发文顺序号组成。联合行文时，使用主办机关的发文字号。发文字号在一定情况下能够代表该公文的重要程度和受重视程度，例如中央一号文件，中央一号文件原指中共中央每年发布的第一份文件，中共中央在 1982 年至 1986 年连续五年发布以农业、农村和农民为主题的中央一号文件，对农村改革和农业发展作出具体部署。2004 年至 2021 年又连续十八年发布以"三农"为主题的中央一号文件，强调了"三农"问题在中国特色社会主义现代化时期"重中之重"的地位，因此，中央一号文件也逐渐成为我国重视农业问题的展示。

6. 签发人

在行文中，是指上行文，也就是报送上级机关的公文中，发文机关的负责人签署姓名,同时也是该份公文的负责人,需对该文件负责。

7. 标题

在任何文章中,标题都代表了文章的开始,而公文中,标题由发文机关名称、事由和文种组成,也是公文主体的开始。

8. 主送机关

公文的主要受理机关,应当使用机关全称、规范化简称或者同类型机关统称,不同的行文目的影响主送机关,而不同的文种也对主送机关有要求,例如下行文中,主送机关为级别低于发文机关的单位。

9. 正文。 公文的主体,用来表述公文的内容,反映文件的核心精神,是公文最为重要的板块之一。

10. 发文日期。 署会议通过或者发文机关负责人签发的日期。联合行文时,署最后签发机关负责人签发的日期。发文日期也代表着该公文的生效时间。

11. 抄送机关。 除主送机关外需要执行或者知晓公文内容的其他机关,应当使用机关全称、规范化简称或者同类型机关统称。公文抄送的机关是发文机关的同级或下级机关。

(三)数字

公文中的数字主要涉及阿拉伯数字、小写汉字数字和大写汉语数字三种。其中,小写汉字数字通常是指"一、二、三、四、五、六、七、八、九、十",大写汉语数字"壹、贰、叁、肆、伍、陆、柒、捌、玖、拾"等,阿拉伯数字主要指"0、1、2、3、4、5、6、7、8、9"。不论是汉字数字,还是阿拉伯数字,在公文中的使用都具有严格的规定和统一的用法。

1. 阿拉伯数字

公历世纪、年代、年、月、日和时刻均使用阿拉伯数字。年份要写全数,不能简化、省略。如:公元前 18 世纪;20 世纪 80 年代;2006 年 12 月 31 日;13 时 40 分 50 秒;2007 年。

物理量数值必须使用阿拉伯数字,并正确使用法定计量单位。如:700 kg、82 cm、30 ℃等,且多位的阿拉伯数字不能换行。非物理量数值一般情况下应使用阿拉伯数字,如 500 元、12 个月、50 名。

计数与计量和统计表中的数值,如正负整数、小数、百分比、分数、比例等,必须使用阿拉伯数字。例如,18、-29、-23.5、56%、1/9、1∶700 等。

代号、代码和序号。部队番号、文件编号、证件号码和其他序号均应用阿拉伯数字,如:中国电信〔2010〕7 号文件;37/38 次特别快车;期刊号 CNll—1000/D;邮发代号 37—1;95 号汽油;HP-5100 型打印机;维生素 C_2 等。

引文标注中的版次、卷次、页码,除古籍应与所据版本一致外,一般要使用阿拉伯数字。如《应用写作》第 1 版,重庆,西南师范大学出版社,2002 年 8 月。

机关公文中的附件序号和页码标识当使用阿拉伯数字,如"附件 1""第 1 页"。

2. 汉字数字

公文中作为定型的词、词组、惯例语、缩略语、具有修辞色彩的词语中作为词素须使用汉字。例如:一律;一方面;十滴水;四氧化三铁;第四季度;八国联军;第三世界;八九不离十;相差十万八千里。

邻近的两个数字并列连用表示概数时,应使用汉字,并且两个数字之间不能用顿号"、"隔开,例如:三四天;五六米;七八十岁;一二百套。

带有"几"字的数字表示约数,必须使用汉字,例如:十几天;几十年;一百几十次;几十万分之一。

整数一至十,如果不是出现在具有统计意义的一组数字中,也可以用汉字,但要注意照顾到上下文的统一,例如:一个人;四本书;六辆车;读了十遍;八个百分点

含有月日,简称表示事件、节日和其他意义的词组须使用汉字。如果涉及一月、十一月、十二月等因数字的重复性或连续性可能引起歧义的,要将表示月和日的数字用间隔号"·"隔开,并加引号。如:"一·二八"事变(1月28日)、"一二·九"运动(12月9日)。涉及其他月份的,不必使用间隔号,但是否使用引号,则视事件的知名度和社会的习惯性使用而定。如"五四运动""五一国际劳动节""九一三"事件、"七七事变"等。

中国历史纪年、干支纪年、夏历月日、各民族非公历纪年的表述,应使用汉字数字。如:万历十五年、丙寅年九月二十三日、戊子年四月十七日、腊月初八、正月十五、藏历阳木龙年八月二十六日等。

星期、季度的表述及规范化简称、统称用语需使用汉字数字,如:星期一、星期六、第二季度、第四季度、二万五千里长征、十六届四中全会、七届三中全会等。

公文中部分结构序数须使用汉字。如一、(一)等。

3.可灵活变通掌握使用的情况

使用阿拉伯数字或汉字数字,有的情形选择是唯一而确定的,有的如遇特殊情形,为避免歧解,也可以灵活变通使用。

用"多、余、左右、上下、约"等字表示的约数一般使用汉字数字。但如果公文中出现一组具有统计和比较意义的数字,其中既有精确数字,也有约数时,为保持公文局部体例上的统一,其约数也可以使用阿拉伯数字。

标题涉及数字时,可以根据版面实际需要和可能,灵活掌握使用阿拉伯和汉字数字。

(四)文字规格

字体/字号	3 号字	2 号字
黑体	标识秘密等级和保密期限、正文小标题、主题词	
小标宋体	主题词、词目	正文标题
仿宋	发文字号、正文、发文机关标识、抄送机关、签发人、附件、其他	
楷体	签发人姓名	

三、印章与色彩

(一)印章的形状

圆形。圆形印面,开始于先秦,历朝历代均有使用。该形状的印章被先秦少量的官

私印所用,秦私印中也不乏所见。1993 年,国务院印发的《国务院关于国家行政机关和企业事业单位印章的规定》中规定,国家行政机关和企业事业单位、社会团体的印章为圆形。同时在《社会团体印章管理规定》中规定,社会团体的印章为圆形。

椭圆形。椭圆印面,始于先秦的私印,秦朝的私印通常也使用椭圆形。在当今社会,椭圆形用章多为各类业务专用章,如收款、发票、验收等,且中外合资(合作)、外商独资经营企业和个人执业印章的印章规格多为椭圆形。

方形。历代印章的形制,正式的大致就是方形的或长方形的两种,方形的最常用。方形印章主要分为正方形的印章和长方形的印章。方章多为私章,包括个人章、名称章等。方章有的也可以作为企业财务章,但多作为人名章使用。

三角形。在中国的印章使用中,三角形的印章一般用于转讫和办讫,或者是用于警告、查封、密封等特殊用途。

菱形。菱形的印章多为机构内部检验章、分类章等。

(二)颜色与图案

在印章的规格式样中,印章的印色主要分为红色和蓝色两种。在中国印章使用中,大多数的公章、私章等印章多用红色作为印色,例如各级政府、各级法院、各级检察院和各级党委机关等。同时,业务章、执业印章用印颜色为蓝色,一般外企的印章也多用蓝色。总而言之,印章中通常使用红色印色,一般没有规定的印章可根据需要使用蓝色。

序号	中央刊图案		
	国徽	五角星	党徽
1	国务院	国务院直属事业单位 (没有行政职能)	各级党委机构
2	各省、自治区、直辖市人民政府和国务院办公厅、国务院各部委	国务院议事协调机构和 临时机构	
3	国务院直属机构、办事机构	地区(盟)行政公署	
4	国务院直属事业单位(具有行政职能的单位)	乡(镇)人民政府	
5	国务院部委管理的国家局	国家行政机关内设机构或 直属单位	
6	国务院部委的外事司(局)	企业事业单位、社会团体	
7	国务院部门的内设机构和所属事业单位	其他确需使用钢印的单位	
8	自治州、市、县级和市辖区人民政府	全国性社会团体	
9	驻外国的大使馆、领事馆	地方性社会团体	
10	国务院有关部委外事用的火漆印		
11	国务院的钢印		

（三）使用

印章加盖。

公文上有发文机关署名的需要盖章,属公文特定格式的会议纪要不加盖机关印章。加盖印章的公文成文日期一般右空四字编排,印章用红色。

单一机关行文时,一般在成文日期之上,以成文日期为准居中编排发文机关署名,印章端正、居中下压发文机关署名和成文日期。

联合行文时,一般将各发文机关署名按照发文机关顺序整齐排列在相应位置,并将印章一一对应、端正、居中下压发文机关署名,最后一个印章端正、居中下压发文机关署名和成文日期,印章之间排列整齐、互不相交或相切,每排印章两端不得超出版心。

印章材质。

红印章,一般作为常规印章使用。易盖好用、印迹清晰、适用于各类部门章,如发票专用章、合同专用章、业务专用章、报关专用章等,由于材料具有热胀冷缩以及受印油化学性质影响的特性而易产生误差,不适用于银行印鉴印章。

钢印章,一般作为档案印章使用。钢印是常见印章,很多人毕业证书上都会见到此印章,这种印章有上下两个模,上方是凹模,下方是凸模,盖出的印迹有凹凸感。

（四）规格

各级政府、各级法院、各级检察院,中央刊国徽,直径为 4.2 cm,圆边宽为 0.1 cm,国徽外刊各级政府或各级法院、各级检察院名称,自左而右环行,印章使用简化的宋体字。

党委机构章一律为圆形,中央刊镰刀、锤子,直径为 4.2 cm,圆边宽为 0.1 cm,镰刀、锤子外刊党组织名称,自左而右环行,印章使用简化的宋体字。

工会章一律为圆形。直径为 4.2 cm,外边为双边、粗边,边宽为 0.1 cm,内边为细边,边宽为 0.01 cm。上弧为单位名称,自左而右环行,印文使用简化的宋体字。

国有企业、国营股份制企业等公章（包括公司章、部门章）一律为圆形,直径为 4.2 cm,中央一律刊五角星,星尖直径为 1.4 cm,圆边宽为 0.12 cm,五角星外刊单位名称,自左而右环行,或者名称的前段自左而右环行,后段自左而右横行,即单位部门名称放在星下方作横排,印文使用简化的宋体字。

专用章一律为圆形,直径为 4.0 cm,圆边宽为 0.1 cm,上弧为单位名称,自左而右环行,专用章内容放在章的下边作横排,印文使用简化的宋体字。

其他企业所属部门及个体、私营企业的印章规格为圆形,直径为 3.8 cm,圆边宽为 0.1 cm,中央刊五角星,印章上刊营业执照上核准的企业名称,自左而右环行,印文字体一律使用简化的宋体。

工商企业合同专用章不论何种经济成分一律为圆形,直径为 5.8 cm,圆边宽为 0.15 cm,上刊企业名称,自左而右环行,中央不刊五角星,企业开户银行、银行账号、电话号码及企业地址,自上而下横排,如刻多枚合同专用章,印章下端应加刻编号,印文使用简化的宋体字。

有限责任公司印章一律为圆形,直径为 4.0 cm,专用章和公司所属部门印章直径为

3.8 cm,圆边宽为 0.1 cm,中央刊五角星,五角星外刊企业名称,自左而右环行,或者名称前段自左而右环行,后段自左而右横行,印文使用简化的宋体字。

股份有限公司印章一律为圆形,直径为 4.2 cm,圆边宽为 0.12 cm,专用章和公司所属部门印章直径为 4.0 cm,圆边宽为 0.1 cm,中央刊五角星,五角星外刊企业名称,自左而右环行,或者名称前段自左而右环行,后段自左而右横排,印章使用简化的宋体字。

中外合资(合作)、外商独资经营企业的印章规格为椭圆形,外圆为双线,尺寸为 40 mm×27 mm。横径为 4.5 cm,竖径为 3.0 cm,中央不刊五角星(要求刻企业标志可准予),企业名称自左而右环行,或自左而右横排,根据用章单位的要求,可刻制钢印和中英文印章。

地方性社会团体的印章规格为圆形,直径为 4.2 cm,中央刊五角星,五角星外刊社会团体名称,左而右环行,印文使用简化的宋体字

学校及其所属职能机构的印章一律为圆形,高等学校印章,直径为 4.2 cm,中心部位刊五角星或校徽,所刊名称自左而右环行,其所属职能机构印章,直径为 4.0 cm,自左而右环行学校名称,职能机构名称垂直于学校名称自左而右横向排列,中心部位一律空白,中等(含中等)以下学校印章,直径为 4.0 cm,中心部刊五角星或校徽,所刊名称自左而右环行,所职能机构印章直径为 4 cm,自左而右环行学校名称,职能机构名称垂直于学校名称自左而右横向排列。中心部位一律空白,各级各类学校钢印,直径一律为.3.6 cm。

发票专用章的形状为椭圆形,长轴为 40 mm、短轴为 30 mm、边宽为 1 mm,印色为红色。

【例图】

图 7　署命行文公文末页版式 1

请、靠心度腿脱仅方识象,有印刷会文时并并印为。

四、图案、线条及其他

(一)图案

1. 分隔线

公文首页红色分隔线以上的部分为版头;该分隔线以下、公文末页首条分隔线以上的部分为主体;公文末页首条分隔线以下、末条分隔线以上的部分为版记。

版头中的分隔线位于发文字号之下 4 mm,是一条与版心等宽(156 mm)的红色分隔线。版记中的分隔线与版心等宽,首条分隔线和末条分隔线用粗线(推荐高度为 0.35 mm),中间的分隔线用细线(推荐高度为 0.25 mm)。首条分隔线位于版记中第一个要素之上,末条分隔线与公文最后一面的版心下边缘重合。

2. 五角星

在国际环境中,五角星具有"胜利"的含义。被很多国家的军队作为军官的军衔标志使用,也常常运用在旗帜上。在中国的话语语境中,五角星也作为一种独特的符号存在。中华人民共和国国旗是五星红旗,国旗上五颗星星中的大星星代表中国共产党,另外四个小星星代表工人、农民、小资产阶级、民族资产阶级。这四颗小星星上都有一个对着大星星正中心的尖角,这一设计则象征着我国各阶级人民一心向党的内涵。而公文中的五角星也主要用于党务公文中。

【例图】

（二）纸张

公文用纸一般使用纸张定量为 60~80 g/m² 的胶版印刷纸或复印纸。纸张白度 80%~90%，不透明度≥85%。公文用纸采用 GB/T 148 中规定的 A4 型纸，其成品幅面尺寸为 210 mm×297 mm。公文一般每面排 22 行，每行排 28 个字，并撑满版心。特定情况可以作适当调整。

如无特殊说明，公文中文字的颜色均为黑色。黑色油墨应当达到色谱所标 BL100%，红色油墨应当达到色谱所标 Y80%、M80%。

（三）特殊格式

1.信函格式

发文机关标志使用发文机关全称或者规范化简称，居中排布，上边缘至上页边为 30 mm，推荐使用红色小标宋体字。联合行文时，使用主办机关标志。

发文机关标志下 4 mm 处印一条红色双线（上粗下细），距下页边 20 mm 处印一条红色双线（上细下粗），线长均为 170 mm，居中排布。

份号、密级和保密期限、紧急程度应当顶格居版心左边缘编排在第一条红色双线下。发文字号顶格居版心右边缘编排在第一条红色双线下。

版记不加印发机关和印发日期、分隔线，位于公文最后一面版心内最下方。

2.命令（令）格式

发文机关标志由发文机关全称加"命令"或"令"字组成，居中排布，上边缘至版心上边缘为 20 mm，推荐使用红色小标宋体字。

发文机关标志下空二行居中编排令号，令号下空二行编排正文。

3.纪要格式

纪要标志由"×××××纪要"组成，居中排布，上边缘至版心上边缘为 35 mm，推荐使用红色小标宋体字。

标注出席人员名单，一般用 3 号黑体字，在正文或附件说明下空一行，左空二字编排"出席"二字，后标全角冒号，冒号后用 3 号仿宋体字标注出席人单位、姓名，回行时与冒号后的首字对齐。

纪要格式可以根据实际制订。

总而言之，公文作为我国党政机关、社会团体、企事业单位等合法组织办理各种公务时使用的具有特定效力和规范格式的应用文书，是传达贯彻党和国家的方针、政策，发布法规和规章、实施管理、规范行为、融洽工作、记载和传递公务信息等的重要工具，其自身就是我国党政机关工作严谨专业的符号表征，而我国《党政机关公文格式》《国务院关于国家行政机关和企业事业单位社会团体印章管理的规定》等文件对公文的规定也隐含着我国对公文规范性的重视。

第三节 公文传播的语言

一、语言的含义

中国公文的历史非常久远,对公文开端和源头的探讨也从未停止,各学者都有不同的看法,但学界对公文产生的社会条件的认识是类似的,主要为公文是社会管理活动发展到一定阶段的产物,而语言文字的出现为公文产生提供了可能性。公文作为一种书面语言,它的形成离不开文字,公文的思想也需要依靠文字进行传达,因此,只有在文字发展到一定程度及规范使用时,才会产生公文。文字和语言是相互联系的,但语言的历史更为悠久,在文字出现之前,组织的领导者通过语言进行管理并发布指令。据文献记载,甲骨文和金文是迄今为止发现的最古老的文书,将公文用文字语言刻印在龟甲、兽骨以及青铜器上,随后,石刻公文、简牍公文、缣帛公文等也顺应时代发展而出现。中国最早的公文典籍是《尚书》,汇集了夏、商、周三代的部分文书,通过语言记言记事,记言注意表现说话者的情态,用了较多语气词,如吁、咨、乎、哉等来表达讲话人的口气和表情。记事顾及首尾,写出一定的场面和气氛。从中国古代公文到中国近代公文,再到中国现代公文可以看出,公文与语言之间的联系是从始至终的。

公文在前期准备工作完成后,就需要借助语言将内容表达出来,如果说主旨是灵魂,材料是血肉,结构是骨骼,那么语言就是细胞。离开了语言,公文的文本便无法存在和传播,思想内容也无所依附,因此,语言是构成公文传播必不可少的基本要素。公文语言,顾名思义就是公文写作与传播中所使用的语言,具体而言就是公文在指挥组织、控制和规范行为、传递信息以及传播思想和精神中使用的表达载体和手段。

二、语言的特点

在语言学的研究中,将语言的特点归纳为系统性、符号性、任意性、有声性,但就公文作为我国党政机关、社会团体、企事业单位等合法组织办理各种公务时使用的具有特定效力和规范格式的应用文书,在其自身公文管理上的政治从属性、实践上的权力约束性、体式上的严格规范性、运行上的一定程序性以及历史上的直接记录性几个特点下,公文传播的语言具有其鲜明的特点。

(一)严谨性

从公文语言的内容来看,公文的政治属性要求公文语言要严谨细致,内容要准确无误。同时,在中国的公文使用环境中,党政机关、社会团体、企事业单位等合法组织皆使用公文办理公务,这使公文的传播范围和覆盖面都非常广,公文若存在有误的情况,将不能轻易修正,容易造成严重的后果。因此,公文语言的使用也要严谨准确。

公文往往代表着权威,严谨准确是基本要求,如果公文缺乏严谨性,会使发文单位的权威性和公信力受到严重损害。兰州市民政局对公文的严谨性、准确性高度重视,定期对公文错情进行通报,为各地党政机关、社会团体、企事业单位做出了示范,下文为兰州市民政局 2020 年第一期公文错情通报:

兰州市民政局作风办关于公文错情的通报

局机关各科室:

公文作为组织意志的体现,具有很强的权威性、规范性和严肃性。自 2019 年 7 月局作风办印发《兰州市民政局关于建立公文错情通报机制着力整治形式主义官僚主义的通知》(兰民作风办发〔2019〕2 号)以来,局机关各科室公文质量有效提升,公文错情明显减少。但从近期公文审核情况来看,一是公文中明显错字、专有词语使用错误情况有所抬头;二是科室负责人公文审核不严、把关不细问题仍时有发生;三是公文上下一般粗,甚至照搬照抄上级文件现象仍未根除。为进一步强化反向激励作用,督促各科室切实提高公文重视程度,现将近期错情相对明显的 7 类问题予以通报。

1. 儿童科草拟的《关于同意各区县就近确定"孤儿医疗康复明天计划"体检项目定点医院的通知》,将"儿童福利科"写成"儿童福利处";

2. 慈社科草拟的《关于做好"旧衣物"回收箱公益捐赠规范管理工作的通知》,将"公共场所"写成"公共场",将"近一个时期"写成"进一个时期";

3. 儿童科草拟的《关于做好 2020 年儿童福利工作的通知》,将"每年至少轮训一次"写成"每年至少轮训一此";

4. 养老科草拟的《关于印发兰州市特困人员供养服务机构提升改造工程实施方案的通知》,将"未经民政部门同意"写成"未经民政部门统一";

5. 事务科草拟的《关于印发进一步加强全市婚姻登记机关行风建设工作方案的通知》,将"候登大厅"写成"侯登大厅";

6. 党建科草拟的《兰州市社会组织党委印发关于推动社会组织与街道社区党组织融合共建的实施方案的通知》,将"到辖区街道社区报到服务"写成"到辖区街道报道服务"。

请各相关科室对照通报问题认真分析原因,深入查摆不足,有针对性地采取措施加以改进,杜绝此类问题反复出现。同时,按照 2020 年市政府系统办公室主任会议要求,今后凡报市政府文件中出现问题的,一律按照"谁主办,谁负责"的原则倒查责任。局机关各科室要积极组织干部职工认真学习党政机关公文写作知识,始终保持严谨细致的工作作风,重视公文起草工作,严防公文错情问题反弹回潮,并通过采取"双人复核""朗读复核""点读复核"等方式,静心、细心、耐心做好公文拟稿、审核工作,合力打好公文错情"歼灭战",推动民政系统公文质量迈上新台阶。

兰州市民政局深入开展作风建设年活动

集中整治形式主义官僚主义领导小组办公室

2020 年 6 月 1 日

公文是各级党政机关实施领导、履行职能、处理公务的有效手段和重要工具,其背后是政府公信力,体现着治理能力与水平。公文写作和发布应该是严肃严谨的事。起草公文、把关审核、签发,每一道环节都应该认真仔细,相关人员必须具备应有的素质。一个小小的笔误就可能"一失足成千古恨"。上述通报涉及公文写作过程中常见的错误,如出现错别字词,单位名称不准确等,公文的不严谨暴露出相关工作人员不认真、不严谨,作风漂浮、责任心缺失等问题,可能会对党政机关的形象产生不良影响,应高度重视。相关工作人员需要不断加强知识更新,提高文字工作能力,以更严谨、务实的态度开展工作,也需要严格执行公文处理的规章制度,在各个环节中都落实好责任。

（二）多样性

随着信息技术的不断发展,电子化成为时代趋势,公文的传播从生产、传播以及管理等方面都产生了时代基础上的新变革,各种媒介在公文领域的使用推动了公文的革新,公文也从原本的纸质形式转向电子化,从而促进公文形式的丰富,例如微博公文等,在这种环境下,公文语言的形式也随着新媒介逐渐丰富,出现了表格、图片、图文结合以及视频等新的表达方式,使得语义和旨意之间的距离缩短,也使公文的电子化成为可能。

如四川省峨眉山市公安局官方微博于 2021 年 5 月 21 日在其微博账号"峨眉公安"上发布的图片公文,公文的主要内容为对乐山市中级人民法院副院长傅某某死亡的警情通报。该通报就是以图片的形式在官方微博账号进行发布的公文,不同于完全的文字传播,该公文以图片为载体进行呈现。具体内容如下图:

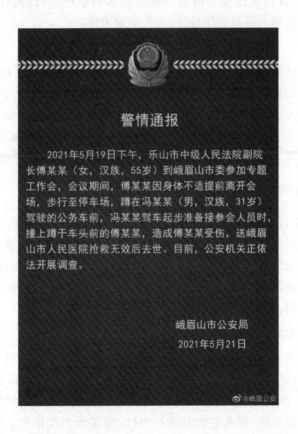

（三）专业性

近年来,公文写作教育逐渐完善。一些本科院校和高职院校的公文写作课程开始注重与实际学科的结合,有了很多专业公文的分支,如办公室公文、机关公文、法律公文、经济公文等,公文语言随着公文教育的强化逐渐更加专业,但是公文语言的专业性不仅体现在教育的规范上,还体现在其对得体性的要求中。公文中的机关名称的简写、语气的表达以及遣词造句等方面,都要求公文语言的使用要具有专业性。

例如在 2012 年 6 月 29 日发布的《党政机关公文格式》(GB/T 9704—2012)中对发文机关的使用提出要求,即由发文机关全称或者规范化简称加"文件"二字组成,也可以使用发文机关全称或者规范化简称。对发文机关简称规范性的强调一定程度上体现出公文的专业性。

（四）精简性

毛泽东曾在《毛泽东选集·反对党八股》中指出:"我们应该研究一下文章怎样写得短些,写得精粹些","文章太长了,有谁来看呢?"再结合公文实用性的要求,因此,公文的语言要求精简明了、精练简要、凝练概括以及语言简朴,用最简约的文字表达最丰富的内容,用尽可能少的语言直接传递出内容的核心要求和精神,不能拖沓冗赘,语言高度概括,少用长句,语言选择上尽量通俗易懂,不用华丽语言。

（五）系统性

从公文语言整体而言,公文自身是一个严密的文书系统,而公文语言在运用和表达中也要遵循系统的规律。例如版头中的份号、密级和保密期限、紧急程度、发文机关标志、发文字号、签发人、分割线,主体中的标题、主送机关、正文、附件说明、发文机关署名、成文日期、印章、附注、附件,以及版记中的分割线、抄送机关、印发机关、印发时间等的写作中不同文种的语言表达、主送机关的名称等,都要在公文中系统性地进行。

三、公文语言的功能

就语言而言,语言是人类最重要的交际工具,也是重要的思维工具。而在社会中,语言具有维持社会组织的正常运行、协调社会关系以及记录传承文明成果并促进社会进步的功能。公文语言是公文传播内容、传达精神的载体,公文需要借助语言实现写作和传播,从而达到沟通、协调、组织等目的。因此,公文语言是公文存在的必要因素,语言在公文中起着决定性作用,具有强大的功能。

（一）传情达意的功能

公文语言表达能力的强弱决定了一篇公文的质量,也决定了一篇公文传情达意的功能能否实现。那种认为公文的写作只是一个格式问题,语言运用得好坏关系不大的观点,是十分错误的。事实上,作为在工作实成和生活实践中经常使用的文书,不论是通知、公告、意见以及报告等,都有它特有的严肃性、政策性和实用性。所以在表达方面比其他类别的文章有更特殊、更严格的要求。如果不加以重视,把一篇公文写得歧义百出,就会贻误工作,达不到传情达意的效果,甚至造成重大的政治、法律、经济失误。

在传情达意的功能中,又可分为:法规作用,即载明、申明法律、法规及其他有约束力的内容、指导作用、传达上级机关的命令、意图,指挥、指导工作、宣传作用、宣传道理、阐明意义,进行宣传、教育、动员、启示、联系作用、交流情况、沟通信息,在上下级、平行和互不隶属机关间互通情报。如《国务院办公厅关于全面加强药品监管能力建设的实施意见》则是发挥了公文的法规和指导作用,从总体要求、重点任务以及保障措施三个方面对药品监管工作进行规约和指导。

【例文】

国务院办公厅关于

全面加强药品监管能力建设的实施意见

国办发〔2021〕16 号

各省、自治区、直辖市人民政府,国务院各部委、各直属机构:

药品安全事关人民群众身体健康和生命安全。党的十八大以来,药品监管改革深入推进,创新、质量、效率持续提升,医药产业快速健康发展,人民群众用药需求得到更好满足。随着改革不断向纵深推进,药品监管体系和监管能力存在的短板问题日益凸显,影响了人民群众对药品监管改革的获得感。为全面加强药品监管能力建设,更好地保护和促进人民群众身体健康,经国务院同意,现提出以下意见。

一、总体要求

以习近平新时代中国特色社会主义思想为指导,全面贯彻党的十九大和十九届二中、三中、四中、五中全会精神,切实增强"四个意识"、坚定"四个自信"、做到"两个维护",认真落实党中央、国务院决策部署,坚持人民至上、生命至上,落实"四个最严"要求,强基础、补短板、破瓶颈、促提升,对标国际通行规则,深化审评审批制度改革,持续推进监管创新,加强监管队伍建设,按照高质量发展要求,加快建立健全科学、高效、权威的药品监管体系,坚决守住药品安全底线,进一步提升药品监管工作科学化、法治化、国际化、现代化水平,推动我国从制药大国向制药强国跨越,更好地满足人民群众对药品安全的需求。

二、重点任务

(一)完善法律法规体系。(略)

(二)提升标准管理能力。(略)

(三)提高技术审评能力。(略)

(四)优化中药审评机制。(略)

(略)

国务院办公厅

2021 年 4 月 27 日

(二)记载传承的功能

公文包含命令(令)、议案、公告、通告、通知、通报、决定、报告、请示、批复、函、纪要、决议、意见以及公报这十五种,不同的公文有不同的适用范围,但从公文的内容和性质来看,公文能够反映出我国在一定时期的国家大事、国情、方针、政策、经验等历史状况,公文语言可以将这些历史经验在空间上传播开来,在时间上流传下去,从而使得社会发展有了更多资料以供参考,站在前人的基础上前进。

如公文《2021年4月社会融资规模增量统计数据报告》,将我国2021年4月社会融资规模增量进行统计,其数据的呈现既是对情况的报告,也是对我国2021年4月社会融资规模增量情况的记录。

【例文】

2021年4月社会融资规模增量统计数据报告

据中国人民银行初步统计,2021年4月社会融资规模增量为1.85万亿元,比上年同期少1.25万亿元,比2019年同期多1 797亿元。其中,对实体经济发放的人民币贷款增加1.28万亿元,同比少增3 399亿元;对实体经济发放的外币贷款折合人民币减少272亿元,同比多减1 182亿元;委托贷款减少213亿元,同比少减366亿元;信托贷款减少1 328亿元,同比多减1 351亿元;未贴现的银行承兑汇票减少2 152亿元,同比多减2 729亿元;企业债券净融资3 509亿元,同比少5 728亿元;政府债券净融资3 739亿元,同比多382亿元;非金融企业境内股票融资814亿元,同比多499亿元。

注1:社会融资规模增量是指一定时期内实体经济从金融体系获得的资金额。数据来源于中国人民银行、中国银行保险监督管理委员会、中国证券监督管理委员会、中央国债登记结算有限责任公司、银行间市场交易商协会等部门。

注2:2019年12月起,人民银行进一步完善社会融资规模统计,将"国债"和"地方政府一般债券"纳入社会融资规模统计,与原有"地方政府专项债券"合并为"政府债券"指标,指标数值为托管机构的托管面值;2019年9月起,人民银行完善"社会融资规模"中的"企业债券"统计,将"交易所企业资产支持证券"纳入"企业债券"指标;2018年9月起,人民银行将"地方政府专项债券"纳入社会融资规模统计;2018年7月起,人民银行完善社会融资规模统计方法,将"存款类金融机构资产支持证券"和"贷款核销"纳入社会融资规模统计,在"其他融资"项下单独列示。

注3:文内同比数据为可比口径。

(三)写作构思的功能

语言在公文的构思中有着重要作用。公文的写作离不开思想,而语言是思想的直接实现,是思想的外衣和物质外壳。斯大林指出:不论人的头脑中会产生什么样的思想,以及这些思想什么时候产生,它们只有在语言材料的基础上,在语言的词和句的基础上才能产生和存在。没有语言的材料、没有语言的"自然物质"的赤裸裸的思想是不存在的。因此,一切公文的构思活动,都必须在语言材料的基础上进行。提高语言的表达能力,对增强公文的构思起着十分重要的作用。

文章的结构,最基本的有递进式、并列式、总分式三种基本形式。递进式结构,就是文章的思路是纵向展开的,有按照时间顺序和过程展开两种。并列式结构,就是文章的思路是横向展开的。总分式结构就是前面两种形式的综合运用。在公文的写作构思中,首先要确定主题。确定主题就是要明确准备写些什么,要围绕这主题展开和发展,以便落实单位准确地把握材料的基本精神和总体倾向,进而用以指导工作。其次要确定受众。确定对象就是要明确该公文的受众,写给谁看,讲给谁听。要了解所面对的受众是什么层次、有什么样的特点,因为受众不同,内容层次、行文风格和语言表述都应有所不同。再次要确定行文目的。明确要解决什么问题。无论是各级文件都要分析问题、解决问题。最后是要确定结构。确定结构就是知道按照什么顺序来写,有清晰的布局和思路,使公文内容更为直观、简洁。

四、语体的规律

语体是指人们在运用语言进行交际时形成的具有一定的表达特点、风格和语感的语言体系。由于交际的目的、讲述的内容以及对象、范围、方式等的不同,形成了各具特点的语言表达风格,也就形成了各种不同的语体。而公文在其自身特性与功能下,也有着独特的语体规律。

(一)社会化

文学化的语言表达追求语言的个性化和美感,有时甚至违反用语常规,刻意追求个性化的语体风格。但与文学语言不同,公文写作以工具性和实用性为目的,为了更加快捷高效地实现发文目的,必须使用社会的认知语体,有效地传达信息,避免造成阅读障碍。因此,公文的用语一般不使用个人化的语言,不用某个地区的方言、俚语,不用超常规的用语句式和冷僻词汇。

(二)稳定化

公文语体虽然也随着时代内容的变化而发展和变革,但与文学语体相比较,它的变化速度相对缓慢,呈稳定化发展态势。公文中仍然保留了一些在文学作品中几乎已不用的文言语汇。在公文中,为了使表达更简洁、庄重,依然部分使用文言词汇,如:兹因、顷接、承蒙、奉、悉、经查、届期、兹就、如期、谢忱、此复、函达等,这些词汇不仅不会被淘汰,而且在语词的使用、位置的安排上基本固定,依然显示出较强的生命力。公文语体的稳定性还表现在公文中较少吸收外来词汇。文学作品中,经常运用一些外来语汇,有的甚至将外来语直接嵌入民族语,形成一种特殊的语言韵味。而公文在吸收外来词汇方面则相对保守、滞后。公文写作用语的目的主要是表意,追求接受的社会性和简便性,不追求用语的新奇。

(三)模式化

公文语体的模式化与公文文本结构的模式化有着相辅相成的意义。由于公文的语体具有社会化和稳定化的特征,在长期的实践中,形成了模式化的语体规律。这些语言模式,不仅使作者能很快地掌握公文的语言,为公文写作提供方便,而且能使作者适应书写技术的现代化需要。这一语体规律是在下列几种常用的模式语的格局中体现出来的:

1.起首语

应用写作中起首语的运用,使开头变得容易。常见的公文的起首语如:"根据……现……如下""遵照……如下""为了……""首先……""据查……""经调查……""根据……原则"等。这些起首语有时阐明写作目的,有时引出行文依据,有时直接引入话题。

2.衔接语

文学写作很讲究内结构的衔接,所谓文如长龙,首尾连贯,一气呵成。而公文写作特别注重外结构的衔接,除了用序码词衔接外,还大量运用衔接语连贯。通常用于段的起句和结句。如:"综上所述""以上各点""如前所述""由此可见""总而言之""为此"等。这些模式语,能把特定的内容连贯地衔接起来。

3.结束语

公文的结束语一般带有总括的意味,如"特立此据""特此函达""请依法处理""恭请光临"等。结束语应根据不同的文种和语境选用,如撰写的"报告"内容比较重要,结语可用"特此报告",以示慎重;如是例行情况的报告,一般可用"以上报告,请审阅"等。

(四)得体性

对于公文而言,公文文体的选择需要得体,公文的写作和传播是在明文规定下进行的,例如目前规定的法定公文为通知、决定、命令、报告等十五种,为满足不同的发文目的和职能,需要选择合适的文体。同时,公文的行文也需要得体,公文语言需要符合发布人或发布单位的身份,语言色彩要符合特定的行文目的,以及用词得体谨慎。

第五章　公文传播与社会治理

第一节　公文传播在社会治理中的价值

自古以来,公文便是国家权力的触须。作为政治信息核心要素之一和推行政令的工具,公文是一种最严谨、最具权威性的政治传播类型,担负着其他任何文本都不能担负而且不允许担负的特殊使命。

一、引导舆论

中华人民共和国成立以来,我国党和政府对舆论引导高度重视,历届领导人都对舆论引导的重要性做过一系列的论述。毛泽东同志指出:"一张省报,对于全省人民,有极大的组织、鼓励、批判、推动的作用。"邓小平同志指出:"写好稿子到广播电台去广播,出报纸,办广播,出刊物和小册子,比其他领导方式更有效、更广泛、作用大得多。"江泽民同志指出:"历史经验反复证明,舆论导向正确,是党和人民之福;舆论导向错误,是党和人民之祸。"2008 年 6 月 20 日胡锦涛同志在人民日报考察工作时,也对舆论引导做出了强调:"新形势下,要提高舆论引导能力。要把提高舆论引导能力放在突出位置,进行深入研究,拿出切实措施,取得新的成效。"2017 年 10 月 18 日,习近平总书记在中国共产党第十九次全国代表大会上指出:"坚持正确舆论导向,高度重视传播手段建设和创新,提高新闻舆论传播力、引导力、影响力、公信力。"

舆论引导又称舆论导向,是一种运用舆论操纵人们的意识,引导人们的意向,从而控制人们的行为,使他们按照社会管理者制定的路线、方针、规范从事社会活动的传播行为。舆论导向也是我们党对宣传思想部门及新闻媒体单位提出的政治方向的要求。《中共中央关于加强党的执政能力建设的决定》指出,要牢牢把握舆论导向,正确引导社会舆论。

公文传播是人们利用传播途径、通过公文交流信息以期发生相应变化的活动。因此,通过公文传播进行的舆论导向包括三个方面内容:一是对当前社会舆论的评价,党和政府成为意见领袖;二是对当前社会舆论及舆论行为的引导,通过公文传递主流价值观;

三是主动进行议程设置,就某一社会事实制造舆论,正向舆论能够对社会发展起到推动和促进作用,而负向舆论则对社会发展起到破坏和阻滞作用。

(一)发挥意见领袖作用

意见领袖又称舆论领袖,最早由保罗·拉扎斯菲尔德等在《人民的选择》中提出。意见领袖是人群中那些首先或较多接触大众传播信息并将经过自己再加工后的信息传播给其他人的人。意见领袖介入传播过程,加快了信息传播并扩大了影响。他们具有影响和改变他人态度的能力。不仅如此,在互联网时代,网络因其开放性和即时性催生了一批新意见领袖,这是一个叱咤风云的新群体,比如微博大 V 等,他们引领新的消费浪潮,倡导公益活动,能号召数百万、上千万公众踊跃参与。通过有效的公文传播,借助新媒体的力量,党和政府也能成为网络舆论场的意见领袖。

党和政府成为新的意见领袖有其天然优势。因为中国共产党和中央人民政府在人民心中有很高的威信。在中国,中国共产党是执政党,中国共产党执政地位的确立是近现代历史发展的必然结果,是人民的选择,并代表着最广大人民的根本利益,极具权威和号召力。而中国的政府是人民的政府,政府运用行政权力,通过相应的体制机制建设以及制度安排,来不断满足人民日益增长的物质文化需要,可以说政府也是极具权威的。党和政府成为意见领袖,针对最新发生的舆情事件发表公文,能够满足公众对信息的迫切需求,挤占谣言和流言的传播空间,平息公众的恐慌和愤怒情绪,同时指导公众如何行动,防止事态进一步扩大。官方发挥"意见领袖"的作用,将民众引导向正确的舆论方向。用公文架起畅通网民和政府之间的沟通桥梁,增强民众对政府的好感,增加政府的公信力,让民众了解政府支持政府,从而做到出现突发事件后能够理性思考,等待官方媒体发布报道,并站在政府的立场与负面的舆论进行抗争,形成正面的舆论压倒性态势。

(二)传递主流价值观

《共产党宣言》强调,"自有文字记载以来,至今一切社会的历史都是阶级斗争的历史","一个阶级是社会上占统治地位的物质力量,同时也是社会上占统治地位的精神力量……统治阶级作为思想的生产者进行统治,他们调节着自己时代的思想的生产和分配"。思想的生产涵盖面极广,意识形态思想的生产是其中重要的组成部分。统治阶级既然是"思想的生产者",那么在特定的历史时代,必然会有反映统治阶级意志的意识形态。无论是奴隶社会、封建社会还是资本主义社会等,都有反映统治阶级利益的意识形态。而统治阶级"调节着自己时代的思想的生产和分配",其实说明了统治阶级掌控着自己所倡导意识形态思想的定义权、创造权以及传播权等。要想增强这种意识形态的影响力、控制力,显然离不开统治阶级。总之,统治阶级是意识形态话语权主要的话语主体。公文传播的主体就是党和政府,在当今中国,统治阶级无疑也是党和政府。因此,通过公文传播能够达到传递主流价值观,加速实现社会整合的目的。所谓主流价值观,是指在一个社会中多数社会成员即主流民众所遵从、信奉抑或价值取向基本一致的价值观。它尤其强调对价值观的认同度以及接受的广泛性。

主流价值观蕴含着社会普遍的价值信仰和行为准则,蕴含着人们对美丑、对错、善恶、真假等问题的判别标准。党政机关通过公文传播，将先进事迹内化为社会公众的正义感、是非感等思想观念，从而提高人们的思想道德素质。比如，见义勇为一直以来都是中华民族的传统美德，是人人都称赞的善意之举。但自从有了学生扶摔倒老太太被讹诈、小伙下水救人反被诬告等新闻见报后，社会上对"见义勇为"的态度开始慢慢变了味，"扶不扶""救不救"一度困扰公众。2021年1月1日开始施行的《中华人民共和国民法典》就对"见义勇为"做出了明确规定：因保护他人民事权益使自己受到损害的，由侵权人承担民事责任，受益人可以给予适当补偿。没有侵权人、侵权人逃逸或者无力承担民事责任，受害人请求补偿的，受益人应当给予适当补偿。因自愿实施紧急救助行为造成受助人损害的，救助人不承担民事责任。见义勇为免责条款的出台，顺应了社会对公平正义的期待，有益于社会形成见义勇为的良好风气。

（三）主动设置议程

马克斯韦尔·麦库姆斯（Maxwell·McCombs）和唐纳德·肖（Donald·Shaw）于1972年在《大众传播媒介的议程设置功能》一书中正式提出议程设置的概念。他们认为，在实际传播过程中，大众传播并不能使人们对某一事件或意见产生决定性的具体看法，却可以通过提供相关信息、安排相关议题来有效地左右人们关注哪些事件和意见以及他们谈论的先后顺序。议题设置的时间、议题与公众的相关性和公众自身的兴趣是大众媒介设置议题能否吸引公众注意的三个重要因素。

共青团中央文件

中青发〔2021〕4号

共青团中央关于表彰全国五四红旗团委（团支部）、全国优秀共青团员、全国优秀共青团干部的决定

2020年以来，在以习近平同志为核心的党中央的坚强领导下，全国各级团组织以习近平新时代中国特色社会主义思想为指导，认真贯彻党的十九大和十九届二中、三中、四中、五中全会精神，贯彻落实习近平总书记关于青年工作的重要思想，聚焦保持和增强政治性、先进性、群众性，认真履行引领凝聚青年、组织动员青年、联系服务青年的职责使命，着力提升团的组织力、引领力、服务力和大局贡献度，持续深化共青团改革，推进全面从严治团，共青团工作和事业取得新发展。各级团组织和广大团员、团干部听党号令、跟党奋斗，迎难而上、建功立业，立足岗

— 1 —

党和政府是最具话语权、公信力最高、掌握信息传播渠道最多的传播主体。它们参与事件处理的各个环节，对事件发生的原因、进展等信息的掌握比任何组织或个人都相

对全面和客观,可以说某些重要信息它是唯一的占有者。因此,党政机关主动进行议程设置更加能够起到舆论引导的作用。他们通过发布公文,吸引公众的注意力,引导民众将眼光放在正面的、积极向上的事件上,先发制人,抢占公众的第一印象。以共青团中央2021年的表彰为例,5月4日,共青团中央作出表彰决定,对作为先进代表的组织和个人,授予全国五四红旗团委、全国五四红旗团支部、全国优秀共青团员、全国优秀共青团干部称号。通过表彰先进,主动设置议程,为全社会树立榜样,坚持正确的舆论导向。

二、促进社会和谐

党的十八大以来,以习近平同志为核心的党中央团结带领全国各族人民,高举中国特色社会主义伟大旗帜,运用一系列重大战略举措、方针、政策,推进了一系列重大工作,中国特色社会主义迎来了新的发展阶段,把建设社会主义和谐社会作为社会主义发展要点,习近平总书记提出了中国梦的伟大构想,用和谐的思维促进实现国家治理体系现代化。强调构建新型大国关系,走和平发展的道路,构建人类命运共同体,在这些重大决策中,充分体现了党和国家领导人社会和谐思想的价值观。2011年12月,习近平提出:"实现中华民族伟大复兴是全民族共同梦想的'中国梦'。"中国梦是要实现国家富强、民族振兴、人民幸福。这就需要社会和谐思想协调推进全面发展。

社会主义和谐社会指的是存在于该社会中的各个要素都处于和谐、融洽的状态。和谐社会是一个宽容、有序、多元、理想、诚信、公平、可持续发展的社会。在中国特色社会主义和谐社会中,其内涵更加丰富与多元化。当然,和谐社会并不意味着处处和谐,没有一点矛盾,而是指各种矛盾都可以控制在合理的范围内,并且在内部得到有效的解决,即建立顺畅的流动机制、合理的利益协调机制、安全的社会保障机制和有效的矛盾疏导机制,从而减少矛盾的产生并提供解决矛盾的机制,及时化解各种冲突。

按照党的十八大报告,建设和谐社会应该在"党委领导、政府负责、社会协同、公众参与、法治保障"的总体格局下进行。在这个过程当中,党和政府就需要通过公文来向社会和公众传递信息,实现社会治理中党和政府的公共权力与社会组织和公民权利之间的协调结合与和谐平衡。

(一)粉碎谣言

2021年2月2日,中国互联网络信息中心(CNNIC)发布了第47次《中国互联网络发展状况统计报告》(以下简称《报告》)。《报告》显示,截至2020年12月,我国网民规模达9.89亿,较2020年3月提升5.9个百分点,互联网普及率达70.4%。网民数字高速增长,代表着越来越多的人能够从网络获取新闻资讯,信息传播的范围会更广,与此同时这也给网络谣言提供了更大的"温床"。不仅如此,互联网的普及给予了越来越多人"说话"的权力,公众沉浸在五花八门的小道消息中,不可避免地成为一些网络谣言的传播"助推器"。

当突发公共事件发生后,网络中弥漫着各种小道消息时,政府通过公文的形式,大到事故原因调查,小到捐款物资的用途去向,在第一时间、以权威的身份告知公众。同时,党和政府作为集权者,比当今社会中的任何组织和个人都有能力去调查真相,这是党和政府义不容辞的责任。对于已经在网络上传播开来的谣言,政府能够动用公共资源,利用公文传播的形式及时对谣言进行回应、澄清,将查证结果向公众公布,以此避免谣言愈演愈烈。除了传统的大众传播媒介、新闻发布会以外,在社会化媒体时代,党和政府还可以通过网络平台向公众传递事实真相,例如:政务微博、政府门户网站等。在2021年5月发生的"成都49中事件"中,网友们出于不同目的,对事件背后的原因发表自己的看法,掀起一场舆论风波,最后事件在中国国家通讯社,即新华社的报道下迎来反转,随着真相的到来,谣言不攻自破,事件才得以平息。无论是政府主动发布突发公共事件的相关信息,还是因谣言四起而被动发布的信息,党和政府的公文都是最权威的声音,它们在第一时间向公众传递事实真相、粉碎谣言。

(二)减轻群体极化

群体极化是人们进行决策的一种现象,当群体进行决策时,群体决策往往会比个人决策时更倾向于冒险或保守的一个极端,从而远离最优决策。在群体中,人们存在相互依赖和责任的不明确,同时,也存在相互影响,特别是容易被一些极端意见煽动,从而极端化。这里面主要是由于人们觉得在群体中更加安全,在群体中各种言论能得到认可,还有就是"法不责众"的思想。在中国当下的网络空间,起哄、夸张、谣传比比皆是,有的甚至为了一个看似正当的目的而采取极端手段,最终演变成多数人的暴政。

减轻群体极化现象,党政机关除了及时公开信息,调查真相,正确进行舆论引导等之外,还能够通过制定法律来达到治理群体极化现象 各类"条例""决定"等政府公文,都为此提供了相应的支持和保障。19 共和国计算机信息系统安全保护条例》的颁布拉开了网络立法的 发展,我国有多部网络政策法规、条例颁布并实施。《全国人大常 安全的决定》中提到了对个人信息的保护,2012年《关于加强网络 台对网络实名制作出了新的解释,并且从法律上保护网络空间公民 受侵犯。

(三)捍卫公众利益

公众是相对于政府主体的客体对象。"一切以公众的利益为上"这一现代公共关系的铁律,是社会组织协调公众关系、塑造自身形象的基本遵循。政府机关的所有行政事务都是因公众而存在的,其根本目的是解决公众的问题,回应公众的诉求,代表公众的意志,维护公众的利益。这一思想在党的十九大报告中被明确表述为"坚持立党为公、执政为民,践行全心全意为人民服务的根本宗旨,把党的群众路线贯彻到治国理政全部活动之中,把人民对美好生活的向往作为奋斗目标,依靠人民创造历史伟业"。公文是政府决策和管理过程中必不可少的重要工具,因此追求公众利益是公文写作的价值选择。

公文写作对公众利益的追求必然涉及公文写作者对政府一系列公共治理行为的审视,这其中包括:是否尊重了人的尊严和公民的权利,是否体现了大多数人的利益,是否体现了弱势群体利益优先,是否超越了部门利益和地方利益而以公众利益为重,是否超越了短期利益而以长期利益为重,是否尊重了科学与理性,是否尊重了民意,是否遵循了正当程序,是否遵循了社会公认的伦理和道德标准。

2020年,艺人仝卓自曝伪造应届生身份参加高考,事件发生后不久,山西省教育厅、中央戏剧学院、山西省临汾市纪委监委先后对此事件发布通报,教育厅对仝卓当年的高考成绩作出无效处理,中央戏剧学院撤销了仝卓的毕业证书,山西省临汾市纪委监委已对3人立案侦查,12名相关责任人被处分。三份通报的发出可谓是大快人心,事件发生后,有关部门的处理之快,在一定程度上守护住了教育公平,捍卫了公众利益。

三、塑造政府形象

政府的公文传播沟通是多层次、立体化的。在现代信息社会,传播媒介和沟通技术的发展,完全突破了传统的沟通障碍,使政府和公众之间有可能通过多层次、多元化的沟通缩短相互之间的社会距离。这就使得政府在民众心中的形象可能会更加多元,以往庄严肃穆的政府形象会因为社会距离的缩短而变得更加脆弱,使政府更易陷入"塔西佗陷阱"。塔西佗是古罗马时期的一位历史学家、政务官。在现代社会的大背景下,树立健康向上值得信任的政府形象,是避免陷入"塔西佗陷阱"的良方。

政府形象是政府的整体素质、综合能力和施政业绩在国内外公众中获得的认知与评价。这种认知和评价具体反映为政府在国内外公众中的知晓度和美誉度。胡宁生在《中国政府形象战略》中提到政府形象"是政府这一巨型组织系统在运作中即在自身的行为与活动中产生出来的总体表现与客观效应,以及公众对这种总体表现与客观效应所作的较为稳定与公认的评价"。政府形象是政府重要的"软资源",它不仅是公众对政府及其行为的总体印象和总体评价,更是政府公信力、影响力、感召力的重要体现。

既然政府是伴随国家的产生而出现的巨型组织系统,是管理社会公共事务的权威机构,那么政府公文作为政府机关"实施领导、履行职能、处理公务"的文书,必将作用于相关社会公众,也必将影响政府在公众心目中的印象。公文是政府行政的依据和凭证,政府的行政行为离不开公文这一"重要工具",因而公文与政府形象的传播有着密切的关系。

(一)负责任的政府形象

政府行使的公共权力来源于人民,政府要对人民负责。萨托利说:"权力属于人民建立了一条有关权力来源和权力合法性的原则。"现代民主和法治政府存在的合法性与合理性就是服务于民。"只有当受治者同治者的关系遵循国家服务于公民而不是公民服务于国家,政府为人民而存在而不是相反这样的原则时,才有民主制度存在。"新中国成立以来,我国政府一直秉持着对人民负责的态度。可是如何能让民众真切地感受到政府的负责,就要通过一系列的公共事件,向人民塑造一个负责任的政府形象。公文作为政府发声的窗口之一,运用新闻媒介加以公开,不仅有助于问题的解决,还使人民群众看到政府对人民的关心,看到政府是真的秉持着对人民负责的态度在工作。

以2014年12月31日的"上海外滩踩踏事件"为例,上海市政府新闻办公室官方微博"@上海发布"对此事件的报道可分为三个阶段。在第一个阶段,"@上海发布"在1月1日踩踏事件发生当天共发布了7条微博,主要内容为遇难人数的更新,对事件起因是"抛撒美金"进行网络辟谣等;第二阶段为2日当天,2日凌晨1点12分,"@上海发布"

公布了此次踩踏事件遇难人数的名单,引起了网友的广泛关注,遇难名单微博下面共出现两万多条评论,多为对遇难者的哀悼;3 日往后便是此次"@上海发布"事件报道的第三阶段,报道的内容包括伤员的救治情况跟踪、事件主要原因的界定及责任的认定、今后整改建议、抚慰金标准、新闻发布会问答实录等,直至 2015 年 1 月 23 日,"@上海发布"对整个事件的报道才算全部结束。从"@上海发布"对于此次踩踏事件的长达 23 天的全程报道可看出上海市政府不畏艰难、勇于承担的责任型政府形象。

(二)有温度的政府形象

马尔库斯认为在政治领域,情感能影响人的政治和道德判断,当议题和周围环境发生改变时,公民的政治判断也会不断更新。同时,情感和理性之间能形成一种互动,并保持一定的平衡。当积极情感占上风时,情感就会主宰理性起主导作用。当焦虑等负面情感出现时,公民就会运用理性思维,冷静思考。在选举政治中,情感不仅会影响选民的关注度,还会影响选民的政治倾向,正面情感会使选民更认同自己所支持的政党,负面情感不仅会降低选民的认同,甚至会造成他们的背离。在我国,政治情感化早已有迹可循。在古代,当朝者用儒家礼教体系巩固统治,儒家思想有着浓厚的情感色彩,如"礼乐"就是在人群中营造出有序而和谐的情感氛围,"仁政"基于同情的治世之道,强调为政者要有恻隐之心,也是一套移情和同情的治理逻辑。在近代的政治革命中,内忧外患和社会动荡交织,民众情感涣散,缺乏凝聚力,因此情感动员策略对于维系民族团结,培养民众的政治忠诚非常重要,系统的"情感工作"是意识形态和组织工作之外重要的政治传播技巧。由此可见,树立一个有温度的政府形象对政府工作的开展是十分有利的。

以公文中常见的"红头文件"为例,"红头文件"是指导工作、落实政策的重要载体和桥梁。长期以来,不少红头文件"高冷范儿"的弊端越来越明显。一些文件要么干巴巴、晦涩难懂,读了半天也不知道要基层具体做什么;要么辞藻华丽,但可操作性不强,不实用;要么全程居高临下、板着面孔说大道理,给人冷冰冰的感觉……在提倡朴实文风的今天,大众希望"红头文件"也能够放下身段,在确保准确和权威的基础上,带点儿温度,给人以亲切感。在 2020 年 6 月,甘肃省脱贫攻坚帮扶工作协调领导小组办公室下发的一份"红头文件",不编文号,不要求层层配套实施意见,题目叫"温馨提示"。这份文件开门见山直列"四项问题"——入户掌握基本情况,做到心中一本账、情况一口清;开展疫情影响分析,有针对性地开展帮扶;完善落实"一户一策",做好帮扶户的脱贫验收和巩固提升;对帮扶户稳定持续增收和"两不愁三保障"存在的突出问题,及时"吹哨"预警。文件所列问题靶向精准,办法措施言简意赅。没有文件的编号,没有啰嗦的语言,没有"必须""绝不"和"一定"之类的强硬,没有"让人看不懂"的高大词汇,使用的都是基层干部一目了然,基层百姓都能看明白的大白话、大实话,这样的"红头文件"自然能温暖基层干部和基层百姓的心。

(三)公开透明的政府形象

公文作为政府施政的工具,在国家及各部门的管理工作中起着重要而特殊的作用,担负着传达贯彻国家方针政策、布置任务、指导工作、请示问题、汇报工作、商洽事务、互通信息等许多重要使命。同时,公文包含了各行各业大量的最新信息,如现行的政策法规、最新的统计数据等,在社会生活中具有重要的查考价值,受到社会各界和社会公众的普遍关注。知识经济时代,信息已成为社会各行各业不断向前发展的关键性因素。

近年来,随着民主政治建设的推进,我国政府信息公开的实践与法律制度有了很大的发展,封闭的政府正在向开放的政府转变,信息公开的观念也逐渐在加强,公开的信息也越来越多。《中华人民共和国政府信息公开条例》也已于 2007 年 4 月 24 日颁布,并于 2008 年 5 月 1 日正式实施。《中华人民共和国政府信息公开条例》对政府机关应当主动公开的信息列举出以下几项:"涉及公民、法人或者其他组织切身利益的""反映本行政机关机构设置、职能、办事程序等情况的""需要社会公众广泛知晓或者参与的""其他依照法律、法规和国家有关规定应当主动公开的"。

公布与开放公文,不但可以使社会公共信息直达民众,有利于提高政府的行政效率,还能及时地向社会各界提供政府新出台的各种政策性、法规性、公益性和服务性的文件,便于社会各界及时掌握有关政策规定,有利于对各行各业的规范管理和经营运作,进而促进经济社会的全面健康发展。公文的公布与开放利用工作无论对政府机关还是社会大众都具有积极的作用,它对于密切党和政府与人民群众的血肉联系,维护群众的合法权益,推进政务信息公开,化解社会矛盾,维护社会稳定,构建社会主义和谐社会,起到了很好的促进与推动作用。

公开政务信息是增加政府公信力的重要途径,是塑造良好政府形象的基础,也是信息时代民主政府的重要标志。

第二节　现代社会治理对公文写作与传播的要求

20 世纪 80 年代以来,公文在生产和生活中的应用越来越广泛,大到国家的方针政策、法律规范、国与国之间的文书往来,小到机关单位日常工作的上传下达、内外沟通,无一不以公文为推动。公文写作与传播随着社会发展的需求应运而生,在实践领域得到了十分重视。社会生活瞬息万变,要求公文写作因时而变、因地制宜、灵活应对。在信息爆炸,网络时代全面来临的今天,社会发生了翻天覆地的变化,传播媒介增多,受众的多元化等,都对当下的公文写作和传播提出了更多的要求。

一、合情:以人为本

刘勰在《文心雕龙·情采》篇中写道"情者文之经",他认为情感是一切文章的共同属性,那么公文也必然不能例外。事实上,公文自产生之日起,为实现行文目的、起到社会管理的枢纽作用,就常常会夹带表达感情色彩的语句。情感的融入使公文中的建议更容易被君王所接受,使公文更具有影响力。

（一）公文写作的合情性

公文从古至今一直延续时代的潮流发展,从不曾被世俗所摒弃,这与公文的作用及其特点密切相关。为适应现代社会的快节奏、高效率的工作特点,古代公文逐渐为适应时代的潮流发展为现代公文。现代公文为追求实用性的作用,其写作方法发生了很大的改变,逐渐形成了与文学写作风格截然不同的写法。根据国家行政机关的相关文件规定,现代公文被定义为传达贯彻党和国家方针策略、发布行政法律法规、施行行政措施、向上级请示和答复问题、报告各种工作情况、交流经验等的一种工具。现代公文的实质看似已经演变为公事公办的一种工具,但事实上其实并不是。公文写作者要明确情感因素在公文写作中的特殊作用,虽然公文形式公式化,但未必不需要加入情感的因素加以分析。在一些部门的重大事项请示以及建议的公文中,公文写作者加入文中的感情色彩往往会形成一种鲜明的理念倾向,使接受者能够在相对轻松与愉快的氛围中接受其所倾向的理念。现代公文同样需要情感因素作为一种催化剂,帮助公文写作者达到一定的目的。

比如党政公文中常用的通知、意见、请示三个文种的行文关系、行文目的各不相同,所表现的情感类型、程度也不同。其中,通知作为知照性公文,适用于发布、传达要求下级机关执行和有关单位周知或者执行的事项,批转、转发公文,是对已经领导讨论决定的结果的宣布告知,且常常具有强制执行性。其行文方向可以是下行,因此,应该选择态度坚决的语词,如"经研究决定""现通知如下""望遵照执行""务必"等。意见是指导性公文,适用于对重要问题提出见解和处理办法,其行文方向既可以是上行,又可以是下行、平行,其行文方向的特殊性决定了公文写作时要根据行文方向选择不同态度的语词。上行的意见,要使用下级对上级汇报见解、陈述办法的语词,诸如"我们考虑""我们认为""我们建议"以及"请""敬""望"等期请和建议性词语,结尾常用"以上意见供参考""以上意见如无不妥,请批转……贯彻执行"等,体现对上级机关的尊重。下行的意见则较多使用表示肯定或否定、禁止的指令性语词,比如"要××""提出如下贯彻要求"等,以便对所提出的问题及解决办法予以强调。平行的意见,则要较多使用委婉、谦虚、平和的语气,以体现双方的平等相待。请示是报请性公文,适用于向上级机关请求指示、批准,其行文方向只能是上行文,行文目的多为本机关无权、无力决定和解决的事项,因此常常选用谦恭诚恳的语词,例如"以上请示如无不妥,请批复(批准)""当(妥)否,请批复(批示)"等请示结尾的常用语就体现了这一点。

公文写作是政治性和人文性结合的一项公务活动,鲜明的政治性是长期形成的显性特征,而人文性则是公文审美的重要内容,是公文创新、提高公文生命力的有效途径。

(二)公文传播的合情性

受众是信息的接收者,是信息到达的目的地,霍夫兰和詹尼斯将其称为传播的目标靶,它解决的是"向谁传播"的问题。传播主体应该从受众的主观动机出发,想受众之所想,思受众之所思,方能与受众达成共识,引起共鸣,得到受众的理解与支持,提高传播效果。因此,在当前的社会背景下,公文传播必须要考虑受众的感受,以人为本,这便是公文传播的合情性。

传统公文的收文者除极少数通行性公文是社会公众外,基本为机关单位及其领导人、负责人,而通达社会公众的公文,以约束性、法规性为主,而指挥性、部署性、报请性等公文,普通百姓无缘得见。由于多数公文掌握在少数人手里,文件的真实内容、发文机关单位的真实意图,不可避免地存在理解的偏差和执行主体解释的随意性,形成行政主体与客体对文件文本阅读的极不对称,这也是中国官僚体制中央和地方权力博弈的原因,是层级博弈导致"上有政策、下有对策"行政效率低下、中央决策意图难以全面实施的原因,是形成上级决策在下级变形走样的原因。但是,政务公开以后,大量的公文直接面对社会公众,公众对国家决策的知情度增强。同一个公文传播者,运用同一种方法传达同一公文内容的信息,在不同的对象那里引起的反应是不同的。公文受众的预设立场、个人经历、智能结构、接受心理、兴趣爱好、性别年龄、个人特点、人格变数等因素通常是因人而异的,因而传播效果也是各不相同的。

以政府公文为例,它的传播具有明显的主控性,其传播内容和传播手段都是由政府控制和主导的,作为受众的人民群众只是被动地接受。所以在这一传播过程中,政府(即传播者)需要选择多种有效的传播手段和传播媒介,以到达传播效果的优化。由于政府公文大众传播的受众是不同文化层次不同生活背景下的各类人群,他们所接触到的传播媒介和传播工具是不同的,因此要达到最好的传播效果就要最大限度使用各种传播手段和媒介,将所有可能的受众覆盖在政府公文传播网络下。

同时,不同的受体,对政府行政公文的心理需求也不尽相同。因此政府单位在写作和传播时应与受体进行心理和位置互换,设身处地考虑对方的法定地位、执行条件以及特定的心理需求,尽可能将公文的行文目标与受文对象的实际情况结合起来,调动受体执行、办理公文的积极性,促进双方互动,实现公文行文目的。传播主体在发布内容的过程中,一定要牢牢把握住受众的心中所需,"晓之以理,动之以情",切忌语言虚夸、言之无物、故作深奥、故弄玄虚、语不对体,否则,将会引起受众的强烈反应。比如有一则表彰性通报,文中这样写道:"……他的风格之高,高过喜马拉雅山;他的精神之美,美过富春江。"这到底是一个什么样的人,做了什么事,让群众摸不着头脑,也不能取得预期的传播效果。

二、合理:顺势而为

公文写作是实践性很强的一项写作活动,有着极强的规律性。唯物主义认为,规律是普遍的,一切事物在其运动变化和发展过程中都遵循其固有的规律;规律是客观的,不以人的意志为转移,既不能被创造,也不能被消灭。我们必须遵循规律,不能违背规律;人可以发挥主观能动性,在认识和把握规律的基础上,根据规律发生作用的条件和形式利用规律,改造客观世界。我们在进行公文写作和传播的过程中,也应当把握公文写作的规律,认清当下的传播环境,为推动社会发展进步起到更为积极的和实际的作用。

(一)公文写作的合理性

公文写作实践中,也要格外注重客观规律对公文写作的制约作用。

第一,要尊重公文写作的外部规律。公文的写作客体是公务活动,公文是公务活动的产物,要重视研究各种公务活动的特点和规律,把握各种公务活动的动因、条件、预兆、特征和时机等因素,让公文写作和公务活动同频共振,从而收到良好的公文写作效果,达到写作目的。

第二，要尊重公文写作的内在规律。公文写作是一项艰苦的脑力劳动，写作活动有其自身固有的规律，写作过程是写作主体、写作客体、写作载体、写作受体等写作要素的共时运动，也都是规律支配下的矛盾运动。按写作规律作文，公文写作才能得心应手。

第三，在掌握规律的基础上要善于运用规律，把握公文写作的时机，及时而行。只有掌握公文写作的内部和外部规律，才能增强公文写作的预见性，进而才能很好地把握公文写作的时机。把握公文写作的时机，一方面要注意时代感，公文写作要放在时代的大背景下构建，"文章合为时而著"，公文写作就是要牢牢把握时代要求。另一方面要注意时效性，公文写作者要对具体公务活动的发展变化有着敏锐的观察力和判断力，公文写作要为公务活动"雪中送炭"不要"雨后送伞"；要随机应变，不要"刻舟求剑"。任何公文只要时过境迁，就失去了它的应用价值。

第四，要深刻认识违背客观规律的危害性，加强公文写作的自律性。目前我国的公文写作实际不尽如人意，死搬硬套，雷同抄袭现象还屡见不鲜。其深层次原因在于公文写作不顾公务活动外部客观规律的制约，也不尊重公文写作内在规律的作用，脱离客观实际，恣意妄为，这样的公文都是花架子。总之，公文写作要顺势而动，及时而行。

（二）公文传播的合理性

公文传播是种特殊的传播，传统意义上的绝大多数公文的传播渠道比较固定狭窄、封闭甚至有些神秘，公文传播权利被少数人占有，普通受众无缘直接读取公文，无法直接接受公文的传播，只能从管理者那里了解公文的内容，被动接受公文的信息，处于完全被动的被管理状态。受众多为二次被动接受。而如今的传播环境已发生翻天覆地的变化，公文传播也应遵循客观变化，顺势而变。

随着政务的公开和透明，我国政府上网工程的逐步实施，公文传播方式逐步转变。按照国务院要求，到2010年我国所有的县处级以上政府和部门都要有自己的门户网站。2007年4月5日，时任国务院总理温家宝签发国务院令，《中华人民共和国政府信息公开条例》自2008年5月1日起施行。随着互联网在我国的逐步普及，电子政务办公自动化、电子公文处理等新的政务形式的出现，传统传播方式被逐步打破，新的公文传播方式不断出现。

现代信息技术和网络技术飞速发展的今天，网络新媒体由于其打破了时空限制成为当今社会信息传播的新宠儿。与同作为传统传播媒体的报纸、电视广播相比，网络传播的传播速度快、时效性强，无疑为网络媒体增加了吸引力。尤其是我国电子政务的不断深化发展，各级政府都已经建立了属于自己的政府网站，通过这些门户网站将政府公文发布在网上还能够随时与公民实现交互，完成政策的咨询和反馈。除了政府网站，网络新媒体还有其他多种形式，例如邮箱、论坛公告栏、聊天软件博客、播客、虚拟社区、网络电视等都是十分便利的传播工具。这在一定程度上拓宽了公文传播的渠道和途径，实现政府公文的"阳光、透明化"。尤其是微博公文的兴起，提升了机关干部的工作动力。浙江海宁司法局第一个发布了《关于启用微博公文的通知》，他的第一条微博公文在其新浪微博官方账号上发布，引起了广大受众的积极反响。另外，近些年才兴起和飞速发展的手机网络,使没有电脑的人群也能够享受到网络的优越性,这就为政府公文大众传播效果的优化提供了更加有效的传播工具。因此,在保证公文信息公开、安全的前提下,在机密权限范围内,当前公文应选用适宜的媒介进行传播,顺应时代潮流,以达到优化传播效果的目的。

三、合法:以法为度

第九届全国人大二次会议将依法治国载入了新修改的宪法之中。标志着我国进入了法制化建设的新阶段,应该重点强调的是建设社会主义法治国家的核心和关键是依法行政。公文作为国家依法行政的重要工具也必须反映法制化的精神。《国家行政机关公文处理办法》强化行政立法的重要成果,它的出台使公文处理日益规范化、科学化和制度化,在提高公文处理和传播质量和效率的同时也反映了时代的需要和要求,为依法行政确立了重要保证。

同时,这也要求我们在公文的写作、公文的制定和公文的发布等各个环节,都要充分体现依法行政的法制精神,严格依照各种法律法规进行公文的写作和传播。

(一)公文写作的合法性

公文的写作是受命写作,公文是法定作者履行公务的重要工具,是各级党政机关在履行公务过程中的产物,它表达着党政机关的主张,体现着党政机关的意志,显现着党政机关的意图。公文的写作不是作者个人意见的表达和个人情感的抒发,而是在公文处理办法和政务实际双重束缚下的"戴着镣铐的舞蹈"。就是说公文的写作不是即兴而作,公文的格式也不是任意而为。

公文写作既要符合用于指导文章写作的通用规定,如《出版物上数字用法的规定》《标点符号用法》等,也要符合专门用于指导公文写作的专业规定,如中华人民共和国国家标准(GB/T 9704—1999)《国家行政机关公文格式》、《国务院公文主题词表》等。我国的党政机关都针对本系统的公文处理及写作出台了相应的规定,如《中国共产党机关公文处理条例》《人大机关公文处理办法》《国家行政机关公文处理办法》《中国人民政治协商会议全国委员会提案工作条例》《中国人民解放军机关公文机关公文处理条例》等,公文写作要依法行文。

2021年5月15日上午,落款和公章为"长沙市自然资源和规划局"的一份《信息公开申请告知书》在网上引发广泛关注。全文如下:

信息公开申请书

本机关于2021年4月29日收到您通过当面提交的《政府信息公开申请书》。

经审查,您申请公开的长沙市岳麓区钰龙天下小区整体及各地块(包括一期、二期(含东区、西区)及未开发西北地块)自初次出让以来的历次规划条件修改或变更(如果有)的详情本机关予以公开,根据《政府信息公开条例》第三十六条第(二)项的规定,本机关将该政府信息提供给您(复印件附后)。

经查实,本机关未检索到您所申请的长沙市岳麓区钰龙天下小区整体及各地块(包括一期、二期(含东区、西区)及未开发西北地块)土地出让时所附的《规划条件书》。根据《政府信息公开条例》第十七条的规定，本机关不是您所申请的政府信息公开的主体，建议您向长沙市自然资源和规划局提出信息公开。

长沙市自然资源和规划局

2021 年 5 月 13 日

《信息公开申请告知书》的落款和公章为"长沙市自然资源和规划局"，文中却称"本机关不是您所申请的政府信息公开的主体，建议您向长沙市自然资源和规划局申请信息公开"，前言不搭后语，乍看不知所云。这起"乌龙事件"，对政府部门公信力造成较大损害。党政公文，一头连着政府，一头连着群众，容不得半点儿戏。

公文写作要依据法定程序进行，一般来说公文的撰写在公文的整个发文程序中主要包括交拟、起草、审核、定稿这四个环节，每一个环节又都有一些具体详细的工作和严格的规范。上述"奇葩文件"在办理中，但凡有一个环节能够堵住差错和漏洞，都不至于闹出如此"乌龙事件"。

（二）公文传播的合法性

中国传统社会有非常严格的专制系统，上下级之间具有领导与被领导的层级关系，下级的行动目标是从上级的行动目标中派生出来的。在这种等级森严的社会中，为了维护统治阶级的利益，统治者对公文的传播行为进行了极其严格的控制，形成了一套严密的公文传播制度，例如签名制度、正副本制度、玺封制度、虎符制度、驿传制度、稽查制度、判署制度、避讳制度、平缺制度、三省制度、用纸制度、一文一事制度、贴黄制度、折叠制度、票拟制度、批红制度、延寄制度、登记制度、录副制度、归档制度等。人们若违背这些公文传播制度，轻者责罚，重者杀头。

我国现行的公文传播制度规定性也很强。《中国共产党机关公文处理条例》《国家行政机关公文处理办法》《中国人民解放军机关公文处理条例》和《中华人民共和国国家标准国家行政机关公文格式》等法律法规对我国目前的公文传播方式进行了较为严格的规定，提出了很多公文传播的原则。例如根据机关隶属关系和职责范围行文的原则、授权行文的原则、行文由秘书部门统一处理的原则、非特殊情况不得越级行文的原则、公文不得直接报送领导者个人的原则、公文传播通道尽量缩短的原则、公文经过批准可以通过新闻媒体公开发布的原则等。这些公文传播方面的规定对我国各党政军群、企事业单位的公文制作与传播起到了很好的指导作用。

公文传播的合法性是国家、社会和各级组织日常工作正常运转的需要，是各单位运用公文沟通上下、协调左右、行使职能、实施管理的需要。就当前中国来说，公文传播的合法性保证了各级党政机关颁布的方针政策得到实施，保证了我国社会各方正常的工作交往，保证了我国社会主义和谐社会的建设。公文传播的合法性是历史的必然，是一切社会组织正常有序发展必须采取的措施之一。

四、合事：以事为绳

公文是依法行政和进行公务活动的重要工具，是表达党和国家思想、意志和推行国

133

家治理的路线、方针、政策的重要载体。可以说,公文是反映国家意志的物态形式。它从传播内容再到传播方式等都要做到合事性。

（一）公文写作的合事性

邓小平同志说过:"使思想和实际相符合,使主观和客观相符合,就是实事求是。"合事性是公文写作的基本要求之一,也是公文写作的根本原则。在公文写作中要坚持以事实论事,以数据说话,所表达和反映的内容和情况决不允许出现假大空、浮华失实,必须实事求是,绝对真实、客观、合理,具有在现实生活中具体存在的事实,它保证了传播者的可信性。如2021年重庆市人民政府工作报告中,就大量地以数据等实际载体呈现,简洁、准确、真实。

孔子《论语·里仁》中云:"君子欲讷于言,而敏于行。"意思是说君子说话要谨慎,行动则要敏捷。在公文写作中也可解释为执笔者用词要谨慎小心,内容要遵从实际。公文中有些文种如情况报告、调查报告等内容涉及面宽、传播领域广。只有正确把握问题的实质,坚持实事求是,遵从事物间的逻辑关系,公文才能收到良好的传播效果。在写作中应坚持客观的态度,尽可能地将自己的倾向在文章中隐去。如2021年3月3日,湖南省长沙市公安局高新分局官方微博在对此前发生的"货拉拉事件"的情况通报中,对事故的叙述也很清楚明白:"……货拉拉App导航路线总里程11公里,红绿灯15个,驾车需用时约21分钟;偏航路线总里程11.5公里,红绿灯11个,可省省4分钟左右……21时30分34秒,周某春拨打120急救电话,21时34分16秒拨打救护车电话,21时39分,在救护车司机的提醒下拨打110报警……"这份事件通报内容真实、数据准确、逻辑清楚、重点突出,清晰地回应了公众质疑,使真相大白于天下,用事实平息了网络舆论。

俗话说,事实胜于雄辩。公文写作主体应该深入实际,细致调查,掌握第一手资料,切不可道听途说,弄虚作假,胡编滥造,无中生有。近年来,很多政府公文在突出一些功绩时,往往报喜不报忧,浮夸连篇,夸大其词。尤其在一些总结性文体中,不管成绩大小,做得好坏,都信手拈来,公然写上诸如"创历史最高水平""取得相当大的成绩"等语言,无疑令受众读来大倒胃口,让信息接受者质疑其可信度。

（二）公文传播的合事性

公文中的传播活动实质上是文字信息的传播,成功的传播方法和技巧的运用,有利于提高公文写作的科学性、有效性和公文的传播效果。如果在公文撰写中针对特定的受众和特定的信息内容采用适当的传播策略、手段,不仅可以完整准确地表达公文需要传递的信息,而且可以增加公文的美感,进而提高对受众的影响力和吸引力。因此,公文传播的合事性,就是要具体事件具体分析,考虑在公文的撰写和传播过程中采用不同的传播技巧,以期取得最佳的传播效果。

传播技巧,就是有效、熟练地灵活运用传播原理、知识和技术所表现出来的具体而又特殊的传播技能或方法,它解决的是"怎么传"的问题。同理,公文传播技巧就是指在公文传播中为有效地达到预期目的而采用的策略方法。比如一篇公文在主题和观点一定的情况下,如何安排材料、进行论证、提示结论,就成了制约公文传播效果的重要变量。

不同的公文文种传播效果大不相同,公告、通告、通报等文种面向大众传播,传播面宽,信息量大,请示、批复等文种传播面较窄,信息量较小。虽然传播者自身(主体)因素会影响传播效果,但是影响受众态度改变的决定因素是传播内容本身。然而,传播内容的有效传播,又离不开传播技巧的运用。在传播学理论中,传播技巧主要有:警钟效果、诉诸感情、"一面提示"和"两面提示"、"明示结论"和"寓观点于材料中"等。公文传播离不开传播技巧的运用,应根据传播目的,选择相应的传播技巧。

以警钟效果为例,它也称恐惧诉求,作为一种诉求方式,是传播技巧的一种。是指运用"敲警钟"的方法唤起人们的危机意识和紧张心理,促成他们的态度和行为向一定方向发生变化,也是一种常见的传播技巧。如《中共中央办公厅、国务院办公厅关于切实减轻农民负担的紧急通知》:"……有一些省(区)和部门行动迅速,采取了有力措施,在一定程度上遏制了农民负担不断增长的势头。但是,总的情况很不理想,相当多的地方和部门行动迟缓,有的至今对中央的指示置若罔闻,按兵不动;有的甚至采取暗中干预的做法进行抵制;有些已明令禁止或多次被批评的不合理负担,仍在推行。对此,农民意见很大。如果任其继续发展下去,不仅会直接影响农业生产的发展,而且将影响农村乃至整个社会的安定。因此,必须采取断然措施予以纠正。"这份紧急通知列举了减轻农民负担工作中出现的主要问题,并指出其严重性和危害性:"如果任其继续发展下去,不仅会直接影响农业生产的发展,而且将影响农村乃至整个社会的安定。"这样就容易引起有关地方和部门的重视,并尽快采取相关行动。以上就是成功运用"敲警钟"的方法,具有很强的说服力。

第三节　公民社会与公文传播

公文传播是人们利用传播途径、通过公文交流信息以期发生相应变化的活动。随着互联网的出现,受众获得信息的渠道增多,所接触信息的深度和广度也逐渐加深。因此,受众的自我意识逐渐增强,他们不再是20世纪20年代传播学者们所认为的靶场上的靶子,受众对传播者所传递的信息不再是一味地接受。在这种情况下,公文的传播更要讲究方式方法,才有可能达到预期的效果。可是当下,传播者出于种种原因,出现了一些失误失策问题,一定程度上影响了公文的传播效果和社会效用,也影响了公文传播者(政府机关、其他组织等)的公信力和社会形象,甚至引起了受者的强烈反响,这些情况必须引起我们的关注和反思。要使公文传播能够在社会上充分发挥它应有的效用,我们可以从全过程控制的视角来对公文传播过程中存在的问题进行分析,也就是将其分为事前控制、事中控制、事后控制这三个模块,在不同的节点选择不同的方式来发挥传播的效能。

一、事前控制

(一)完善立法

为了使公文制发以及处理规范化、制度化和科学化,自新中国成立以来,各级党政机关先后制定了《国家行政机关公文处理办法》（以下简称《办法》）、《中国共产党机关公文处理条例》（以下简称《条例》）等法规性文件，规范公文的写作与处理。这些文件为我国党政公文提供了法律层面的支撑，也为公文使用人员认识、理解、掌握公文撰写与处理提供了依据，同时也增强了公文的法律约束力，提高了公文的严肃性和权威性。公文法规出台以来其本身的合理性和科学性已经极大地发挥了其应有的作用。但是从目前我国公文运行的实践层面来看，仍然存在着不少问题，有待于进一步地发现、研究和修正。

首先，现有的公文法律缺乏一致性。由于党、政、军等各个系统的工作性质和工作范围有所不同，形成了各自不同的公文法规，各种法规之间虽联系密切却也存在着相互重叠交叉的现象。例如党政机关的公文文种中有 9 种通用，即决定、通知、通报、报告、请示、批复、意见、函和会议纪要等，这些文种名称相同，有的在写作动机、写作目的及使用范围、写作模式等方面完全相同，区别只在于公文的制发机关不同。也有一些文种，虽然文种名称相同，但其内涵却不完全相同，在不同的法规上对同一个文种的界定存在着明显的差别，如《办法》中规定"决定"有"奖惩有关单位和人员"的要求，而《条例》中则没有；另外，在公文格式方面也有不同，如数字的使用、用纸规格等，如此不同法规对通用文种界定的不一致给联合发文及下级机关的使用管理带来诸多不便。

其次，公文法规的执行缺乏行动力。公文的约束力来源于法律的强制性，就总体而言，现行的公文法规的约束是逐渐加强的，以 2000 年版《办法》为例，其发布机关由过去国务院办公厅变为现在的国务院，其主观意识即是增强其约束力。现有的公文法规也明确了公文工作中的各项要求，但是目前的法规体系中却没有相关的法律惩罚内容，使得公文法规的约束力和权威性大打折扣。在法规文件的具体执行中可能会使各项规定无法按照规定的要求实行。以"货车司机自杀事件"为例，2021 年 4 月 5 日，河北沧州泊头市货车司机金德强途经唐山市丰润区超限检查站时，因北斗定位掉线，被处以扣车、罚款2 000 元。随后，金德强服农药自杀，最终抢救无效去世。"导航掉线"的处罚依据来自于2013 年颁布的《道路运输车辆动态监管管理办法》。其中第三十七条规定，"道路运输经营者使用卫星定位装置出现故障不能保持在线的运输车辆从事经营活动的，由县级以上道路运输管理机构责令改正。拒不改正的，处 800 元罚款"。第三十八条规定，有破坏卫星定位装置以及恶意人为干扰、屏蔽卫星定位装置信号等行为的，由县级以上道路运输管理机构责令改正，处 2 000 元以上 5 000 元以下罚款。在具体执行中，这一政策的落地还存在细节的疑问：在察觉司机掉线后，货运公司会及时通知司机，然后安排维修人员维修，但运行过程中，这往往需要一段时间，由于"掉线"的信号已经发送至平台，有时候地方执法部门也会据此进行执法。"掉线"多久会被执法？如果及时维修，留有的纪录还会被执法吗？河北、湖南两地的省公路运输管理部门均未给出明确的标准。如何认定掉线？谁来认定？日常谁进行监管？有无相关法律对执行部门进行监管和惩处？诸多问题，亟待相关法规的完善，加强公文执行的约束力，避免此类悲剧的重演。

（二）完善应急机制

新媒体时代，人人都是传播者，公众拥有了传播的权利，就使得眼睛无处不在，耳朵无处不在，嘴巴无处不在。一旦出现公共危机事件，民众就会通过自媒体进行讨论，使得该话题成为公众议题。这种情况如果没有得到党和政府的重视,在极短的时间内就有可能"引爆全网",激起公民更加广泛的关注和讨论,这也就表明政府在议程设置上已经滞后。因此,我们的党政机关就应当在事件发生前建立起完善的应急机制,提高公文传播的实效性。

政府如果要治理突发性的舆情事件,就需要健全舆情危机的应急机制,当然,这也有助于提升政府的行政水平。

2021年3月,一份江苏省连云港市灌南县人民法院按照最高人民法院要求上传至判决文书网的灌南县人民法院(2020)苏0724刑初166号刑事判决书引发了网友的关注,一名90后女辅警涉嫌敲诈与其发生过不正当关系的多名公职人员。判决书引起网友热议后,这份判决书已经在判决文书网上消失,而有关部门也对该事件只字不提。我们不在本书中就事件的本身多做探讨,只谈相关部门对该事件的处理。

从他们的做法中我们可以看出,地方政府除了缺乏对网络舆情危机事件的处理能力之外,还忽视了网络舆情治理体系的建设,该地方政府没有准备舆情危机事件的应急方案,不能科学有效地对网络舆情进行正向引导,导致负面舆情持续升温,政府在公众心目中的形象严重受损,为以后的处理工作带来诸多不便。

其实,网络舆论爆发之后,想要平息事态,最好的办法就是立马进行调查并做出回应,方能给民众一个交代。就在该事件发生后不久,新华网也在其"新华视点"的微博上发表评论,喊话灌南县相关部门:面对公众质疑,当地相关部门决不能删帖了之,公开解答才是正理。因此,对于相关的党政机构来说,事前的准备工作就显得尤为重要。尤其是在新媒体时代,各级媒体都在强调时效性,我们的公文传播如果能够在事件发生后快速反应,给公众一个合理的答复,方能抢占舆论的主导权,培养与受众的信任关系。而要做到这些,就需要我们提前做好事前控制,建立一个科学的应急预案。

(三)加强人才队伍建设

对于政府部门公文写作者而言,应该熟悉掌握相关的公文传播知识和技巧,具备专业化的工作能力。然而在政府部门,公文写作者之间的专业水平具有很大的差异性,部分工作人员并没有掌握专业化知识,也没有接受过专业性指导和培训。在国内对于公文从业人员,国家也没有硬性规定必须参加相关技能培训,所以很多政府部门的公文写作者并没有掌握相应的专业知识,传播素养较差,无法满足工作中的实际需求。尤其是很多工作人员并不明确自身的权责,又缺乏相应的监督机制、问责机制和奖励机制,无法很好地推动相关工作的进展和进步。从之前的"重庆万州公交车坠桥事件"可以看出,在"坠桥或因女司机逆行"等不实消息大肆传播的时候,相关部门工作人员没能及时监测到舆情的变化,只是通过网络平台单向发布信息,对舆情的焦点把握不准,缺乏舆情引导意识,导致舆情蔓延。

当下,随着互联网的高速发展以及政务信息的透明公开,公文这一本来是在小范围内传播的公务文书变得越发能够影响舆论,尤其是网络舆论。而网络舆情治理的现状表明网络舆情管理是专业性的技能领域,这要求进一步加大基层工作人员的网络舆情技能培训,尽快培养一批能够根据网络舆情特点来进行公文写作与传播的复合型人才。这种技能培训既包括理论知识的学习，也包括实践层面的操作。从理论层面看，相关工作人员应了解网络舆情治理的基本原理。首先要了解政府部门对网络舆情治理的现状、存在的问题等，然后要了解网络舆情扩散和网络舆情危机演变的机制及过程，把握网络舆情演化的关键节点。在此基础上，要了解现有网络舆情治理的整体架构和体制，明确自身所扮演的角色和作用。同时要辅之以公务员职业道德培训，深化对公共利益和人民根本利益的认识。最后要加强对公文写作与传播的技能培训，理解公文与社会治理、公文与网络舆情之间的联系。理论学习后，培训还要注重结合实际，加强相关工作人员的技能培训。一方面，操作性和案例性教学有利于加深工作人员对理论培训的理解；另一方面，实践性教学还原了真实的网络舆情治理情境，通过学习式培训，有利于及早发现公文写作与传播中存在的问题，在头脑风暴等智力探讨下探索解决问题的办法。

二、事中控制

（一）主动回应，提升公文信度

互联网之所以能够成为网络利益表达和情感宣泄的场所，除了其本身的自由性、交互性和便捷性，还有一个重要原因就是社会信息管理滞后，导致谣言成灾。现实中，在处理突发事件过程中，党政机关对突发事件的任何"襟声""失声"都会给谣言的传播和扩大提供空间和可能性。譬如，2021年国庆期间山西暴雨事件、长春长生疫苗事件等，由于政府的信息公开稍有滞后，则谣言漫天，网络舆情影响极坏。因此，在突发事件的爆发阶段，党政机关一定要在信息公开制度下，本着"实事求是"的态度对突发事件信息进行主动回应。以疏为主，尽量少堵。舆论舆情应当抓住有利时机引导，让公众冷静下来理性思考问题，一味堵住众人之口在现代行政体系中是行不通的，反而会遭到更多人的反感和抵制。"流言止于真相，透明赢得人心。"只有这样，才能实现党政机关公文传播与社会治理互相协调，互相呼应。

此外，党政机关通过公文主动回应事件相关信息、还原事件真相时，还应提高公文的信度。回应信度是指政府网络舆情回应内容的可靠性和一致性，即政府相关部门对同一事件反馈的和声明信息的一致性程度。官方作为权威话语权主体，对外宣称的信息应当具有稳定性和一致性，但在社会治理中，部分政府仍然会出现先后不一致的表态现象。这主要表现为：政府不同部门之间表态和鉴定结论不一致；同一政府部门在前后声明中出现了不一致的态度和结论；同部门不同层级鉴定结论和声明不一致。以司法审判为例。近几年媒体曝光了大量诸如"呼格吉勒图奸杀案"等冤假错案。一审时期，有关部门都认为犯罪嫌疑人犯罪证据确凿，量刑准确，二审维持原判，驳回上诉。尽管受害者家属没有放弃上诉的机会，但有关部门始终对该案件避而不谈。直到澄清罪行的证据浮出水面，媒体和法律界相关人士介入，引发了社会舆情的广泛关注，这些案件的再审程序才被启动。在网络媒体和社会舆论的推动下，同一案件最终得出了不同的结论，事实真相最终被还原，冤案得以澄清，但迟来的正义无法弥补给受害者及其家属带来的伤害。

（二）重视群众诉求

政府并非万能，不能包办一切，有效的社会治理需要尽可能广泛挖掘各类主体的需求,汇聚各类主体的智慧。比如在网络问政过程中,公民不再是被动的信息接收者,也是信息传播和反馈者。如果在社会治理决策中民众遭到排斥,则其权益难以得到保障;如果公众表达与政府回应缺乏制度保障,则协商共治难以落到实处。当下政务新媒体强大的交互功能有利于打破"官"与"民"之间的信息壁垒,架起沟通的桥梁。因此,我们在进行公文写作与传播时,就应当注意通过一些政务新媒体来了解民众的诉求,舒缓社会公众的紧张情绪,同时也为政府塑造高效、亲民的形象。社会治理是理性疏导不是强制堵塞,社会稳定是在疏导基础上的动态稳定。

在社会治理的过程中,难免会遇到一些突发事件。随着网络的普及与发展,媒介突发事件造成的负面影响不得不重视。不同的事件类型,甚至在事件的不同发展阶段以及事件的不同舆情演变期,民众的信息需求都存在差异。事件发生后,民众的信息关注点集中在人员伤亡、财产损失、事故原因、事故追责等方面。而媒介事件自身的热点属性也就是民众的关注点除了有以上几个方面外,还有事件在媒介化的过程中,也就是变成媒介事件的过程当中"事实"的"放大""聚焦""扭曲""删减"。事件经过这一系列的"包装",真相愈加扑朔迷离。党政机关在应对媒介事件时忽略媒介事件的特殊性,导致与民众的关注点存在脱节的情况。在"重庆公交坠江事故"发生后,民众对于第一个阶段的需求是事故的伤亡情况,第二个阶段是事故的原因,第三个阶段是事情的处理与善后。这三个阶段并不是依次发生的,而是混杂在一起干扰着民众。但党政机关依据处理的顺序应该按时按阶段告知民众真相。第一阶段即告知事故的伤亡情况以及救援情况。从第二阶段即事故真相开始,相关部门通知的信息与民众的关注点开始出现偏差。民众的关注目光已经转向事故发生的原因,但党政机关依然在传递救援情况的相关微博,出现"救援信息"过剩。民众无法从官方渠道获得信息,小道消息必然盛行,以至于出现对红色轿车车主的网络暴力。第三阶段,官方发布事故原因、曝光黑匣子之后,民众也冷静下来,但这个阶段公文传播却停止了。

因此,事件发生的过程中,公文除了在向民众传递真实的"伤亡情况""救援情况"等基本事实时,也应注重政府与民众间的感情维系,及时响应民众需求。

除此之外,有关部门还应重视受众对公文的参与,保持和受众多互动,要特别注重受众的声音,关注他们对公文文件发布、执行结果的反馈,及时回应反馈,适时调整政策。对此,可以以浙江省海宁市司法局官方微博"海宁司法"为借鉴对象。"海宁司法"不仅首创了微博公文这一特殊公文形态,并且还借助微博力量,打造微博"集团军",集结了海宁市司法局各科室、下属单位以及工作人员的官方微博号,让"海宁司法"微博号的功效得以最大程度地发挥,获得更多的支持和配合。当网民在某一个微博上反映问题,因为"集团军"的合力,相关微博能够迅速作出回应并及时处理,使得微博不仅仅是一个信息发布平台,还是一个政务平台,一个沟通平台。所以,为了方便各微博、各单位实现联动,做到及时回应网民意见,可以将某一系统或单位内的微博在一定程度上整合起来,这样不仅能提高办事效率,也能在发布相关公文文件时加强和受众的互动,吸纳民意。

（三）加强发文审核

公文制发要遵循依法行文、实事求是、精简高效、全面优化、安全保密、集中统一的原则。制发公文必须符合党的方针政策和国家法律法规,切实维护人民群众的根本利益。坚持依法办文,深入调查研究,听取各方面意见,努力提高公文的针对性、可操作性。工作人员要严格执行公文处理规定,正确处理行文关系,遵循行文规则,规范公文格式,加强办文审核和质量把关。制定公文,主办部门必须广泛征求相关部门和基层的意见,通过法规部门的审核,经集体研究审定后才能制发。

但很多时候,政府的公文审核并不严格,只是走走形式。甚至有时候,资历老的公文办理者会把这些工作交给新入职人员,没有严格遵守国家规定的行政公文审核制度。公文的发文审核工作从大的方面来说应包括内容和形式。就内容来说,需要审核的有发文意图是否合理、是否符合政策、文字表达是否合理得当等方面。而就形式来说,应包括行政公文本身的格式,如字体、字号、日期、签发人等内容,还有行政公文的办文程序是否合理。因此,行政公文的审核其实是一项比较繁杂的工作。但是很多公文人员在行政公文审核方面偷工减料,自作主张省去一些步骤和环节,例如,在审查过程中不能严格按照审查规则执行,不明确审查主体职责,审查能力不足,导致"缺审""漏审""过度审"等问题。这些现象都成为审查机制的掣肘,实践工作中出现的诸多饱受舆论批评的"奇葩"文件,很大程度上都是由审查机制缺失导致的。这很容易造成审核不严谨,错误没被审核出来的情况。比如前文提到的长沙市自然资源与规划局的"乌龙事件"。

因此,要想规范行政公文的写作和办理,必须先建立起规范的行政公文审核和评估制度,并且这种审核工作如果都要由专门的行政公文审核人员来做就会浪费行政资源,因此最好可以借助计算机网络来实现一部分。如在收文时,利用计算机网络对行政公文的字体、字号、间距等外部形式进行扫描,在计算机输出扫描结果的同时,政府机关专门的行政工作审查人员可以审核行政公文的内容,双管齐下,全面提高政府行政公文的写作和办理水平。

三、事后控制

随着我国经济社会的变迁,社会化媒体快速发展,网络虚拟空间正成为社会各阶层表达意见、交流思想、宣泄情绪的主要场所。网民的权利意识不断增强,网络成为公众发表自己的意见、建议、诉求和参与国家公共事务的便利途径。随着网络信息的不断传播和发酵,网络言论易演变为网络舆情,进而诱发舆情危机,一旦线上群体情绪转化为线下群体事件,就会危害社会稳定。

群体性事件得到合理处置后,相关的舆情会迅速减弱直至消退。但是,当事的政府部门不能就此了事,而应趁着"余热",采取进一步的舆论引导举措修复和强化政府的公信力。这也就是所谓的事后控制。要对整个群体性事件爆发期间搜集到的舆情进行整理,完善监测、预警和处置方案,为以后群体性事件的舆论引导提供参考。要强化责任追究,不仅要严厉惩罚散布谣言、扩大事态甚至"趁火打劫"的不法分子,而且要严肃问责与事件相关的责任人,以平复社会公众的情绪。最后还要关注事件发生后的社会秩序问题,包括"事故的善后""相关法律的普及"以及"构建情感关系"等。我们的公文传播工作的眼光要放得更加长远,才有利于社会治理工作的顺利开展。

(一)善于总结

事件发生后,除了向公众传递事件的基本信息以及处理结果,还应该带领公众对事件背后所反映的东西进行反思,如果政府只是简单地把发布公文消散舆情当作舆情管理工作的结束,没有调查舆情暴露的实际问题,无法给出正确的解决方案,那么再发生类似事件的时候,大规模的舆情危机仍然会出现。同时,民众也会回想起之前党政机关处理类似事件的态度和效果,对其的信任会大大降低,这对党政机关今后的公文传播很不利。

在事后控制阶段,相关部门采取的各种措施,发布的各类公文可能已初见成效,公开了相关信息或者澄清了相关事实,解释回答各种关切的问题已经得到公众的理解和支持,问题得以解决,事态逐渐平息;或者尽管事件仍在发展,但是公众由于审美疲劳而不再关心这个问题,相关讨论逐步减少,舆情开始消退。但这并不意味着相关部门工作的结束,在此阶段,党政机关需要做的工作之一就是学会总结。相关部门不仅要关注事态的发展,做好预防舆情反弹的工作,而且还要对事件所产生的社会影响、措施的效果进行调查和评估,以提高以后的社会治理并修复造成的破坏。调查评估主要包括对突发社会事件的预警机制、管理运行机制、回应机制、应对策略、处置方案的效果、资源投入的经济性等方面进行调查和评估,收集和分析民众对政府工作的评价和认知,发现社会治理和回应中存在的问题,通过总结经验教训,修正工作机制、程序、方法和策略,加强自身的建设,避免类似的事件或者处置不当的情况再次发生,为以后群体性事件的治理提供参考,提升相关部门的社会治理能力。

(二)舆情善后,维护社会秩序

舆情会在地方政府的控制和群众的逐渐遗忘中渐渐消逝,这一个阶段称为舆情消减阶段。但是这一个阶段绝不是说舆情开始减退就代表完全被控制住,这个时间段更加需要政府全力支持开展舆情消除的后续工作,比如怎样完全消除影响?要彻底处理突发事件,以免被不怀好意的人利用,解决遗留问题是政府在事后控制阶段收尾工作中需要做到的事情。

事故发生造成的社会裂痕如何修复?相关部门关于"维护社会秩序"的发文必不可少。媒介事件作为突发事件的一种,具有一定的破坏性,这种破坏性并不像自然灾害事件那样属于物质的损失。媒介事件的破坏更多发生在人与人之间的信任感、正义感等精神层面上。精神层面的坍塌对于社会秩序的破坏更为严重。"社会秩序"的公文内容所要起的作用之一就是维护社会秩序。所以,有关"普及逃生知识""澄清谣言""稳定人心""从情感角度出发"的内容都算"社会秩序"的范畴。重视社会事件媒介化的负面影响,以及媒介化造成的人与人之间关系的影响、信任关系的冲击。事后党政机关通过公开发文构建良好的拟态环境,重新构建起人与人、政府与民众之间良好的信任关系。

"重庆万州公交车坠桥事件"发生后,重庆的相关部门立刻对事件本身进行了详细通报,但是它所引起的一些社会现象却鲜有提及,比如对网络舆论对红车女司机造成的伤害以及类似事件今后将如何规避等。民众在了解到事件的真实情况和背后真相之后,其实还需要一些能够维护社会秩序,重建信任的信息。类似的媒介事件造成的破坏和自然灾害事件有所不同,媒介事件更多的破坏在于人与人之间的信任感、正义感等精神层面。精神层面的坍塌对社会秩序的破坏更为严重。党和政府通过公文来传播一些有关"普及逃生信息""澄清谣言""稳定人心""从情感角度出发"的内容,都能够起到一定的维护社会秩序的作用。事件发生的当下,人们忽略风险背后的社会心理因素,那么忽视的后果就是对民众的生理、心理方面的损伤。

(三)事后追责

近年来,我国各级地方政府为处理社会问题和满足社会需求而构建了相关的政府响应民众反馈的体系和机制。建立了信息传播、风险管理和预防、舆情处理的机制,建立在线信息平台、政府微博等处理措施,然而以运作角度作为出发点,政府公开的信息具有内容真实性低、缺乏完整性的特点,监测民众需求的工作不及时,缺乏管理意识和风险防范意识,长期不发布消息或发布"乌龙公文"的官方平台十分普遍,这都是因为在网络时代缺乏政府问责机制。政府由于问责机制的缺失而导致应对能力降低。

哈耶克指出:"为有效起见,责任必须是个人责任。在一个自由的社会里,不可能有某种一个组织成员的集体责任,除非他们通过协调行动已经使每个人都各自负责。共同或分别承担责任都要求个人同他人相一致,因此就会限制每个人的权力。如果让人们共同承担责任,而不在同时规定一个共同的义务和协调的行动,结果便经常是无人真正负责。"因此,责任追究只有落实到责任人,才能谈得上是真实可靠的责任。一切追究责任的行为,最终都要有具体的个人为此承担,否则就谈不,上什么追究。当我们在公文制度化管理过程中,有了错误或失误的行为发生,首要的问题也应该是确定行为的后果责任,确定责任的具体承担者。

要建立问责机制,明晰权责划分,应建立一岗双责制度,对相关部门单位及责任人赏罚分明,要使相关机构和人员分工明确,职责清晰。根据有关政府部门对突发事件的回应方式、回应内容、回应态度和回应时间等对其进行系统的考核,要严厉惩治政府官员在社会治理过程中的不当行为,进一步提高政府工作人员对社会治理的重视程度以及对社会治理的责任心。对于在突发事件中推脱责任、态度不良、不作为、乱作为的个体或组织,要严肃问责与事件相关的责任人,以平复社会公众的情绪。同时要将公文传播工作纳入年度考核,对公文传播存在重大失误、造成重大影响的单位一票否决,直接定为年度考核末位,取消单位和个人的评先评优资格。

第六章　公文传播的伦理

第一节　作者伦理

公文写作与传播无论在党政机关还是企事业单位都扮演着十分重要的角色,但公文写作并不像单纯的文学创作那样可以随心所欲,而是建立在人伦道德之上的一种具有规范性和束缚力的写作。在人们以往的认知里,公文与伦理学几乎毫无联系,但若仔细探究的话,不难发现两者之间的关联。

所谓"伦理学",是研究道德现象、揭示道德本质及其发展规律的学科,伦理道德是人类共同理想和价值观的内在文化表征。"善"与"恶"是相对的两个重要的伦理学范畴,用于对人的行为进行道德评价。"善"意味着"有用""合目的性",是对符合一定社会或阶级的道德原则和行为规范的肯定评价,它与我们目前大力倡导的和谐社会的目标是相一致的。从伦理学的角度来看,公文写作应该是一种至善的行为。公文内容既要符合党和国家的路线、方针、政策、法律,又要符合客观实际,维护广大人民群众的利益。此外,公文作为一种重要的媒介与载体,还应该以尊重人的权利、关怀人的幸福为己任,在惩恶扬善、维护社会稳定、推动社会发展方面起着不可忽视的作用。所以,公文作者应具备高度的责任心、使命感和人文关怀精神,从善意出发,并尽可能以善果告终。

随着社会的发展,信息时代的来临与网络时代的出现,公文写作已成为大众化的行为,其价值也日渐突出,同时公文写作伦理也受到越来越多人的关注。公文能否发挥积极的作用,能否对他人、对社会发展有益,很大程度上取决于公文作者自身道德素养的高低。尤其是在市场经济逐步发展、深入的今天,整个社会呈现出中外、新旧因素多元、交叉、重叠的状况。与此相应,公文写作也处于中外、新旧杂存的状态,道德失范现象日益严重,公文写作中造假失真,损害国家与人民群众利益的现象屡有发生。因此,探究公文传播的作者伦理就显得尤为重要。

值得一提的是,本书所探究的作者伦理中,作者不仅指撰写公文内容的作者本人,还泛指发布公文的发文机关。从这一点出发,本书将公文传播的作者伦理分为动机伦理、职能伦理和效果伦理三个方面。

一、动机伦理

动机是激发和维持有机体的行动,并使行动导向某一目标的心理倾向或内部驱动。美国心理学家武德沃斯 1918 年最早将其应用于心理学,被认为是决定行为的内在动力。心理学认为,人类从事各种实践活动的本源性动因给予人的一种心理需求——需要,它是有机体产生活动和行为的原始动力。这是心理学对个体行为之动力源的揭示。而人作为社会的人,总是生活在群体社会中,相互影响并存在着千丝万缕的联系,当个体的某一需求被群体所认同,或当群体产生了一种共同的需求的时候,一种群体需求或社会需要便产生了。因此,公文写作作为一种实践活动,其写作动机自然也出于人的一种需要,但它不是出于个体的需要,而是基于一种群体、社会的需要。

首先,公共性是公文作者需要遵守的首要原则。由于公文是为了统一群体的思想认识,指导规范群体的实践活动,为实现一定的群体、社会目标而制作的,因此,公文的思想内容是一种集体意志的体现,而非作者一己之思想认识和情感意愿的体现。从这个角度来说,公文写作不是个人行为,公文代表的不是个人意志而是组织意志,在公文当中,作者不应该受个人立场所影响,被个人情绪所左右。也就是说,公文作者不能仅凭一人一己之见而为之,不能肆意发挥,更不能强加自己的观点于人,不能想写什么就写什么,不能想怎么写就怎么写。例如,2017 年 2 月 25 日,国家旅游局在新闻发布会上对云南丽江古城景区等 3 家 5A 级旅游景区给予严重警告,限期 6 个月整改。当天下午,经认证的丽江古城区委宣传部官方微博"古宣发布"就相关消息与微博网友互动时疑似使用不当言论:"你最好永远别来!有你不多无你不少!"该微博被截图(如图)并引发广泛关注。2月 27 日,古城区委宣传部发布情况通报表示,古城区委对该事件高度重视,并对涉事两名干部作出停职检查等处理。

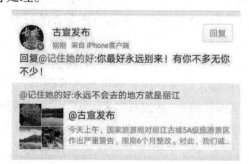

其次,公文作者也应该遵守公正性的原则。作为道德范畴,公正既指符合一定道德规范的行为,又主要指处理人际关系和利益分配的一种原则,即一视同仁和得所当得。作为道德上的一种善,公正对于全社会而言是指所有的人在人格上的平等,每个人在生存权利和发展权上的平等。公文广泛应用于政治、经济、科技、文化等各个社会领域,服务于社会各个阶层,其所具有的管理和领导、规范和准绳、宣传和教育等作用,决定了公文的写作和传播与人们的工作、学习、生活有着千丝万缕的联系和影响。当然这也不只是关系到某份公文使用双方或多方的利益,最终也间接影响到其他人乃至整个社会的利益。公文作者若是迫于上级部门的压力,或受相关利益的驱使,起草公文时有失公允,将群众利益置于一旁,这从根本上违背了公文写作的原则。因此,公文作者须心怀公正,以公允平等之心看待个人与集体、自己与他人的关系,既提倡毫无偏私,又反对弄虚作假,更要坚持调查研究,坚持一切从实际出发,坚持公正为文。

最后,在公文写作中,作者还应该遵守人道性的原则。人道性则是指公文作者应从人道主义出发,惩恶扬善,保障人民群众的利益。社会主义人道主义作为一种道德要求和价值标准,主要包括三方面的基本内容,即尊重人、关心人、促进人自由而全面地发展。公文写作是一种至善的行为,其在客观上起到了给人们工作、生活提供各种方便,协调人际关系,促进社会物质文明和精神文明的发展等作用。尤其是章程、条例、规定、办法、决定、细则等法规性公文,是规范人们行为、推动社会文明发展的,客观上起着扬善惩恶、倡善戒恶、保障人的生命财产安全、关怀人的幸福、尊重人的权利和维护社会稳定的作用。

二、职能伦理

职能,是指人、事物、机构所应有的职责与功能。在公文写作与传播的领域中,提及最多的职能则是政府职能,亦称为行政职能,它是国家行政机关依法对国家和社会公共事务进行管理时应承担的职责和所具有的功能。俗话说"在其位,谋其政",各个党政机关单位、部门都有自己的职责,那么公文的作用也对应着公文作者和发文机关相应的职能。

公文作为党政机关和企事业单位重要的传播媒介和载体,也承载着发文机关、单位或相关部门的职能和职权,那么公文作者和发文机关在进行公文写作与传播时,就必须厘清自己的权利和责任的范围,严格遵守相应的规章制度,不越职不越权,避免发生"该管的事不管,不该管的事管了"这样职能错位的情况,损害党政机关的形象和公信力。例如,2021年5月13日,湖南长沙一份盖有"长沙市自然资源和规划局政府信息公开专用章"的红头文件《政府信息公开告知书》因漏洞百出,引发社会广泛关注和质疑。文件内容显示,2021年4月29日,有市民提出申请公开长沙市岳麓区钰龙天下小区整体及各地块历次规划条件修改或变更的详情。然而,该文件回复"本机关不是您所申请的政府信息公开的主体",并且这句话在文中出现了两次。同时,文件里还写道"建议您向长沙市自然资源和规划局提出信息公开",但文件的落款和印章正是"长沙市自然资源和规划局"。既说自己不是信息公开的主体,又让市民找自己,如此"我不是我""反映问题去找我"的自相矛盾闹剧让人哭笑不得,更是暴露出公文作者、发文机关以及相关部门的诸多弊病。

事件发生后,长沙市委市政府责成市纪委监委迅速调查核实,及时启动问责程序。经长沙市纪委监委查明,自2019年4月28日起,长沙市自然资源和规划局为了提升政务公开办事效率,将1枚"长沙市自然资源和规划局政府信息公开专用章"下放湘江新区国土规划局,专项用于湘江新区范围内相关政府信息公开。湘江新区国土规划局在受理本次事件涉及的信息公开申请后,经办人本应向长沙市自然资源和规划局调取相关材料后提供给申请者,但经办人未予调取,并要求申请人重新自行向长沙市自然资源和规划局申请。湘江新区国土规划局在回复行文中又简单套用长沙市自然资源和规划局专用函

长沙市自然资源和规划局

信息公开申请告知书

本机关于 2021 年 4 月 29 日收到您通过当面提交的《政府信息公开申请书》。

经审查，您申请公开的长沙市岳麓区钰龙天下小区整体及各地块（包括一期、二期（含东区、西区）及未开发西北地块）自初次出让以来的历次规划条件修改或变更（如果有）的详情本机关予以公开，根据《政府信息公开条例》第三十六条第（二）项的规定，本机关将该政府信息提供给您（复印件附后）。

经查实，本机关未检索到您所申请的长沙市岳麓区钰龙天下小区整体及各地块（包括一期、二期（含东区、西区）及未开发西北地块）土地出让时所附的《规划条件书》。根据《政府信息公开条例》第十七条的规定，本机关不是您所申请的政府信息公开的主体。本机关不是您所申请的政府信息公开的主体，建议您向长沙市自然资源和规划局提出信息公开。

长沙市自然资源和规划局

2021 年 5 月 13 日

头、落款及公章，造成了自相矛盾，且该局相关领导在审核过程中也未履行把关职责。最终长沙市纪委启动问责，对 3 名领导责任人分别作出党内警告、党内严重警告处分，2 名直接经办人作出政纪处分并调离现任工作岗位，1 名经办人受到批评教育。由此可见，公文作者和发文机关的公章滥用、错用也会造成党政机关行政职能的错位，各部门之间的相互推诿，最终导致政府公信力的丧失。

除此之外，滥发"红头文件"也是一种职能错位的表现，实质上是其制定主体，即公文作者职能界定不准确所导致的。我国经历了较长的计划经济时期，受计划经济下行政管理模式的影响，政府主导型的管理模式在行政系统中积淀很深。改革开放以来，虽然国家积极推进政府职能转变，推行党政分开、政企分开，进行行政审批制度、机构改革，但是与社会主义市场经济相适应的行政体制还没有完全建立起来，全能型政府职能模式还支配着公务人员的思维。行政机关为社会和公众提供公共服务的职能和角色仍然不强，重管理、轻服务，重规范、轻指导，在本应属于市场调节的领域，或由企业、中介组织自行解决的非公共事务，也惯用行政指令等方法进行管理。如此一来，不仅使政府管了很多不该管的事，发了许多不该发的文件，严重地浪费了行政资源，也造成了极坏的社会影响。

一份公文，在公文作者那里，可能只是一项工作，但在社会上，体现的却是政府的态度,绝不可小视。每一个机关单位都应该引以为戒,在草拟公文的时候,认真严肃对待每一份公文、每一件民生工作。唯有常怀敬畏之心,善察民情冷暖,才能通过公文用心用情用力地把人民群众的事情办好。

三、效果伦理

所谓效果,是指由人的行为产生的有效结果,在传播学的领域中又称为传播效果。传播效果,狭义上指的是带有说服动机的传播行为在受传者身上引起的心理、态度和行为的变化;广义上则指传播活动尤其是报刊、广播、电视等大众传播媒介的活动对受传者和社会所产生的一切影响和结果的总和。将其引用至公文传播领域,那么传播效果则指的是政府公文对受众及社会所产生的一切影响和结果。所谓效果伦理,则是指公文作者要秉持着产生正面效果的态度和理念来进行公文写作和传播,即公文的写作和传播应该是能安抚群众焦虑情绪的,能促进群众问题解决的,让群众得到人文关怀的。从这个角度上来看,无用或无效的公文写作和传播也算是一种行政资源的浪费,是一种负面的传播效果。

不可忽视的是,随着市场经济的深入发展,我国的社会矛盾进一步激化,社会各个阶层之间的矛盾和冲突越来越激烈,各个阶层之间的矛盾使得阶层之间的利益争端尖锐起来。社会各阶层为了使本阶层得到更好的发展,会通过各种途径和方式来制约其他阶层的利益实现,而其本身的行为也会得到其他阶层的限制和关注。党政机关与广大群众相比是一个强势的主体,掌握着管理国家和社会事务的权力,在一定程度上决定了公众某些方面的利益和权益,这意味着公文的发布如果不按照法定的程序制定则可能会侵犯公众的权益,产生负面效果。如此一来,不仅会破坏政府公正性、减弱政府公信力,还会损坏党政机关在公众心中的形象,甚至可能激发更多的社会矛盾。

那么如何才能加大公义传播的止面效果呢? 党政机关和企事业单位要想优化公文传播的效果,可以从传播深度和传播广度两个方面来挖掘。传播深度是指受众对传播内容的认知程度和认同程度,传播广度则是指传播内容所到达的受众数量和范围。由于公文内容通俗易懂的特点在传播深度上的要求是比较低的,那么公文传播效果的优化则主要是针对传播的广度,也就是公文传播所能到达的受众数量尽量多和范围尽量广。因此在公文传播的过程中,传播者(党政机关和企事业单位)需要选择多种有效的传播手段和传播媒介,将所有可能的受众覆盖在公文传播的网络之下,以达到传播效果的优化。毫无疑问地,网络新媒体不失为一个绝佳的选择。近年来,我国电子政务不断深化发展,各级党政机关都已建立了属于自己的门户网站和客户端,并开通了官方微信公众号、官方微博账号,通过这些网站和官方账号将公文发布在网上,与公民随时进行交互,完成问题的咨询和反馈。政务新媒体的使用使得公文传播的速度更快、范围更广,与此同时,政务新媒体与网民接地气的交流互动也使群众更易接受一些严肃公文的传播,从而使得公文传播效果呈现积极的态势。

例如,2021 年 7 月 20 日,河南大部分地区出现大雨、大暴雨,多地降雨量突破历史极值。@河南共青团、@河南消防、@云上河南、@河南博物院、@郑州发布、@焦作消防、

@开封交警、@卫辉市融媒体中心等官方微博迅速响应,及时发布抢险救灾工作进度、防汛应急管理办法,为人们提供防汛、避险、自救等操作指南,多角度保障群众生命财产安全。根据铀媒数据显示,2021年7月20日至7月21日14时,公安部门先后有481个账号参与"河南暴雨"相关话题传播,应急管理部门有314个官方微博账号先后发布1 111条"河南暴雨"相关微博。此外,宣传部门以及政法委、检察院、团委、气象等多部门官微迅速响应,对河南暴雨造成的灾情以及救援进度实时监测跟进,及时回应了舆论关切。其中,官方微博账号@河南消防在7月20日至21日以图文、视频等多种形式发布"河南暴雨"相关原创微博80余条,及时有效地将灾情信息和救援动态公开,确保了信息的权威性,在很大程度上安抚了网民担忧情绪(图1)。面对突发事件,@河南消防、@河南共青团、@郑州发布等政务官微作为权威信息的发布窗口和求助信息接收窗口,有效利用微博这一公共话语空间,充分发挥了信息公开、为民解难的作用(图2)。

图1

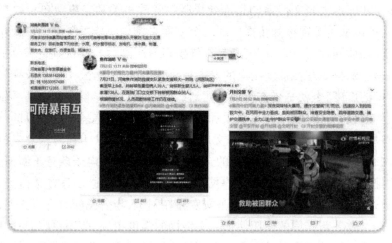

图2

　　由此可见,在应对重大自然灾害时,政务官微的快速响应和高度活跃,很大程度上能消除社会疑虑,并动员平台内用户的力量,为线上线下的救援互助牵线搭桥。河南突遭暴雨,地方官微通力协作、高效配合,既为防汛抢险工作输送权威信息,又展示了政务官微心系民众、高效响应的温情一面,足以看出公文写作和传播在政务新媒体上呈现出正面效果的导向。

总而言之,在公文写作和传播中作者的伦理缺失问题,对国家、社会、党政机关及个人的危害都不可小觑。公文作者只有在良好的伦理道德规范的约束下,遵从动机伦理、职能伦理、效果伦理,才能够诚信务实、体恤民众、造福社会,从而使公文写作和传播更好地实现"善"的宗旨,真正发挥公文的工作指导、沟通管理、规范社会、宣传教育等诸多作用。

第二节　受众伦理

公文传播,实际上是对有关机关单位和社会公众进行说服。它的目标是要受众接受公文的内容,并产生相应的行动。在公文的传播过程中,传播的末端是受众,受众对公文信息的接收情况决定了公文价值和实际效果的实现。剖析受众伦理问题,不仅是研究公文传播伦理的重要组成部分,而且对在公文传播中牢固树立"受众意识"、不断提高公文质量、更好发挥公文传播的作用有着现实的指导意义。因此,本节将着重探讨受众在公文传播过程中态度、责任及认知伦理,帮助公文发挥传令施政、沟通交流的作用。

一、态度伦理

(一)态度立场影响公文接收

在 20 世纪 20 年代的传播学研究领域中,"枪弹论"甚嚣尘上,这种理论认为,受众就像射击场里一个固定不动的靶子或医生面前的一个昏迷的病人,完全处于消极被动的地位,毫无反抗能力,只要枪口对准靶子,针头扎准人体某部位,子弹和注射液就会迅速产生出神奇效果。受众消极被动地等待和接受媒介所灌输的各种思想、感情、知识,大众传媒有着不可抗拒的巨大力量,受众对大众传媒提供的信息产生大致相同的反应,受众的性格差异并不重要,重要的是信息,信息直接改变态度,而态度的变化即等于行为的变化。

但其实,受众是具有能动性的个体,受众在阅读公文时的主要心理需求以及这些需求得到满足的程度,直接影响着公文行文目标的实现,对写作主体选择行文角度、语言组织以及表述方式等都有着重要的制约作用。随着经济社会的发展进步以及法治的不断完善,人们的主体意识不断增强,平等对话、以人为本、尊重彼此对处于社会各个阶层的人来讲都显得格外重要。公文为了达到行文目的,得到受众的理解、认同,首先必须给予受众以必要的尊重,才能得到他们的认同与合作。从另一个角度来讲,作为传递政令、部署工作和宣传沟通的重要工具,公文只有给予受文对象以必要的尊重,考虑受文对象的实际情况,才能与受众建立起良好的关系,这也是公文收到良好效果的基本保障。

以 2019 年河南省通许县"36 名村医集体请辞事件"为例,通许县在该事件通报中,连用了六个"不存在"字样来进行回应,但是却没有向公众一一解释这些问题为何"不存在",受众无法从这则通报中看到所谓的事实,看到的只有通许县政府工作作风的武断和傲慢。如此公文,当然不能转变受众的态度,更不能使受众欣然接受。对于受众所关注的热点事件,有关部门就应当了解受众诉求,受众需要真相时,公文中却满是敷衍之词,毫无事实佐证,这就是对受众的不尊重。

(二)换位思考转变态度立场

亚里士多德曾经说过:"蠢人用他知道的道理说服我,智者用我知道的道理说服我。"公文写作是一种"说服"的艺术,因此,写作者应设身处地,换位思考,善于理解,通情达理,采用换位思维方式,注重陈述理由的技巧。所谓换位思考,就是设身处地为他人着想,即想人之所想。综前所述,不同的受众,对行政公文的心理需求也不尽相同。我们提出在行政公文写作中坚持"换位思考",就是在服从于行政公文的基本行文规则和行文目的实现的前提下,主体在写作时与受众进行心理和位置互换,设身处地考虑对方的法定地位、执行条件以及特定的心理需求,尽可能将公文的行文目标与受文对象的实际情况结合起来,调动受众执行、办理公文的积极性,促进双方互动,实现公文行文目的。

公文的文本必须适合受众的期待视野,才会引起兴趣和重视。如果文本与受众的期待视野相去甚远,那么就难以形成吸引力,写作主体与受众之间的交流、传递通道不能建立,也就难以使受众真正进入接受过程。受众求新、求实、求简、求尊的需求,要求上级机关在行文时需要在心理、措施等方面考虑受众的心理和实际,以免受众产生心理压力和抵触情绪。

比如说在面对重大突发事件时,受众情感需要安抚,那么我们的公文撰写就应当注入情感,关照受众情绪;又比如说在需要受众尽力配合时,受众可能会出现逆反心理,那么公文的写作就应该注意用词,采取较为缓和、平实的行文语气,既要明确周知办理的要求,又要体现出理解体恤下情的感情色彩,晓之以理动之以情。一些公共事件的发生已然使公众产生消极评价,此时党政机关若能满足公众对其回应的期待,那么公众期望度评价就会得以提升,原生舆情就会得到消解,就不容易产生次生舆情。2022年3月21日发生的"东方航空飞机失事事件"令全国上下都陷入悲痛之中。3月31日,中共中央政治局常务委员会召开会议,习近平总书记在会议上强调,这次事故导致机上132名人员不幸遇难,我们深感痛心。要坚持人民至上、生命至上,深入细致做好善后处置工作,再接再厉、善始善终。要继续做好遇难者遗骸遗物整理、移交等工作,给逝者以尊严、给家属以慰藉。要加大遇难者家属帮扶救济工作力度,让遇难者家属安心。各有关方面要科学有序开展事故调查,组织各方面专家综合分析飞机数据和各类物料证据,尽快查明事故原因和性质。要平稳有序做好后续信息发布工作,按照及时、准确、公开、透明原则,持续发布信息,积极回应社会关切。习近平总书记的发言,照顾到了该会议的各方受众,回应了不同受众的需求,真正做到了换位思考,让大家感受到了"人民至上,生命至上"并非一句空话。因此,发文机关要站在公文受众的角度来进行公文的写作和传播,满足受众需求,才能改变受众态度,达到预期的传播目标。

二、责任伦理

(一)责任意识影响公文执行

公文传播活动作为社会活动的一种,总是受到社会各个方面因素的影响,受众作为公文传播活动中的一个重要组成部分,其社会性决定了他们在公文传播活动中要承担一定的社会责任。公文传播是一个双向的互动过程,受众依据个人意志在新闻传播活动中发挥其主观能动性,体现个人意志、表现主体思想,并且享受一定的自由权利。因此,受众的社会责任意识是影响公文传播效率的一个重要因素。也就是说,在公文传播的过程中,受众是否有一个端正的态度决定了其是否能够主动接受公文中的文本信息,但若要受众严格地执行公文,关键点在于受众是否拥有良好的责任意识。

尤其是在面对公共危机时,相关部门需要运用公文来对社会公众进行统一调度以进行社会治理,但部分公民在践行责任时欠缺公民责任意识,这对公共危机的治理乃至对国家的道德建设都是极其不利的。公民责任意识是指公民能够发自内心地认同自己是国家或者社会共同体中的一部分,并且在日常社会生活中能表现出积极参与、主动分担的责任意识。公共危机下,公民责任意识缺失意味着公民只顾维护自己的个人利益,而忽视对国家公共利益的维护,最终导致社会秩序的混乱。

因此,增强公民责任意识,有助于受众在重大突发公共事件背景下积极承担责任,化负面恐惧情绪为积极配合的精神动力,将受众团结起来,充分发挥自身主体优势,积极与政府互动沟通,使政府和公众团结在一起。如此,将会大大降低公文传播的难度和成本,提高政府利用公文进行社会治理的效率,尽快恢复社会和谐稳定的良好秩序。

(二)问责制度唤醒责任意识

公文的受众,往往是一个复杂、分散而又庞大的群体,没有确定的社会责任意识,这是目前广大受众普遍存在道德责任缺失的主要原因。受众对社会责任的认识,是人们对社会责任意识的要求及其意义的理解与掌握,对负责不负责、作为不作为、可做不可做、是非的认识、判断和评价,以及在此基础上形成的社会责任意识识辨能力,是人们确定对社会存在的客观事物的主观态度和行为准则的内在依据。疫情防控特殊时期,严苛的法律制度能够唤醒人们潜在的社会责任意识,促使人们对社会责任意识形成正确的认知。

法律制度是指运用法律规范来调整人与人、人与社会、人与自然的各种关系时所形成的各种制度,法律制度的执行具有强制性。邓小平在《解放思想,实事求是,团结一致向前看》的重要讲话中曾强调指出:"为了保障人民民主,必须加强社会主义法制,必须使民主制度化、法律化,……。"经过多年的实践探索,法律制度的制定日趋完善,科学立法、严格执法、公正司法、全民守法的依法治国战 略决策逐步得到落实,法律制度的严格执行,体现了公平正义。疫情防控中,习近平明确提出"从立法、执法、司法、守法各环节发力,切实推进依法防控、科学防控、联防联控"一系列要求。无论是领导干部还是普通老百姓,一经发现存在违法犯罪行为,必定追究其法律责任,以维护疫情防控工作的有序进行。拒不配合疫情防控、销售假冒伪劣医疗物资、发布虚假信息造成严重后果等行为,都会依据我国《中华人民共和国刑法》《治安管理处罚法》等法律规定从严处理。通过运用"敲警钟"的方法，把事情的不利后果一一摆明，以唤起受体的责任意识和紧张心理，从而对某一事物提高重视，并相应地采取相关措施。

三、认知伦理

（一）认知需求影响公文理解

受众作为具有主观能动性的个体，他们的态度和责任意识的确能够左右公文的接收效果，但其前提都在于公文所传递的文本信息是否能够让其理解，理解公文是受众能够顺利接受公文的前提条件。公文的信息和内容源于社会实践，又反过来指导实践。它既不需要像文学作品那样注重气氛的烘托和渲染，对要阐述的内容进行形象的刻画和细腻的描写，也不需要像学术论著那样长篇大论，而是要求平实简洁。受众阅览行政公文时，需要的是容易理解的，带有"温度"的，简洁明了的公文，而不是一味打官腔、谈空话、讲大道理，没有几句受众真正关心的内容，正如有人总结当前部分行政公文的内容所描述的"常说的老话多、正确的废话多、漂亮的空话多、严谨的套话多、违心的假话多"，这样的公文既没有实际内容，又得不到受众的关注，浪费时间和精力，更谈不上与受众的需求产生共鸣，从而促使受众接受并产生积极行动。

正如前文所提到的那样，公文受众是一个庞大的、复杂的群体。他们的阅读习惯、理解能力等都相差甚远。第七次全国人口普查结果显示，截至 2020 年 11 月 1 日零时，文盲人口（15 岁及以上不识字的人）仅占全国人口的 2.67%。也就是说，完全不识字的人只占很少一部分，但是每个人因其不同的知识水平、个体差异等都会造成理解能力的不同。另外，随着互联网的发展，受众被新媒体所制造出的大量碎片化信息所包裹，阅读习惯也变得越来越碎片化。尤其是身处赛博时代的年轻受众，他们往往专注力不够，面对冗长的公文没有时间，甚至是没有耐心去消化，因此使得我们的公文传播卡在了受众接收的第一关。因此，受众的这些不同的认知习惯都会影响对公文的理解。

同时，面对公文传播的受众，不能一味地讲深奥的道理。习近平经常用形象、生动的语言增强话语的说服力、吸引力，例如，用"鞋子合不合脚，只有脚知道"，形象地说明人民对于国家的发展道路是否合适最有发言权。用"打扫和洗涤"替代"自我净化"。新媒体的出现，使我们所处的舆论宣传环境更加复杂，例如，智能手机的普及使越来越多的群众成为网民，习近平用"金杯银杯不如网民的口碑，金奖银奖不如网民的夸奖"这句朴实、浅显易懂的话阐述了如何在新形势下获取群众的共鸣。在党的十九大报告中，习近平也用了很多"坚持照镜子、正衣冠、洗洗澡、治治病的要求"这样群众容易理解的语言，把抽象的道理形象化、具体化，可以更好地获得群众的理解，降低了政策贯彻执行的难度。

（二）优化结构贴近认知需求

依据接受美学的观点，作者写完作品只意味着写作完成了一半，而作品的另一半写作过程则由读者来完成，读者对作品的理解、解释和接受也是作品的一部分。对于公文而言，其写作和传播的目的就是让受众知晓文本信息，因为公文是一种实效性很强的文书,担负着治国理政、处理公务的重任,有着独特的交际目的、交际对象。所以要使公文的写作和传播达到最佳效果,就必须适应读者的阅读需求。而篇章结构是行政公文的骨架,也是其外在表现形式。一个简洁、合理的篇章结构,能够使受众很快抓住公文主旨、把握主要论点,减轻阅读的负担,促进公文行文目的的实现。因此,结构优化是使得公文更易理解的一个关键有效的举措。

进行结构优化包括:理顺公文整体布局,一般采用"为什么—是什么—怎么样"或"什么事—为什么—怎么样"等结构进行写作;善于利用标题提示,提炼标题对公文内容进行高度概括;准确使用层次标记等方法。此外,进入新媒体时代,公文的结构优化还可以结合当前受众的需求探索一些新的方法。以"一张图读懂政府工作报告"(简称"一图读懂")为例,从 2012 年的两会报道开始,各大媒体网站在每年两会期间均推出风格各异的图解新闻,其中最引人注目的就是"一图读懂"系列,这一系列成为政策类报道的一大亮点,并活跃在报纸、网站首页、微博、微信等各大传播渠道。所谓"一图读懂",就是对长达数万字的政府工作报告进行简要内容的提炼,并用借助数据、颜色、图标等形式制作成图片,让读者能够更直观地读懂政府工作报告。这是近年来政府工作报告从文本到图像的一个发展趋势,可以为公文的结构优化带来一定的启示。此外,微博公文简单明了的风格也是公文进行结构优化的一个很好的探索。微博公文就是对公文的重点进行提炼,然后用 140 个文字表达出来,这样的形式契合了当前受众读短文的阅读习惯,满足了受众在碎片的时间里进行快速阅读的需求。在今天这个追求速度的互联网时代,公文必须符合当下受众的认知需求,所以才会有 140 个字数以内的微博公文的诞生。同时,碍于受众对长篇公文的理解能力不同,"一图读懂"系列的诞生无疑也符合了受众的需求,既能够清晰地获得相关信息,同时又能获得一定的视觉享受。

施拉姆在其著作《传播学概论》中说:"人们选择媒介的行为与可能获得的报偿成正比,与费力的程度成反比。"因此,读取信息的难易程度,同等时间内获取的信息量就成为受众所关注的重点。尤其是在快餐时代,受众的注意力转瞬即逝,公文只有抓住受众眼球,才让他们能够用最短时间获取最多的信息量,才能抓住受众的心。因此,对于公文的传播而言,简明扼要、深入浅出地表达是其发展的趋势之一。

第三节 社会伦理

社会伦理是人们在社会生活和生产中形成的具有普遍性的道德观念,对于人们维护社会关系、进行社会活动具有规范意义。在公文自身特性的影响下,公文传播一定程度上具有引导社会伦理形成的功能,同时,作为社会大系统中的一个环节,公文也需在社会伦理的引导和规范下完成传播活动。因此,公文传播的伦理探讨不能脱离社会伦理的整体范畴。

一、时代性伦理

不同的历史时代有着不同的使命和主题,而不同的时代特征、时代任务、时代背景构成了时代的思想逻辑和运作体系,并逐渐转化成具有普遍认知的社会规范和主体意识,时代性伦理也逐步形成。

时代性伦理是指不同时代下社会伦理存在的时代性特征,时代是与时俱进的时代,不同时代的社会背景和环境铸就了不同的时代思想、时代规范和时代命题,如法律的更新、国家方针政策的变化等,社会一切活动也由此被赋予了时代性要求。而公文传播的记载性和历史性也要求其遵守时代性伦理。公文传播的时代性伦理即公文传播的内容生产、传递、接受与反馈等传播活动要适应变化的时代的背景环境和要求。马克思主义作为中国共产党的指导思想之一,其全部学说就在于深入时代的根基。时代性作为马克思主义的一个基本特性,要求不断根据时代、实践的变迁而推陈出新。密切关注变化中的现实社会,并洞穿于现实社会的发展进程,是马克思主义经久不衰的原动力。而与时俱进的不仅是时代,还有时代下的公文传播。

如国务院于 2022 年 1 月 26 日发布的公文《国务院关于支持贵州在新时代西部大开发上闯新路的意见》中提到,以习近平新时代中国特色社会主义思想为指导,全面贯彻党的十九大和十九届历次全会精神,按照党中央、国务院决策部署,坚持稳中求进工作总基调,完整、准确、全面贯彻新发展理念,加快构建新发展格局,推动高质量发展,坚持以人民为中心的发展思想,守好发展和生态两条底线,统筹发展和安全,支持贵州在新时代西部大开发上闯新路,在乡村振兴上开新局,在实施数字经济战略上抢新机,在生态文明建设上出新绩,努力开创百姓富、生态美的多彩贵州新未来,在全面建设社会主义现代化国家新征程中贡献更大力量。除了习近平新时代中国特色社会主义思想、十九大和十九届历次全会精神、以人民为中心等国家思想,还包含了新发展理念、新发展格局、高质量发展、乡村振兴、数字经济战略、生态文明建设等时代命题。

在《中共中央办公厅印发〈关于推动党史学习教育常态化长效化的意见〉》中首先展现出时代背景,即在全党开展党史学习教育,是以习近平同志为核心的党中央立足百年党史新起点、着眼开创事业发展新局面作出的一项重大战略决策……为进一步推动全党深入学习贯彻习近平新时代中国特色社会主义思想和党的十九届六中全会精神,巩固拓展党史学习教育成果,更好用党的百年奋斗重大成就和历史经验增长智慧、增进团结、增加信心、增强斗志,更加坚定自觉地牢记初心使命、开创发展新局,在新的赶考之路上考出好成绩,现就推动党史学习教育常态化长效化,提出如下意见。其中以中国共产党成立 100 周年为时间契机,而学党史作为事件背景,借助推动党史学习教育常态化长效化进一步推动全党深入学习贯彻习近平新时代中国特色社会主义思想和党的十九届六中全会精神等时代话题。

同时,除了思想的时代背景,政策指导也是公文传播中时代性伦理的充分体现。如国务院发布的"'十四五'系列规划",即《国务院关于印发"十四五"推进农业农村现代化规划的通知》《国务院关于印发"十四五"国家应急体系规划的通知》《国务院关于印发"十四五"推进农业农村现代化规划的通知》《国务院关于印发"十四五"市场监管现代化规划的通知》《国务院关于印发"十四五"节能减排综合工作方案的通知》《国务院关于印发"十四五"旅游业发展规划的通知》《国务院关于印发"十四五"现代综合交通运输体系发展规划的通知》《国务院关于印发"十四五"数字经济发展规划的通知》《国务院关于印发"十四五"国家知识产权保护和运用规划的通知》《国务院关于印发"十四五"就业促进规划的通知》《国务院关于印发"十四五"残疾人保障和发展规划的通知》,共11份通知文件都是在《中华人民共和国国民经济和社会发展第十四个五年规划和2035年远景目标纲要》的政策指导下进行的方向把控,同时根据该领域的专业性文件进行垂直细化调节,如《国家积极应对人口老龄化中长期规划》等。

就公文传播管理整体而言,随着时代更新变化的公文管理规范使得公文传播具备了时代性伦理特质。1996年5月3日中共中央办公厅发布的《中国共产党机关公文处理条例》。2000年8月24日,国务院以国发〔2000〕23号印发《国家行政机关公文处理办法》。2012年4月16日,中共中央办公厅、国务院办公厅印发《党政机关公文处理工作条例》(中办发〔2012〕14号)。该《条例》的执行也标志着1996年《中国共产党机关公文处理条例》和2000年《国家行政机关公文处理办法》的停止。在时代要求下,公文管理也有所变化,例如1996年的《条例》中,公文的种类为14种,2000年的《办法》将公文种类修改为13种,2012年,《党政机关公文处理工作条例》将公文的种类更新为15种。在时代的进步下,公文管理为了适应时代丰富了种类、调整了要素、进一步规范行为规则和文件签发程序,使公文办理环节更加简明,公文管理环节也更加严格。公文管理的时代性变化也赋予了公文传播时代性伦理色彩。

二、政治性伦理

公文传播的政治性伦理是指公文在生产和传播过程中需要接受社会政治机关或组织的引领和指导,其内容也需接受政治的规范,发挥公文的政治信息作用。就公文本身而言,在其发挥的各种作用和实现的各种功能之外,公文实质上是一种具有专业要求和特殊性质的信息,公文传播的实质则是信息传播。与此同时,公文作为法定机关与组织在公务活动中下达政令政策、处理公务的手段,就其信息性质而言,是政治文明中能够传播和需要传播的东西,其传播过程是带有显性内涵或隐性意义的政治信息传播。政治传播是指特定政治共同体中政治信息扩散和被接受的过程。[①] 公文传播充分发挥了政治传播的功能,其中既蕴含一定的政治性伦理,又遵循社会政治性伦理规范。

公文是党政机关、企事业单位等合法组织办理各种公务时使用的具有特定效力和规范格式的文书工具。从公文传播的主体而言,党政机关是我国国家和社会治理的政治抓手,在政治管理过程中形成了具有指导作用的伦理规范,同时,随着中共中央办公厅、国务院、中共中央办公厅和国务院办公厅分别于1996年、2000年和2012年印发有关公文的管理规定,对公文种类、公文格式、行文规则、公文拟制、公文办理、公文管理等方面进行监管。基于此,从发文主体和监管主体层面为公文传播奠定了政治性伦理基础。

中共中央办公厅、国务院办公厅于2012年4月16日印发的《党政机关公文处理工作

---

① 荆学民,施惠玲. 政治与传播的视界融合:政治传播研究五个基本理论问题辨析[J]. 现代传播–中国传媒大学学报,2009,31(4):18-22.

条例》中规定："党政机关公文是党政机关实施指导、履行职能、处理公务的具有特定效力和规范体式的文书，是传达贯彻党和国家的方针政策，公布法规和规章，指导、布置和洽谈工作，请示和答复问题，报告、通报和交流情况等的重要工具。"因此，内容构建起公文传播的政治性伦理。

如 2023 年 3 月 24 日公布的《文化和旅游部关于推动在线旅游市场高质量发展的意见》。

文化和旅游部关于推动在线旅游市场高质量发展的意见

文旅市场发〔2023〕41 号

各省、自治区、直辖市文化和旅游厅（局），新疆生产建设兵团文化体育广电和旅游局：

在线旅游经营服务是旅游产业链的关键环节，是满足广大人民群众出游需求、促进旅游消费、带动旅游产业发展的重要力量。为进一步加强在线旅游市场管理，保障旅游者合法权益，发挥在线旅游平台经营者整合交通、住宿、餐饮、游览、娱乐等旅游要素资源的积极作用，促进各类旅游经营者共享发展红利，推动旅游业高质量发展，现提出以下意见：

一、总体要求

（一）指导思想

坚持以习近平新时代中国特色社会主义思想为指导，全面贯彻党的二十大精神，贯彻落实党中央关于加快建设网络强国、数字中国决策部署，立足新发展阶段，贯彻新发展理念，构建新发展格局，以推动高质量发展为主题，以深化供给侧结构性改革为主线，以满足人民日益增长的美好生活需要为根本目的，充分发挥市场在资源配置中的决定性作用，更好发挥政府作用，用好各项纾困政策，调动市场积极因素，大力发展数字经济，深入发展智慧旅游，提升常态化监管水平，支持在线旅游平台经营者在引领发展、创造就业中大显身手。坚守安全底线，加强行业自律，推动在线旅游市场高质量发展。

（二）基本原则

坚持安全底线。树牢底线思维，坚持社会主义核心价值观，坚守旅游者人身财产安全、信息内容安全、网络安全，加强行业治理体系和治理能力建设。

坚持以人为本。以旅游者需求为导向，不断丰富服务种类、拓展服务内容，打造精准化、专业化、特色化服务产品，努力满足人民群众多样化、个性化的旅游服务需求。

坚持协调发展。保障旅游者合法权益，构筑在线旅游平台经营者、平台内经营者与旅游者之间的良性产业生态，引导在线旅游平台经营者与旅行社、交通、住宿、餐饮、游览、娱乐等相关经营者协同发展，促进资源高效配置，推动旅游业繁荣发展。

坚持创新引领。深化在线旅游行业数字化、网络化、智能化发展，推动新技术应用，鼓励行业创新，充分发挥在线旅游经营者数据和信息能力优势，提升行业数字化水平，为旅游者提供智慧化的服务。

（三）主要目标

积极发挥在线旅游的枢纽和引领作用，加快推进智慧旅游发展，推动旅游业创新发展，促进新技术应用和迭代创新，创造更多新就业形态和新就业岗位，成为旅游产业升级和旅游消费激发的新引擎,提升行业管理的数字化水平,推动中国在线旅游行业发展处于国际领先地位。

二、突出工作重点,营造良好的市场环境

(一)加强内容安全审核。指导在线旅游平台经营者强化平台内经营者资质审核,对市场主体、行政许可资质等信息进行真实性核验,记录并保存旅游合同履行情况、投诉处理情况。督促在线旅游平台经营者及平台内经营者加强审核人员培训、网络安全等级保护建设和文字、图片、音视频等信息内容审核,确保平台信息内容安全。

(二)筑牢生产安全底线。要求在线旅游经营者完善安全生产管理制度和应急预案,对上架的旅游产品或者服务做好风险监测和安全评估,从预警识别、算法推荐、举报处理、内容审核、风险提示等多环节加强产品安全保障,对涉及旅游者数量多、容易造成人群聚集、可能存在安全风险隐患或旅游者投诉集中的产品提前进行核验。发生突发事件或旅游安全事故,应立即采取必要措施,并配合有关部门做好救助、调查和善后处置工作。

(三)保障旅游者合法权益。贯彻落实《中华人民共和国旅游法》《中华人民共和国消费者权益保护法》《中华人民共和国电子商务法》《旅行社条例》《在线旅游经营服务管理暂行规定》等法律法规和政策要求,引导在线旅游经营者诚信经营、公平竞争,提高旅游产品和服务质量。加强旅游者个人敏感信息保护,防止超出合理经营需要收集旅游者个人信息,采取切实措施避免大数据杀熟、虚假宣传、虚假预订等侵害旅游者权益行为。强化对未经许可从事旅行社业务经营活动、"不合理低价游"等违法违规产品的监测、发现、判定和处置,维护正常的行业秩序,切实保障旅游者合法权益。

(四)促进行业协调发展。规范在线旅游平台经营者与平台内经营者合作模式,实现协同良性发展。引导在线旅游平台经营者合理确定支付结算、平台佣金等服务费用,与平台内经营者平等协商、充分沟通,带动支持平台内经营者发展,降低平台内经营者经营成本,对星级旅游饭店、A级旅游景区、等级旅游民宿、国家级旅游休闲城市和街区、国家级旅游度假区、国家级夜间文化和旅游消费集聚区、国家级滑雪旅游度假地、全国乡村旅游重点村镇及优质小微商户给予一定的标签展示和推荐,推动旅游经营者数字化转型升级。发挥在线旅游经营者要素资源整合和产品开发优势,参与开发精品旅游线路和非遗、体育、文化等主题旅游线路,参与宣传推介红色旅游、乡村旅游、研学旅游、生态旅游、冰雪旅游、海洋旅游、康养旅游、老年旅游、露营旅游等。引导在线旅游经营者积极参与旅游市场宣传推广活动和旅游公益广告作品展播,开展旅游新理念宣传引导。

……

该意见政策化地提出对在线旅游市场高质量发展的政治要求,是文化和旅游部通过公文内容的传播从上层建筑层面对国家进行的政治性管理,也是公文传播政治性伦理的体现,即接受政治机关领导发布政治信息。

中共中央办公厅、国务院办公厅联合印发的《党政机关公文处理工作条例》(中办发〔2012〕14号),第一条对党政机关进行了定义:为了适应中国共产党机关和国家行政机关(以下简称"党政机关")工作需要,推进党政机关公文处理工作科学化、制度化、规范化,制定本条例。因此,公文传播的目的是推进政治机关工作,不论是国家政策层面的文件还是具体事项的安排等,公文传播目的的政治性不言而喻,公文传播要充分发挥自身的功能和作用则必须要体现其政治性伦理。

三、人民性伦理

人民性是马克思主义最鲜明的品格。马克思主义指出,人民群众是历史的主体,是实现社会变革的决定力量。人民群众通过实践不断改造自然、改造社会、改造主观世界,创造出物质财富和精神财富,推动人类社会不断发展进步。一百年来,中国共产党始终坚持马克思主义的人民性,团结带领人民实现了从被压迫奴役到实现全面小康的重大转变。科学发展观中提出的以人为本以及中国共产党全心全意为人民服务的根本宗旨以及人民主体的社会背景都体现出我国从顶层设计到基层设置中人民至上的人民性伦理,在此意识形态下的公文传播也深受人民性伦理的浸润。

从公文传播的渠道而言,在我国的新闻思想中,媒体是党和人民的耳目喉舌,其作为信息传播渠道被赋予人民性色彩。同时,随着技术的发展进步,信息传播渠道不断被拓宽,信息数据化成为普泛化状态,不再局限于物质化载体。基于此,公文的传播也进一步深入到人民群众中。技术赋能下的社交媒体、网站拓宽了公文传播新场景,微博公文、电子公文不断发展,渠道的易获得性和低门槛化降低了人民的获取成本,使得公文传播的人民性也得到加强。新媒体时代人民阅读和信息接收习惯出现了变化,信息接收以网络为主要渠道、无纸化的碎片阅读、视觉化的选择偏好等推动公文传播形式的转向,在新兴媒体加持下,电子化公文成为传播的主要渠道之一,公文传播也出现了图片等视觉化呈现和传播形式,公文语言不断通俗化、简洁化,这是对目前人民信息接受习惯的贴近,是在人民至上的人民性伦理思想下对公文传播发展的影响。

我国是人民民主专政的社会主义国家,以人民民主专政为国体,以人民代表大会制度为根本政治制度,宣示了我国国家政权的人民性质。国家的人民性决定了公文传播主体为人民服务出发点和落脚点,在此基础上的公文从动机到内容都带有人民性伦理。公文传播的直接目的是推进党政机关等发文主体的工作,但其最终是作为国家和社会治理的工具,通过调控和沟通充分保障人民利益。

【例文】

江苏省委省政府调查组发布"丰县生育八孩女子"事件调查处理情况通报

2月23日,记者从江苏省委省政府"丰县生育八孩女子"事件调查组获悉,事件发生后,省委省政府高度重视,要求徐州市迅速查清事实、依纪依法严肃处理,切实维护群众权益。2月17日,省委省政府成立调查组,进行进一步全面深入调查核查。有关调查人员除在江苏省开展工作外,还赴云南、河南等相关省开展实地调查,共走访群众4 600余人次、调阅档案资料1 000余份,对社会关注的"丰县生育八孩女子"身份认定、杨某侠生育八孩情况、董某民等人涉嫌犯罪情况等问题开展了深入核查,形成了事件调查处理情况通报。相关部门对有关违法犯罪行为依法严惩,对有关责任人员严肃追责。

事件调查处理情况通报全文如下:

江苏省委省政府调查组

关于"丰县生育八孩女子"事件调查处理情况的通报

"丰县生育八孩女子"事件发生后,江苏省委和省政府高度重视,要求并指导徐州市迅速查清事实,依法严肃处理,切实维护群众权益,及时回应社会关切,省直有关部门参与调查工作。2022年2月17日,省委和省政府成立调查组,进行全面深入调查核查。事件发生以来,调查人员除在我省开展调查工作外,还赴云南、河南等相关省开展实地调查,共走访群众4 600余人次、调阅档案材料1 000余份。现将调查处理情况通报如下。

一、关于"丰县生育八孩女子"身份认定情况

......

二、关于小花梅从云南省福贡县到江苏省丰县过程

......

三、关于杨某侠(小花梅)精神与身体状况

......

四、关于杨某侠(小花梅)生育八孩情况

......

五、关于董某民等人涉嫌犯罪的情况

......

六、关于医治救助情况

......

七、关于有关党员干部和公职人员失职渎职行为处理情况

......

"丰县生育八孩女子"事件暴露出我省有关地方党委和政府一段时间贯彻落实党中央决策部署不力,在基层组织建设、妇女儿童权益保障、特殊群体救助关爱等方面存在不少问题和短板,反映出少数党员、干部没有树牢以人民为中心的发展思想,形式主义、官僚主义严重,法治意识淡薄,导致基层服务管理缺位,维护群众合法权益防线失守,对有关失职渎职和违纪违法问题将进一步深入调查,并依纪依法严肃查处。我们将深刻汲取教训,加强基层组织建设和社会治理,加强干部作风建设,教育广大党员、干部始终坚持人民至上,站稳人民立场、厚植人民情怀,深入基层、深入群众、体察民情,增强法治意识,切实维护群众合法权益、兜牢民生保障底线。近期全省已部署开展专项行动,全面深入排查整治侵害妇女儿童、精神障碍患者、残疾人等群体权益问题,依法严厉打击拐卖妇女儿童和收买被拐卖的妇女儿童等违法犯罪行为,全面落实救助帮扶政策措施,切实维护好、保障好人民群众权益。

江苏省委省政府调查组

2022年2月23日

"八孩女"事件自爆发以来引起了强烈的舆论反响,受到了人民的广泛关注,最终江苏省委省政府发布的通报公文展现了事件真相和事件的进一步处理方案。从调查结果到"八孩女"的后续安排以及对涉事失职渎职人员的惩处表明我国人民至上的核心思想,

该公文充分反映出公文传播中的人民性原则,人民至上社会下的公文传播需要从内容到行动的人民性伦理立场统一。

【例文】

国务院办公厅关于印发促进残疾人

就业三年行动方案(2022—2024 年)的通知

国办发〔2022〕6 号

各省、自治区、直辖市人民政府,国务院各部委、各直属机构:

《促进残疾人就业三年行动方案(2022—2024 年)》已经国务院同意,现印发给你们,请认真贯彻执行。

国务院办公厅

2022 年 3 月 25 日

(此件公开发布)

促进残疾人就业三年行动方案

(2022—2024 年)

就业是最大的民生。为贯彻落实习近平总书记关于残疾人事业的重要指示批示精神和党中央、国务院决策部署,进一步巩固拓展残疾人脱贫攻坚成果,促进残疾人实现较为充分较高质量的就业,共建共享经济社会发展成果,逐步实现共同富裕,依据《"十四五"就业促进规划》《"十四五"残疾人保障和发展规划》,制定本方案。

一、任务目标

以有就业需求和就业条件的城乡未就业残疾人为主要对象,更好发挥政府促进就业的作用,进一步落实残疾人就业创业扶持政策,加大残疾人职业技能培训力度,不断提升残疾人就业服务质量和效益,稳定和扩大残疾人就业岗位。2022—2024 年共实现全国城乡新增残疾人就业 100 万人,残疾人就业创业能力持续提升,残疾人就业权益得到更好保障,推动形成理解、关心、支持残疾人就业创业的良好社会环境。

……

该公文以脱贫攻坚为社会背景,将残疾人作为关注点,核心目的是推动残疾人就业,进一步维护了残疾人的权利,也是对少数群体作为我国公民的利益保障,使其能够更好地融入社会。这是公文传播从人民角度的内容传递和功能实现,在人民主体的社会中保障少数群体的利益。

第七章 公文传播的接受与教育

第一节 公文传播与接受

在传播学的意义上，传播是人的一种行为和过程，它的主体是人，客体是信息，因此传播就是人使信息流动的过程。公文传播作为传播学的分支，它的主体可以具体涵盖到党政机关、社会团体、企事业单位等合法组织及其成员，客体则是公务文书的文书信息本身、文书载体及其符号形式所带来的内涵与外延两个向度的综合信息。传播是信息流动的过程，公文传播则是通过公务文书传达政令、协调关系的过程，传播过程中信息文本经由媒介按照一定的方向被送达接收者，也就是受众，他们在接收到信息之后会采取相应的行动或对自身的信息系统进行补充更新，并且在文书的影响下受众的行为发生和行事方向会有不同程度的改变，本节将着眼于公文传播的受众，从接受者的角度剖析公文传递行为及其作用模式。

一、理解受众

受众一词多用于大众传播的情景下，也被称作"受传者"、接受者和传播对象等。较早将"受众"这一概念搬到大众视野下的是美国的社会学家戈夫曼及一些拟剧论的研究者，他们将社会和生活视作一个舞台，社会成员在舞台上的表演者及舞台下的受众（参与互动的他人）间来回切换，在此基础上一个成功的社会成员经常会根据互动情境的转移变动来调整其认知与行为。到 20 世纪 40 年代，赫尔塔·赫佐格、保罗·拉扎斯菲尔德和弗兰克·斯坦顿等早期的传播学研究者开始关注积极能动、需要被满足的受众。

由于社会角色、文化背景、性别地域等差异，受众会按照现实与自身需求有意识地选择信息，公文传播由其鲜明的法定性和事件的导向性，受众在传播行进的过程中往往呈现出较低的自主性，多数大众并不会主动搜寻公务文书来看，只有在工作生活中出现需求的时候才会去主动了解查找，并且在外化处理的过程中表现出高度的程序性与秩序感，即公务文书对于受众有较为直接且强烈的传播效果。但这种形式的信息传播过程对于个人或组织的作用仍然受到文化背景、使用情境等具象化、个性化的条件影响，所以从

161

内化角度在组织内乃至个人的内向思考中自主意识仍旧存在。

受众作为冗杂信息的接受者，按照不同的衡量标准可以划分为不同的类型，不同划分标准下的受众可以呈现出不同程度的重叠度，传播学中为了更具针对性地研究受众及传播效果，将受众按照标准细分为如下几类，在公文传播学中仍具有参考意义。

（一）一般受众与专门受众

根据对信息的关注程度和内容范围可以将受众划分为一般受众和专门受众。一般受众对于各种媒介及其传播内容的接触欲望并无明显差异，没有明确的接受方向和偏好；专门受众则具备明确的兴趣与接受倾向，注意力相对集中、对信息的要求也更具特定性。从传播的宏观意义上看，公文传播的接受者本身就是因公务活动而聚集在一起的受众，是经过分众化之后得到归类的信息接收与处理者。在公文传播的信息系统内，受众又可继续按照上述标准进行细分，根据信息与组织或个人的相关性以及业务范围将受众划分为公文传播的一般受众与公文传播的专门受众。人大代表向人民代表大会或相关部门提请议案时，人民代表大会或相关部门则是专门受众，因为该议案与其高度相关且按照法律程序应归属于他们的工作范畴。

【例文】

关于整治莱芜、钢城水源地非法移栽景松、破坏生态环境的建议

自 2005 年来，原莱芜市主要水源地——乔店水库一带的村民大量收购外地的盗挖油松，栽植于基本农田内，使这一带的基本农田几乎全部遭到破坏；同时村民为保障这些松树的成活率，疯狂喷施农药，对饮用水源造成极大危害。

现在，每天夜间都有几十辆来自辽宁、吉林等全国各地牌照拉油松的半挂车，聚集在钢城区辛庄镇东部的乔店水库上游地带，将没有采伐证、运输证、检疫证等证明的松树，有目标地出售给当地村民。运树车辆从高速路下路后直奔田间地头，直接卖给农户现场栽植。

这些松树的栽植，在给移栽户带来了巨额利益的同时，也给当地村民带来的是极大危害。由于这些松树的栽植需要在交通便利的近水处，大量优质基本农田惨遭破坏，挖掘机、装载机、大型运输车辆穿梭在农田里，随意挖土挖坑，随意修路建桥，随意建房修舍，完全破坏了基本农田的本性。这些农田即便复垦，也完全没有可能恢复原状，甚至会完全消失。同时，为了防止这些外来的松树水土不服，保障成活率，村民们需要喷施甲拌磷等剧毒农药，而这些地方恰是水源地，给当地老百姓及全市人民的生命健康带来极大威胁。在实施《全省集中式饮用水水源地环境保护专项行动实施方案》过程中，这却成为了一个盲点。环保部门也曾到这些地方巡查过，但没有采取有力措施，栽树村民们在早上或黄昏时候喷施，暗中从农药经销商手里购买明令禁止的剧毒农药，喷药品种、数量一点也没减少。

据媒体消息，辽宁、内蒙古、山西等地破获了几起盗挖油松案件，销赃方向直指山东莱芜。莱芜划归济南，下一步媒体曝光的就是山东济南了！

也因巨额利益驱使，一些政府机关公务员、教师、国企干部、党员队伍也参与其中，在

违法犯罪活动中起到了"表率"作用。

综上，非法移栽松树的恶果有：

一、违反《基本农田保护条例》，使大量基本农田遭到破坏；

二、大量在水源地喷施剧毒农药，严重威胁当地居民生命健康；

三、这些未经检疫的外地林木，给我市森林资源造成危害；

四、抹黑了省会城市的形象；

五、培植了违法犯罪资源，大批党员、公务人员参与其中。

习近平同志曾指出："我们追求人与自然的和谐，经济与社会的和谐，通俗地讲，就是既要绿水青山，又要金山银山。"对于不法分子从绿水青山上挖金盗银、中饱私囊、损人利己、殃及后代的做法，不可以再容忍了！特提出如下建议：

一、切断销售渠道，对来路不明的整形松树进行冻结，严格禁止外卖，在法律允许的情况下进行没收。这样销路没了，盗挖松树的现象也就不会再发生了。

二、禁止外地非法盗挖松树入境。在高速路口、景观松培育地进行巡查，设置关卡，对外来的盗挖松树一律罚没，对犯罪分子绳之以法。

三、责令在基本农田栽植松树者移除松树，尽可能恢复基本农田原状。

四、相关部门进行24小时巡检，彻查在水源地喷施剧毒农药现象。

上述议案是济南市第十七届人大一次会议中人大代表刘家文向钢城区政府、市自然资源和规划局、市园林和林业绿化局提请的有关生态问题的议案，议案的传递审阅是定向的传递过程，上述组织机构是这篇议案的专门受众，公文信息的传递效果便是各方的及时答复与实际措施的采取。

而向国内外宣布重要事项和法定事项的公告在发布时，告知对象具有明确的广泛性，周知的范围可涉及国内外，此时可能关注到该文件的所有个人、组织等都是受众，他们的关注度以及与事件的相关性都难以预知，因而属于一般受众。而此类文件的传播效果也较难预测，近期内与文件高度相关的受众行为则会受到较大影响，而暂作了解或偶然接触到的受众受到的影响则较小甚至认知与行为不受影响。

【例文】

重庆市人民政府关于

公布征地补偿安置标准有关事项的通知

渝府发〔2021〕14号

各区县（自治县）人民政府，市政府各部门，有关单位：

为进一步做好本市集体土地征收补偿安置工作，保障被征收土地的所有权人、使用权人的合法权益，根据《中华人民共和国土地管理法》《中华人民共和国土地管理法实施条例》《重庆市集体土地征收补偿安置办法》（重庆市人民政府令第344号）等有关规定，现对征地补偿安置标准予以公布，并就有关事项通知如下：

一、本市行政区域内征收农用地的土地补偿费、安置补助费标准，按照区片综合地价标准执行（见附件1）；征收农用地以外其他土地的，其补偿标准按照同一区片的区片综合地价执行。

二、土地补偿费由区县(自治县,以下简称区县)征地实施机构支付给被征地农村集体经济组织,由被征地农村集体经济组织按照重庆市人民政府令第344号第八条第一款的规定进行分配。

安置补助费由区县征地实施机构按照发放标准支付给人员安置对象。中心城区每个人员安置对象的安置补助费发放标准为38000元;其他区县每个人员安置对象的安置补助费发放标准不低于35000元,具体标准由区县政府制定。

安置补助费支付后有结余的,结余部分交由农村集体经济组织依法管理和使用;安置补助费不足的,由区县政府安排资金予以补足。

三、中心城区的农村房屋按照重置价格标准补偿(见附件2);其他区县的农村房屋补偿标准不低于中心城区标准的80%,具体标准由区县政府制定。

四、其他地上附着物和青苗实行综合定额补偿,以被征收土地面积扣除林地后的面积为准,中心城区每亩定额补偿25000元;其他区县每亩定额补偿不低于8000元,具体标准由区县政府制定。

林地范围内的林木及附着物的补偿标准,按照国家和本市征收林地的有关规定执行,补偿标准低于综合定额标准的,按照综合定额标准进行补偿。

五、住房安置对象选择安置房安置或者货币安置的,住房安置建筑面积标准为每人30平方米。

六、重庆市人民政府令第344号第十三条、第二十四条所称"长期",是指区县政府发布征收土地预公告之日,在被征地农村集体经济组织连续生产生活、居住1年以上,其中,离婚后再婚配偶及随迁子女在被征地农村集体经济组织连续生产生活、居住3年以上。

七、本通知所称中心城区是指渝中区、大渡口区、江北区、沙坪坝区、九龙坡区、南岸区、北碚区、渝北区、巴南区所属行政区域。

八、本通知自2021年7月1日起施行。《重庆市人民政府关于调整征地补偿安置政策有关事项的通知》(渝府发〔2008〕45号)和《重庆市人民政府关于进一步调整征地补偿安置标准有关事项的通知》(渝府发〔2013〕58号)同时废止。

本通知施行前已经确定征地补偿安置方案的项目,按照原政策执行。

附件:1.重庆市区片综合地价标准
    2.中心城区农村房屋重置价格补偿标准

重庆市人民政府

2021年5月26日

上述通知是作为公开文件刊登于重庆市人民政府的官方网站上的关于征地补偿安置标准的政策信息,公开供所有浏览者查阅。这些浏览者中有的是受到土地征用与安置问题影响的市民,他们对此类信息自然有较高的关注度,受众中也不乏查询其他事项偶然翻阅、还会有通过人际转发留意到该信息的受众等,他们与此条信息并没有较高的相关度甚至完全不相关,但仍然成为了该文件的接收者,接收者的范围和与信息的相关度都难以控制,因此多数浏览者都可被归入一般受众。

(二)听众、读者与网民等

根据媒介接触方式的差异可以将受众划分为读者、听众、网民等,通过文字阅读、图片接收等形式接触信息符号的这类受众是读者;诉诸听觉的是听众,比如音乐、广播听众,使用互联网或者移动互联网进行信息搜索与交流的受众则是网民。公文传播的受众也可以按照这一标准进行细分,公务活动的行进中书面公文的信息传达沟通作用不容忽视,此时通过阅读的方式获得信息、处理事务的受众便是公文传播中的读者;事出紧急或重要性未上升到书面程度的信息则会通过口头传播,通过面对面交谈、电话、语音通话等方式接收到信息的则是公文传播中的听众;而随着由国务院办公厅统一配置的电子公文系统普及到各个地区与部门,借助新兴的技术与设备来提高处理事务的效率、降低信息再加工的成本,电子公文又让更多的受众成为了公文传播中的网民。

(三)基本受众与潜在受众

根据日常接收传播信息内容的习惯和频次可以将受众划分为基本受众和潜在受众。基本受众是对某些信息比较忠实稳定的受众群体,接触此类信息的频次也非常稳定;潜在受众则是对某一类信息具有潜在的接受意愿,是未来有可能成为基本受众的人群。公文传播中的基本受众一般可以通过是否在组织内加以划分,由于工作或兴趣对公务文书保持稳定关注的群体也可以被归入基本受众之中;而潜在受众则可能会偶然关注到公务文书但文书内容并不会对其行为产生明确影响,后续也不会形成主动接触此类信息的习惯。机关内上级答复下级请示事项的批复,该机关内部的成员对此类文书会保持高频的接受习惯,属于公文传播的基本受众;与机关内部公务链接较弱或是完全无链接的个人或群体则属于公文传播中的潜在受众,当他们由于某些事务而关注到此类信息时,他们便完成了从潜在受众到基本受众的转换,但此种转换并不是单向永久的,会随着其所处环境进行即时的转变。

【例文】

重庆市人民政府

关于同意设置重庆工信职业学院的批复

渝府〔2021〕4 号

市教委、市经济信息委:

《重庆市教育委员会关于设置重庆工信职业学院的请示》(渝教文〔2021〕20 号)收悉。现批复如下:

一、同意在重庆职工会计专科学校基础上,设置重庆工信职业学院。

二、重庆工信职业学院系专科层次的高等职业学校,由市经济信息委主管,教育教学管理接受市教委指导。学院全日制在校生规模暂定为 7000 人。

三、市经济信息委要加强管理、加大投入,推动重庆工信职业学院尽快完成校区迁建工作,不断改善办学条件,促进学院办学理念、师资力量、管理体制、管理队伍等向高等职业院校转型发展。市教委要加强教育教学质量监督,指导学院做好专业建设,提高人才培养质量,着力把学院办成特色鲜明的优质高等职业学校。

重庆市人民政府

2021 年 1 月 27 日

在上述重庆市人民政府的批复中,当前的情况下基本受众是与重庆工信职业学院组建相关的人员,以及有此类报考意向的学生及学生家长们,随着时间的推移和事情的发展,更多的潜在受众会转变成基本受众,比如学校建成后附近得知该信息的居民、产生新的岗位空缺的对口人群以及推进过程中参与进去的人等都会从潜在受众变成这条批复的基本受众。

二、定向受众的公文传播

除了上述的分类标准,受众还可以被划分为积极选择者与随意旁观者、纯粹受众与介质受众、俯视型受众,仰视型受众与平视型受众等,公文受众的专门性和法定性在不通过划分标准下表现出不同的强度与向度,具体情境下可根据需求对受众进行分化研究。从受众的角度出发,公文传播行为也可以被重新分类,根据受众是否明确可控,可将其简单划分为受众定向的公文传播与受众不定向的公文传播,在此基础上既有的 15 种公文文体又可以被放置于细分的子类之中。受众定向的公文传播则是指受众群体边界明确、具备高可控性,且传播过程具有浓重组织传播色彩的公文信息流动过程。

组织是由各种相互依赖关系结成的网络,组织传播则是为了应对环境的不确定性、完成组织目标而创造和交流信息的过程。具体来说组织传播包括三个层面:组织内部成员之间、组织与组织之间、组织与更大的社会环境之间进行的信息交流活动。受众定向的公文传播则更侧重于组织传播的第一、二个层面,即机关组织内部为了完成共同的事务而进行的内部信息交流活动,通过此种内向性质明显的公文传播,机关可以协调内部、达成共识、形成整体,也可以及时监测外部环境,为决策应变提供足够的灵敏度,根据传播方式的方向性和传播内容的定向性又可以根据受众的特性将公文传播划分为偏重针对性的公文传播、偏重沟通的公文传播。

(一)偏重针对性的公文传播

偏重针对性的传播中公文的内容具有明确的针对性,即这条信息是为某个人或某个群体组织而发布的,其他人可能也接收得到,但这条信息的内容对于专门受众和普通受众的特定意义完全不同,如一条奖惩的通知对外发布以后,组织内的人都可以接收得到,但只有通知中的"当事人"才是该条信息的专门受众,即信息为他们而发。

偏重针对性的公务文书一般具有单向传播的色彩,即在传播过程中会有多种传播交流方式杂糅的现象,但是从足够宏观的角度看还是具有明显受众针对性与告知性的单向传播。单向的公文传播是指从某一方向另一方单向度传递信息的活动,在机关组织内部较为常见,具体而言包括自上而下的公文传播、自下而上的公文传播和水平的公文传播,这里的接受者又与传播学中俯视型受众、仰视型受众与平视型受众形成呼应。

1. 议案

议案是适用于各级人民政府按照法律程序向同级人民代表大会或人民代表大会常务委员会提请审议事项的一种公文文种。议案的传递是一种具有鲜明法定性的水平的、单向的、受众定向的公文传播,传播主体是需要提请审议事项的各级人民政府,传播客体是议案本身,传播接受者是具有决定权的同级人民代表大会或人民代表大会常务委员会。议案的提出、初步审议、正式辩论、修正、表决、通过和公布等过程都具备浓烈的组织传播色彩,是严肃度较高的一种受众动向的公文传播类型。

2. 决定与通知

决定适用于对重要事项或者重大行动做出安排,奖惩有关单位及人员,变更或者撤销下级机关不适当的决定事项。部署性决定用于对重要事项或重大行动作出安排,带有纲领性、指令性的特点,《中共中央关于经济体制改革的决定》《国务院关于全面推进依法行政的决定》就属于此类。知照性决定则是指导处理某类具体问题,如批准条约、设置和撤销机构、安排人事等,相较之下知照性决定更贴合于自上而下的、单向的、受众定向的公文传播。

通知是用于发布党内法规、传达上级指示、转发上级机关和不相隶属机关的公文,批转下级机关的公文,传达要求下级机关办理和有关单位共同执行或周知的事项、任免人员的公文文种。与决定相比,通知的形式更为多样、使用范围更广、使用频率更高,通知的传递则是兼具了自上而下与自下而上的、单向的、受众定向的公文传播。

3. 报告

报告是适用于向上级汇报工作、反映情况、答复上级机关询问的公文文种,可以,具备表达的陈述性与行文的单向性,报告的传递是一种自下而上的、单向的、受众定向的公文传播。

传播主体是需要作出汇报的下级机关、传播客体是报告本身、接受者是需要了解情况的上级机关,它有助于下情上达、建立和健全上下级之间正常的公务关系。

(二)偏重交流的公文传播

与偏重针对性的公文传播相对应,偏重交流的传播则将重点放置于传受双方的沟通上,最明显的区别是后者发文是为了获得回应而前者则是着重于信息的告知,此种传播类型具有浓重的双向传播色彩,双向传播是指信息在传受双方流动的过程,且传受双方位置可以互换,具有明确的互动性。尽管在传播中会掺杂传播主体和接受者都不唯一的多向信息流动,但有效性最强的传播活动仍存在于始发的传者与受者之间。公文传播由于其政治、管理属性,需要严格的把控制度,因而以单向传播为主导,双向与多向传播占补充地位。

1. 请示与批复

请示是下级机关或个人主动征求领导意见的一种手段,目的在于得到上级机关的支持和批准,请示的传递是一种自下而上的单向传播,传播主体是需要征求意见的下级机关,客体是请示本身,接受者是具有决定权的上级机关,遵从事务导向且接受者具备明确的指向性。

【例文】

关于召开全市消费扶贫专柜布放工作部署会的请示

市政府:

为深入贯彻落实习近平总书记关于开展消费扶贫行动的重要指示精神,进一步加快全市消费扶贫专柜布放进度,更好地引导和方便社会力量参与消费扶贫,巩固拓展脱贫攻坚成果,以实际行动彰显省会担当。建议近日召开全市消费扶贫专柜布放工作部署会,并邀请市政府分管副秘书长出席会议和讲话。

妥否,请批示。

联系人:王佳荣

联系电话:83986350

电子邮箱:ncsfpb@163.com

附件:1.南昌市消费扶贫专柜布放工作部署会议方案

2.南昌市关于加快推进消费扶贫专柜布放的实施方案

南昌市扶贫办公室

2021 年 2 月 1 日

与之相对应的,批复适用于答复下级机关的请示事项,行文缘由是答复请示,批复的传递则是一种自上而下的单向传播,传播主体是上级机关,客体是批复本身,接受者是下级机关,并且具有行文的被动性与内容的针对性,接受者是组织内提交请示的下级机关。

2.函

函是适用于不相隶属机关之间相互商洽工作、询问和答复问题,请求批准和答复审批事项的公文文种。

【例文】

重庆市人民政府办公厅关于

同意建立重庆市反垄断反不正当竞争部门联席会议制度的函

渝府办函〔2021〕27 号

市市场监管局:

你局《关于建立重庆市反垄断反不正当竞争部门联席会议制度的请示》(渝市监文〔2021〕32 号)收悉。经市政府同意,现函复如下:

市政府同意建立重庆市反垄断反不正当竞争部门联席会议制度。联席会议不刻制印章,不正式行文,请按市委、市政府有关部署安排认真组织开展工作。

附件:1.重庆市反垄断反不正当竞争部门联席会议制度

2.重庆市反垄断反不正当竞争部门联席会议成员名单

重庆市人民政府办公厅
2021 年 4 月 28 日

函的种类繁多、有效性强、不受严格限制,可以广泛地应用于各平行或不相隶属的机关之间,任何机关和组织均可制发,因而函的传递是一种方向上具有任意性的、单向的、受众定向的公文传播。传播主体可以是任何机关组织或其成员,传播客体是函本身,接受者是任何不相隶属的机关组织或个人,函的书写传递由于其高度的灵活性和有效性而从一定程度上提升了组织机构的工作效率和敏感度,对机构行为起到了协调与制约的作用。

3. 意见

《国家行政机关公文处理办法》和《中国共产党机关公文处理条例》都规定:"意见用于对重要问题提出见解和处理办法。"意见的行文方向较为灵活,既可用于上行,也可用于平行文或下行文。

【例文】

重庆市人民政府办公厅关于
防止耕地"非粮化"稳定粮食生产的实施意见
渝府办发〔2021〕20 号

各区县(自治县)人民政府,市政府有关部门,有关单位:

为贯彻落实《国务院办公厅关于防止耕地"非粮化"稳定粮食生产的意见》(国办发〔2020〕44 号)要求,切实防止耕地"非粮化",有效稳定粮食生产,经市政府同意,提出如下实施意见。

一、总体要求

坚持以习近平新时代中国特色社会主义思想为指导,深入贯彻习近平总书记关于耕地保护和粮食安全的系列重要指示精神,全面落实习近平总书记对重庆提出的营造良好政治生态,坚持"两点"定位、"两地""两高"目标,发挥"三个作用"和推动成渝地区双城经济圈建设等重要指示要求,准确把握新发展阶段,深入践行新发展理念,积极融入新发展格局,切实担当新发展使命,正确处理好发展粮食生产和发挥比较效益的关系,把确保国家粮食安全作为"三农"工作的首要任务,把稳定粮食生产作为农业供给侧结构性改革的前提,实施最严格的耕地保护制度,坚持管控、建设、激励并举,切实防止耕地"非粮化",着力稳政策、稳面积、稳产量,不断巩固提升粮食综合生产能力,为稳定经济社会发展大局提供坚实支撑。"十四五"时期,构建完善粮食安全保障政策机制,粮食播种面积和产量保持稳定,粮食播种面积不低于 3005 万亩,粮食产量不低于 216.2 亿斤,口粮基本实现自给。

二、重点任务

(一)坚持将耕地优先用于粮食生产。(略)

(二)严禁违规占用永久基本农田种树挖塘。(略)

(三)加强粮食生产功能区监管。(略)

（四）稳定粮食生产面积。（略）

（五）加强粮食产能建设。（略）

（六）培育发展种粮主体。（略）

（七）完善种粮支持政策。（略）

（八）做好防灾减损工作。（略）

三、保障措施

（一）坚决扛起粮食安全的政治责任。（略）

（二）强化日常监测。（略）

（三）强化督查考核。（略）

（四）强化宣传引导。（略）

重庆市人民政府办公厅

2021 年 2 月 19 日

意见文种的使用也不受限制，中央机关、地方党政机关、企事业单位等都可以使用，是一种具有良好的沟通性质的公文文体。意见的传递是一种双向至多向的、受众定向的公文传播，且具有鲜明的咨议性和事件与受众的指向性。

三、不定向受众的公文传播

与前文对应，受众不定向的公文传播则是指受众群体边界模糊、并不具备明确的可控性，且传播行为具有浓重大众传播色彩的公文信息流动过程。大众传播是指专业化的媒介组织运用先进的传播技术和产业化的手段，以社会上的一般大众为对象而进行的大规模的信息生产和传播活动，受众不定向的公文传播则具备普而告知的属性。

大众传播具有"多杂散匿"的受众、信息传送迅速广泛、反馈间接零散等三个明显特点，上述提到的三处为受众不定向的公文传播与大众传播相似度最高的地方，即受众的弱边界感、信息的广传送度与传播效果的不确定性。关于传播的方向，受众不定向的公文传播与传统媒介时期的大众传播类似，呈现出显著的低反馈性，即从足够宏观的视角下受众不定向的公文传播是可以被视作一种单向传播的，受众的反馈微弱到可以忽略不计。

（一）命令（令）

命令（令）上级机关对下级机关发布的一种指挥性公文文种。《国家行政机关公文处理办法》第九条规定：命令（令）"适用于依照有关法律公布行政法规和规章；宣布施行重大强制性行政措施；嘉奖有关单位及人员"。《中华人民共和国宪法》对于发布"命令"的权限也有着严格的规定，命令以其高度的强制性、权威性和严肃性成为了优先级不可替代的一种公文文种，命令的传递则是一种具有显性的制度感的、单向度的、受众不定向的公文传播。

【例文】

中华人民共和国国务院令

第 719 号

依照《中华人民共和国澳门特别行政区基本法》的有关规定,根据澳门特别行政区行政长官选举委员会选举产生的人选,任命贺一诚为中华人民共和国澳门特别行政区第五任行政长官,于 2019 年 12 月 20 日就职。

总　理　李克强

2019 年 9 月 4 日

令的传播主体是经由法律严格规制的机关和人员,传播客体是命令本身,接受者则不仅是机构组织内部人员,还可能是能够接触到该信息的任何人,潜在的受众模糊着命令传播的效用。

（二）公告、公报、通告与通报

公告、公报、通告与通报同属于单向传达公布某项事务的公务文书,相较而言,公告侧重于向国内外宣发重要事项或法定事项,其广泛性与国家形象的庄重性最为显著。

【例文】

税委会公告 2023 年第 6 号

根据《国务院关税税则委员会关于对美加征关税商品第九次排除延期清单的公告》（税委会公告 2022 年第 10 号）,对美加征关税商品第九次排除延期清单将于 2023 年 5 月 31 日到期。国务院关税税则委员会按程序决定,对相关商品延长排除期限。现将有关事项公告如下:

自 2023 年 6 月 1 日至 2023 年 12 月 31 日,对附件所列商品,继续不加征我为反制美 301 措施所加征的关税。

附件:对美加征关税商品第十一次排除延期清单

国务院关税税则委员会

2023 年 5 月 25 日

公报侧重于国内范围的重要决定和重大事项的公布;通告侧重于在一定范围内公布应当遵守或周知的事项,与前两者相比传播范围更小且具备一定的专业性。

【例文】

重庆市人民政府办公厅

关于进一步做好政府公报工作的公报

厅字〔2018〕11 号

各区县（自治县）人民政府办公室,市政府各部门和有关单位办公室:

为深入贯彻党中央、国务院关于全面推进政务公开工作的部署要求,进一步加强政府公报工作,国务院办公厅印发了《关于做好政府公报工作的通知》（国办发〔2018〕22 号,在中国政府网发布）,请你们结合实际抓好贯彻落实。现就进一步做好我市政府公报工作提出如下要求:

一、坚持正确的政治站位。（略）

二、落实分级权威发布制度。（略）

三、完善文件报送工作机制。（略）

四、切实加强公报发行工作。（略）

五、加快建设政府公报数据库。（略）

六、提升办刊服务水平。（略）

七、落实政府公报工作责任。（略）

重庆市人民政府办公厅

2018 年 12 月 7 日

通报则是关于表彰先进，批评错误，传达重要的精神或情况，与其他三者相比在内容范围上显现出一定的局限性。

【例文】

重庆市人民政府办公厅关于

对 2020 年落实有关重大政策措施真抓实干成效明显地方予以督查激励的通报

渝府办发〔2021〕46 号

各区县（自治县）人民政府，市政府各部门，有关单位：

为进一步健全以督查正向激励为导向的长效机制，更好调动和发挥各级各部门干事创业的积极性、主动性和创造性，促进形成担当作为、竞相发展的良好局面，根据《重庆市人民政府办公厅关于对真抓实干成效明显地方进一步加大激励支持力度的通知》（渝府办发〔2020〕17 号）精神，结合市政府综合督查、专项督查及市政府有关部门日常督查情况，经市政府同意，对 2020 年落实我市有关重大政策措施真抓实干、取得明显成效的 32 个区县（自治县，以下简称区县）及国家级开发开放平台予以督查激励，相应采取 26 项奖励支持措施。希望受到督查激励的单位珍惜荣誉，再接再厉，争取新的更大成绩。

今年是中国共产党建党 100 周年，是"十四五"开局之年，改革发展稳定任务艰巨繁重。全市政府系统要坚持以习近平新时代中国特色社会主义思想为指导，全面贯彻党的十九大和十九届二中、三中、四中、五中全会精神，认真落实习近平总书记对重庆提出的营造良好政治生态，坚持"两点"定位、"两地""两高"目标，发挥"三个作用"和推动成渝地区双城经济圈建设等重要指示要求，坚持稳中求进工作总基调，以推动高质量发展为主题，准确把握新发展阶段，深入贯彻新发展理念，积极融入新发展格局，切实担当新发展使命，推动成渝地区双城经济圈建设走深走实，更大力度推进科技创新，提升产业链供应链现代化水平，深化重点领域改革，加快培育内陆开放新优势，全面推进乡村振兴，持续实施城市提升行动计划，加强污染防治和生态建设，切实保障和改善民生，毫不放松抓好常态化疫情防控，发扬为民服务孺子牛、创新发展拓荒牛、艰苦奋斗老黄牛的精神，知责于心、担责于身、履责于行，以钉钉子精神狠抓各项工作落实，推动党中央、国务院重大决策和市委、市政府安排部署落地见效，确保"十四五"开好局，以优异成绩庆祝建党 100 周年。

附件:2020年落实有关重大政策措施真抓实干成效明显的单位名单及激励措施

重庆市人民政府办公厅

2021年5月8日

这四种不同文体的传播又都在划分标准下呈现出相当的一致性,即在此类文体的传递中,传播内容与传播范围的广泛性不尽相同、目标受众的圈层不尽相同、边界的模糊程度不尽相同,但其均符合受众不定向的公文传播的基本界定且其本质落到实处呈现出高度的一致性。

(三) 纪要与决议

纪要与决议同是与会议相关的公文文体,纪要适用于记载会议主要情况和议定事项,具有明显的纪实性、概括性和称谓语的规定性,是经过整理归纳再加工的会议记录。

【例文】

国务院转发关于尽快把国营农场

办成农工商联合企业的座谈纪要

国发〔1979〕183号

各省、市、自治区革命委员会,国务院各部委、各直属机构:

现将农垦部《关于尽快把国营农场办成农工商联合企业的座谈纪要》转发给你们,请认真研究执行。

把国营农场办成农工商联合企业,是办好国营农场、加速农业现代化、逐步缩小三大差别的一项重大措施,也是解决城市副食品供应问题的一个重要途径。为了把这件事情办好,应先选择一些国营农场进行试点,以便取得经验,逐步推广。试点的面要严格控制,不宜铺得太宽。各省、市、自治区可以根据纪要精神作出本地区的具体实施方案和规定,在实践中不断总结经验,加以改进。对涉及到改变现行体制和政策的一些问题,中央和地方的各有关部门要积极配合,共同研究,提出解决办法。请将试办农工商联合企业的情况和经验,及时报告国务院。

国务院

一九七九年七月二十三日

决议适用于会议讨论通过的重大决策事项,主要对具有全局性的重大问题作出决策,其形成与传递具有明确的程序性和指导性。

【例文】

石鼻镇第十六届人民代表大会第五次会议

关于石鼻镇人民代表大会主席团

工作报告的决议

石鼻镇第十六届人民代表大会第五次会议认真审议了陈辉主席代表石鼻镇第十六届人民代表大会主席团所作的工作报告。会议决定批准这个报告。

会议要求,石鼻镇人大主席团要坚持以邓小平理论和"三个代表"重要思想为指导,认真学习贯彻党的十八大精神,深入贯彻落实科学发展观,坚持党的领导、人民当家作主、依法治镇有机统一,坚持和完善人民代表大会制度,在石鼻镇党委的领导下,紧紧围绕全镇的中心任务和工作大局,坚定"产业特色镇、环境示范镇"工作思路,切实履行宪法和法律赋予的职责,着力推动石鼻经济社会又好又快发展,着力促进和谐社会共建共享,着力发展社会主义民主政治,为实现石鼻经济社会平稳较快发展而努力奋斗!

在会议的导向下,纪要与决议的传递起到沟通情况、传递信息的作用,当下参与会议的信息接受者可控度较高,多是机关内的成员或受邀前来。但成文存档之后出于各种动因可能查找接触到此类文书的潜在受众可控度较低,且信息对其的有用性及对其行为和态度的影响转变难以明确,因而纪要与决议的传播属于单向的、会议导向的、受众不定向的公文传播。

第二节 公文传播与教育

公文写作通常是指公务文书的起草与修改,自殷商时期公务文书出现以来,公文的流通与传播在维系整个社会正常运转中就发挥着不可或缺的作用。由于公务文书本身具备的明事通情、商洽联络、存储凭证等功能对管理与生活提供着极大的便利,因而公文在社会中得以传承,公文写作也逐渐形成规定的格式与明确的要求。只不过以往都是在言传身教中对公文进行应用层面的学习和理解,近些年来才将公文写作与教育、传播结合起来,以多元跨学科的视角加以思辨研究。本节内容将紧扣公文写作、传播与教育三个关键词,辨析三者相互成就的关系以及提出关于当前社会公文传播教育的梳理与思考。

一、公文写作、传播与教育

公文写作是体现机关组织意图和愿望的写作活动,它需要写作者对国家的方针政策、法律法令及相关规定等具有充足的知识储备、良好的文字敏感度以及对写作格式的熟练掌握。制度化管理下的社会对公文写作人才也提出了更高要求,除去原本所需的文学、文秘等基础,公文写作领域的分化使得写作者需要拓展更广泛的视野,比如法律、经济乃至自然科学的知识积累。因此随着外部竞争的提升和内在知识结构的驱动,公文写作与教育学产生了不可分解的交融与弥合,教育工作不仅关注着教育实践的设计,实际上也承担着理论和实践之间的衔接与传承作用。

(一)教育:公文写作与传播融合的基石

关于教育思想的思辨与探讨,西方的柏拉图、苏格拉底等哲人在公元前就有研究,并且对于"教育"概念的探讨延续至今,在我国"教育"一词最早出现在《孟子·尽心上》中"得天下英才而教育之,三乐也",许慎在《说文解字》中分别解释为"教,上所施,下所效也;育,养子使作善也"。直至近年,国内外学者将教育的概念作了统一,即分为广义的教育和狭义的教育。广义的教育是人类社会特有的一种社会现象,是培养人的一种社会活动,即凡是有目的地增进人的知识技能,影响人的思想品德的活动都是教育。狭义的教育则是人类社会发展到一定历史阶段的产物,即随着社会的进步与发展,教育活动从其他社会活动中分离了出来,诞生了进行人才培养的专门机构(学校)和伴随学校出现而同时产生的人才培养的专门过程。

公文写作的教育既包含了广义中个人无意识的知识积累的教育内涵,也包含着通过专门培训获得写作能力的狭义教育思想。教育活动本身是通过人的培养来服务社会,有目的、有计划地使受教育者成为具有服务社会的能力的人,从而使社会能够更好地延续和发展。多数公文写作的教育内容是更偏向于实际操作,传授范式而非理念,教育自身又具备不可忽视的工具属性,使得公文写作与教育自然融合、互相成就。

传播作为日常社会生活中无处不在的现象,自然也会无形渗透到公文写作的教育中去,教材的讲解知识、学生作业的呈现、问题的口头回答乃至偶然接收到的信息推送都与传播过程密不可分。而传播学是一门将传播过程作为研究对象的、研究社会信息系统运转规律的综合性学科,从足够宏观的视野来看,教育承担着公文写作与传播交汇融合的基石作用,即公文写作是传播载体,教育是传播方式,传播行为本身是作为介质存在于教学活动之中的,教育、公文写作、传播作为分别独立的学科通过教与学的活动形成了形态的和谐与意义的交融。

(二)公文写作:教育与传播的支流交汇

教育与传播的概念各自包罗万象,渗透于大大小小的社会活动之中,公文传播是传播学的一个分支,公文教育又是教育学的一个分支,公文写作将教育与传播这两个本就关系千丝万缕的学科紧密地结合到一起,并将原本错综复杂的关系通过交叉学科的形式梳理清晰。在公文传播的范畴内公文成为教育学与传播学的唯一交汇点,使得三方各自独立的内涵、价值、意义,以及交汇融合之后的层级提升和价值研究成为可能。公文传播是对传播学的研究对象、范围、体系和意义的宏观到微观的认识,包括传播现象表层研究的深层挖掘,对现象描述的理论升华的具象化探索。公文教育也是对技能教育和理念教育的一次清晰聚焦,不仅是公文写作技巧和模板的传授,也包括对公文价值和学科意识的唤醒与培养,以公文为节点,将三方的知识源流汇聚起来,并由此而发散出的全新的知识体系正是公文传播教育的研究架构所在。

(三)传播:教育与公文写作的传承桥梁

从命令到请柬讲稿,公文渗透进生活的方方面面、各种场合,一方面公文的写作与传播丰富了社会活动的形式与内容,提高了各组织机构机能运转的效率,成为各项工作对接行进的软性介质;另一方面社会的各项活动需求也丰富着公文的文体和内容,新的需求不断产生,专业性的教育也就应运而生,而无论是公文本身的文本还是有关写作教学信息交流都离不开传播这一活动。一定意义上说,小到每一篇公文的递交,大到公文政治文化意义的传承都离不开发挥介质和工具意义的传播行为,传播在公文发挥实际作用、公文教育中起到的见微知著的桥梁作用则不言而喻。而从学科角度来看,则是传播学与公文写作、教育学的一次融合与碰撞,发挥桥梁作用的同时,传播也将自己的学科性质潜移默化地融入其中,使得上述两门学科在一次次实践中也带有传播学的色彩。

从传播学的视域来看,公文教育既是传播的一个分支,又带有浓重的实务色彩,它的传播主体是授课方,传播客体是包括写作模板、技巧、源流、意义等所有与公文相关的信息,接受者是有学习需求的个人或群体,通过公文信息的传播流动,以期待对接收者的认知产生作用、实现知识的积累和技能的掌握。微观看来是细节信息的传递,宏观看来则是整个学科知识的传承与接力。

二、公文传播的学校教育

公文作为涉猎广泛、实用性强的应用文书,每个社会成员在日常活动中都会与之接触,公文文书的工具性使得它成为多数社会成员进行社会工作的必修课之一,即个人如果想要在岗位上及时无误地完成公共任务,就必须积累下有关公务文书的实用知识,甚至多数单位会专门设岗进行此类大小文书的处理,公文教育的实际意义和价值可见一斑。学校是进行教育的主要场所,培养教育各行所需人才,由于公文写作和传播在工作中起到基础必需的作用,许多学校也渐渐将公文写作纳入必修课程,以求实现教学目标,全面平衡学生的综合素质,公文传播的学校教育也因此得以发展。

(一)作为公共课程的公文写作

随着现代社会的发展和规范、高效和科学的管理工作的需要,公文已广泛应用党政机关、企事业单位管理工作的方方面面,大学生作为此类机构中工作的中流砥柱,在走上工作岗位时都将面临管理与沟通,也都将涉及公文写作和公文应用。所以说对于各大高校来说,公文写作知识与技能教育都必不可少,对于公文写作知识与技能的掌握也应该成为所有专业所有大学生的必需,这是形势发展的迫切需要。而公文的特点决定了公文写作需要具有较高的政策水平、良好的知识结构、较强的分析判断能力和较好的文字写作功底。公文写作课程教学也因其特殊性,决定了它融传授知识、培养能力、提高素质于一体,与大学生综合素质的培养和提高有着密切的内在联系,在大学生素质教育方面起着重要的作用。

高校公文写作内容主要包括应用文的常识问题、党政公文写作、商务文书写作、职场文书写作、礼仪文书写作、传播文书写作、日常事务文书写作等。除了基本的"概念输入+格式介绍+范文展示+写作训练"的教学范式,在关注学生的模板掌握与文字使用之余,不少高校也将目光跳脱公文的"工具"属性,用"学科"教授的态度进行公文写作的教育工作。在介绍公文的发端时,时常向同学们展示中国历朝历代的文书样貌、优秀的文物资料等包含有中国传统文化因素的材料。教师也常向学生推荐有关我国公文历史记载的书籍,如《尚书》《文心雕龙》等其中介绍我国应用文种类的章节,用图片、视频等形式介绍相关的历史考据如章、奏、表、议等,用生动多样的授课形式来尽可能激发学生的学习兴趣,丰富课堂的呈现形式,以期达到更好的教学效果。让学生对于公文写作不仅做到学以致用,还能够在意识上建立起学科理念,形成公文发展源流的清晰历史架构,切实提高其文学素养。

多数高校初设公文写作的相关课程时都是将其设置为公共必修课,即任何专业的任何学生都需要修完这门课程,完成对应的作业练习。一个学校不管多少专业,应用写作课程基本上是统一教学大纲、统一教材、统一教学内容、统一开设在一年级或二年级、统一课时、统一考试,不同专业的学生接收着无差异的信息,和自身学科所产生的关联性参差不齐,这种做法从教学管理和教学实施上是最简单的,但忽视了应用写作学科既有普适性,又有很强的专业性的特点。值得关注的是近年来随着高校对于公文写作重要性的逐步觉醒,除开统一的大课教学之外,不少学校和教学组织也积极举办公文主题的知识竞赛、写作比赛等课余活动,不断丰富在公共必修课基础上建立的教学形式。比如重庆市应用写作学会首创"纳德杯"大学生公文写作技能大赛,自 2016 年以来,联合多所高校已连续举办四届,每届参赛学生数万人,2019 年参赛单位由重庆延伸扩展到了四川、陕西、江苏等十余个地区的 70 余所高校,产生了广泛积极的影响。2020 年东南大学也与国考辅导机构源真教育联合举办了第一届公文写作大赛,表明国内的头部高校也开始意识到公文教育的重要性并结合实用性与趣味性致力于公文的传播与教育。

(二)作为专业课程的公文写作

作为一门和文学、文秘、法律、经济等高度融合的学科,近年来公文写作的学科专业性逐渐显现并得到教育界的广泛关注。一些本科院校和高职院校的公文写作课程开始注重与实际学科的结合,有了很多专业公文的分支,如办公室公文、机关公文、法律公文、经济公文等。以法律公文为例,作为高职法律专业学生,主要就业方向是书记员、律师助理、法官助理等基层司法辅助岗位和企事业单位行政辅助岗位,因此,公文写作课程不仅要培养学生常见事务性公文的运用与写作能力,还是法律文书写作等专业课程的学习基础,法律公文的教育在整个学科的教育工作中都起到至关重要的基础作用。而目前的既存问题则是高职法学专业的公文写作课程中,涉及法律专业知识的内容相对单一刻板,甚至可能教材多年也不更新迭代,难以跟上新的时代对法律专业人才的素质需求。一方面高校能够相对有效地公文融入专业学科的立课,使各专业的学生能够分科学习,更具有针对性地掌握足够完成将来工作的技能,这一点对公文教育乃至整个学校教育都是有积极意义的;另一方面就目前的教育情况来看大部分公文专业课更多囿于自身学科的老旧知识,并不能紧跟时代步伐,且融合的程度较为表面,产生课程专业性转型的多为文史类专业,理工技术类专业仍有大片留白。在此基础上可以看出高校的公文写作专业课程建设虽已走在积极发展的道路上,但课程的深度、广度和新度还有待挖掘。

近年来,国内 985、211 头部高校开始有意识地培养学生的应用实际写作能力,在开设课程之余着力开展围绕企业、机关、公务员的公文写作比赛,清华大学开设了写作与交流、沟通等课程。一些高职、中职院校也积极开展本专业领域内的应用写作能力竞赛,结合具体语境让公文教学走出课堂、落到实处、学有所用成为学界的主流风向。武汉大学、南京大学、扬州大学已经开始招收培养应用写作学科方向的硕士、博士研究生,为学科建设和人才培养做出了重要贡献,这一举措使公文写作不仅可以分流至各个专业领域,也表明公文本身作为一门学科的学理性开始逐渐被学界认可,在不久的将来公文本身作为一个专业学科,其下又可以构建出公文写作、公文教育、公文传播、中外公文史等多个子学科,在广袤的学术界占据一席之地。

多数高职院校以培养"应用型"人才为目标,公文写作课程更要突出实践性和应用性的特点,主要进行结合法学专业知识的学习进行写作方法和格式的讲解。课堂内外不仅注重提高学生文字表达能力,也同时注重培养其处理日常办公事务、协调复杂社会关系所需的良好心理素质和思维能力。近年来越来越多的高校中出现以学院为单位、学科特色鲜明的公文主题活动,比如2021年4月上海师范大学人文学院就积极开展了以社会人文为背景的公文写作训练营、2020年复旦大学法学院也圆满举行了第十届法律公文文书大赛等,由此也不难得见公文传播在各大高校中作为专业课程的重要性逐渐彰显,并且所呈现的发展态势不仅重专业性、实践性,学理性与综合性也越来越广为认可。

三、公文传播的社会教育

公文的写作与传播因为其高渗透性而使得基础写作技能被大众所共同需要,也正是因为这种普遍性的需求,而学校教育也并不能普及到每个人,在这样的社会环境下公文传播的社会教育作为学校教育的补充应运而生。公文传播的社会教育即个人在进入社会后通过工作中的模仿、经验积累,或者为了某个明确的目标而进行的短期训练活动。与公文传播的学校教育相比,它的周期更短、目的性更强、更重实务性,当下比较主流的社会教育主要有社会经验积累、讲座与专项培训。

(一)讲座与专项培训

讲座是一种主要利用报告会、广播等渠道进行的教学形式。公文讲座的教师会不定期地向学生讲授与公文有关的科学趣闻或新的发展,以拓展他们的知识储备,主讲人既可以向学员传授公文方面的知识技巧,也可以进行启发性的呼吁和引导并以此来改善倾听者的公文写作能力、对公文意义的认知、对过往经验的补充等。作为一种半公开的教学活动,讲座的受众范围、素质、数量等是基本可控的,并且来参加讲座的学员基本上带着一致或相似的目标而来,在进行学习前就已经对讲座的主题、内容、主讲人背景等信息有一定的了解,在讲座活动比较密集的时候学员可以根据自己的需求在一定范围内自主选择。并且相对于系统的校园教育,讲座的教学时间短,一般都是在几个小时内围绕某一个具体的问题展开,更具"短、平、快"的特点,可以在较短时间内完成一个明确的教学目标。大到机关单位、小到十几人的民间组织,凡有公文科普的需求都可以组织或参加公文写作的讲座,目前公文讲座的发展整体呈现出讲座主题多元、举办频次渐增的态势。近半年来,海南省自然资源和规划厅、陕西药品监管局、重庆市地产集团乃至四川宜宾的监狱都组织了大大小小的公文讲座,它们的主题各异,有的侧重案例剖析,有的侧重时局热点,也有的从公文本身的质性入手进行意识上的启发,这些讲座一方面回答了实际的问题,另一方面也丰富着公文写作与传播的知识系统。

专项训练顾名思义是聚焦于某一点需求进行的定向训练,与讲座相比它更具针对性,而作为"训练"也可以看出它带有浓烈的实务色彩,即更偏向于对学员或学生技能上的培养,是为了满足社会生活中简明直接的实用需求而衍生出的教育活动。公文的专项训练多与基础知识储备和不同文种的写作相关,参与者大都是为了某一时限明确的实际目标而进行的学习活动,比如为了在公文大赛中取得名次、通过公务员考试或者部分公司的文职岗位等。达成这些目标需要具备一些特定公文的写作能力和制度了解,而学习者在之前的学习生活中并没有接触过此种领域又或关联不深,所掌握的信息和技能并不足以应对当下的需求,多数人就会选择进行公文写作的专项训练。通过定向的培训和程式化的训练,可以让学员在短时间内迅速掌握某一类或几类公文的写作模板,并且在一次次的实操训练中模拟未来可能会发生的情况和需求,在具体语境下让学员更有代入感地进行训练,并在讲解时对问题进行复盘,仿佛将未来可能会犯的错误和可能会忽略的细节——提前预演。比如需要参加公务员国考的学员,在备考时就一定会尽力准备申论大作文,准备时他们会理解模板、参考范文、动笔练习等,甚至在决定考公的时候就有意识地多去关注相关信息和提升文字能力,在此基础上专项训练的功能也得以发挥。

(二)社会经验积累

如果说公文写作教育是一个空杯子,学校教育是大块的石子,讲座与专项训练是填入其中的细沙,那么同属于社会教育的社会经验积累则是补充最后的细微之处、将杯子填满的水。诚然,上述的集中公文教育形式已经能够满足社会生活中绝大多数的需求,但公文写作的实操性往往会使得书本、课堂和各种教学材料中的信息相对于现实具有不可避免的滞后性,且因其文体分支复杂、细节繁多,仅凭课堂教学往往无法涵盖到实际应用的方方面面,社会经验的积累就显得尤为重要。公文的学科更新最初来源于实际写作与传播,社会瞬息万变,即使是相同类型的公务文书所处的具体语境也不尽相同,时常产生新的变动和要求,这时在书本的方法论中就很难找到准确有效的解决方法,而经验的积累就显得尤为重要。个体对经验进行抽象、概括,形成概念的阶段;个体在新情境中检验所形成的观念的适当性的阶段。对学习者来说,第四阶段又产生新的体验,并如此循环。上述每一阶段都是有效的经验学习必不可少的,经验积累看似是公文写作与传播最为底层、效率最为低下的方式,但同时也是理论积累最原始、最扎实的方式。可以说没有社会经验的积累,公文传播的学理只能是空中楼阁,没有来自实际运用的最新信息,公务文书也会失去它源源不断更新迭代的动力。

公文是社会管理活动中重要而普遍存在的一种传递信息的载体,是必不可少的交际工具。作为"写作""传播"和"社会管理活动"的边缘学科,公文写作是学生步入社会,面对知识经济飞速发展和电子时代的瞬息万变的重要工具课。未来人才的最佳智能结构主要包括思维能力、自学能力、创造能力、组织管理能力和表达能力等,而无论哪一种能力的发挥,都离不开书面或口头的表达,同时,其他能力的发展水准也在相当程度上制约和影响着表达能力的优劣。也就是说,个人素质的进步与公文写作水平的提高存在正相关关系,无论是学校教育还是社会教育在推进公文的写作与传播、提升社会人才的综合素质乃至维持整个社会信息系统上通下达平稳运行都发挥着至关重要的作用。

因此,在未来发展中不仅要将公文教育放在素质教育的重要位置,更应紧跟时代不断更新教材内容和教学手段,尤其是当下受传播红利的影响,电子公文得以逐渐普及,它与传统的公文写作和传播相比,在提升办事效率的同时又提出了新的要求。回顾过往的公文教育,所存在的教育形式陈旧刻板、师资力量薄弱等问题仍然亟待改善,要想公务文书在各种活动中真正创造出更高的社会价值,还需对教学的内容、方法、模式等进行动态恒久的更新。

第三节　公文传播的学术研究

公文的写作和应用古已有之，但真正将公文写作与传播作为一门学科进行理论化系统化的研究和讨论还是近年才有的事情，公务文书大众并不陌生，接触得多，会基本写作技巧的也不在少数，但鲜有人对公文的历史源流、文化政治传播功能等加以理解，即只"知其然"却并不"知其所以然"。绝大多数公文的运用者也都仅仅停留在解决眼前问题的层面，缺乏对表层知识被害后的理性理解和判断。相关论文的数量和质量偏低、主流学生的学习需求局限于"够用就行"、进行教育的个人和组织本身学术根基也比较薄弱，这是当前桎梏公文传播学术发展的主要诱因。但正因为涉猎该领域的学者较少、权威性的教材和教育者都是凤毛麟角，才使得这门学科的拓展和研究具备空前的创新价值。

目前关于公文传播的学术研究，除了教育教学改革理念的创新、新文体的分析、符号学视角的审视等，也逐渐有学者将公文的写作与传播和热点事件相结合，在具体案例的语境中逐字分析公文写作的文本功用和意义功用。此外自动化、系统化的公文研究成为近年来的学术蓝海，更强的技术性与传播性赋予了这一学科新的命题和高度的可融合性。

一、历史沿革

我国公文最早在 3500 年前就已形成，可以说公文的发展与传播相辅相成，"公文"一词最早出现在西晋陈寿的《三国志·魏·赵俨传》，自公文一词出现起，其在社会里的中枢作用和管理职能便已显现。但按照时下对于学术研究的界定，西晋到魏晋南北朝期间虽有诸如《尚书》这样的大家公文集，也不乏秦汉时期严密的公文制度，但直到魏晋南北朝时期的公文研究才算是有了质变的发展。

魏晋之前的公文理论基本上是一片空白，文牍的性质、特点以及写作规律等几乎无人研究，第一个对公文在理论上关注的是魏文帝曹丕，他在《典论·论文》中肯定了文章的价值和效用，开始探索文章的体裁特点，并且肯定了公文写作要讲求写作艺术。陆机的《文赋》是对公文理论的继承和发展，他着重从内容与形式的角度出发，对文章的体裁特点进行了深入研究，在内容上则强调文章内容的主体性，指出文章要注意谋篇布局，提出"选义按部、考辞就班"的独到见解。挚虞的《文章流别论》则是考察了各类文体的起源及其性质发展变化的过程。刘勰的《文心雕龙》是划时代的文学理论著作，也是一部卓越的写作理论专著，代表着当时公文理论的最高成就。刘勰将公文做了更为细致系统的分类，勾勒出了古代公文发展的轮廓并对每种公文的源流都进行了详尽的论述，并且对古代公文的写作规律进行了鞭辟入里的探索。

纵观我国古代的公文研究，在魏晋南北朝时期形成了论题全面的文牍写作理论，表明我国古代的公文写作理论基本形成。既清楚地梳理了前朝源流，也给后来者搭建好了良好的研究架构，充分发挥了学术的承前启后作用，其后公文的学术研究基本与所处朝代的经济、政治、文化、传播技术等的发展呈现正相关的关系。

　　由于近代国情复杂,事件繁多,近代公文的学术研究具有以下鲜明特点。一是资料丰富:既有大量的历史档案和历史文献,也有众多的专题资料汇编。这些资料为研究工作的开展提供了坚实的基础和良好的条件。二是多学科交叉:研究涉及历史学、档案学、文书学、行政学、传播学等多个学科,研究视域开阔,不同学科的学者可以互相交流、借鉴,扬长补短。三是时段性特征明显:从民国至今,近代公文研究有两个高潮期。第一个高潮期是20世纪三四十年代,出现了大量的公文研究方面的教材和著作,更出现了《公牍通论》和《公牍学史》这样的代表性著作。这一时期的繁荣一方面是受时代环境的影响,由于服务封建王朝的"古代公文系统"已被打破,亟需建构一个适应新政权的现代公文系统;另一方面则力于民国政府的"行政效率改革运动",这一运动直接促使学者们关注文书和档案工作的研究。第二个高潮期是进入21世纪以后,很多学者尤其是一批青年学者投入近代公文的研究,这主要得益于近二十年来我国秘书学、档案学等学科的蓬勃发展,一大批文书、档案专业人才成长起来,壮大了学术研究队伍。

　　1951年,政务院首次颁布《公文处理暂行办法》后,国内出现了相关的公文理论专著,如《新公文概论》《人民政府公文程式研究》《新公文手册》等。进入20世纪80年代以来,公文写作受到空前的重视,各地各类高等院校秘书专业和其他相关专业开设了公文写作课或以讲授公文写作为重点的应用写作课。与之相应的,公文写作研究工作从无到有,其声势从小到大,逐步开展起来。各地有关刊物所发表的公文写作方面的文章,各出版社出版的这方面的书籍,其数量数不胜数。而且有的专著和论文具有很高的水平,比苗枫林的《中国公文学》、徐秋英的《公文写作与逻辑》、赵照的《公文的功能段和篇章模式》《写作》等著述,都是在对公文及公文写作特点深入研究的基础上,或全面阐述或从某一侧面揭示公文写作规律及公文写作主体能力素质培养的力作。人数众多的专、兼职的从事公文写作研究工作和教学工作的同仁,通过自己长期的刻苦钻研和辛勤工作,大大地普及了公文及公文写作知识,培养了大量的各种类型的撰写公文的人才,扩大了公文写作的影响,使之在社会上得到了较之以前要广泛得多的重视,从而为公文写作研究和教学的进一步发展创造了一定的条件。

　　直到今天每当官方公布新的有关公文写作的纲领性文件,国内便陆续出现一些新的公文理论专著,这些专著通常以写作技法加例文的形式编撰而成。除去上述应用性偏强的论著,国内仍有许多学者专家在公文乃至应用文的研究领域内笔耕不辍。武汉大学的博士生导师、公文写作专家冀云襄亲自经手的公文写作稿超5000篇,著有《思维致胜》,他认为公文写作水平的高低,从本质上来说就是作者思维水平的高低,与此同时也致力于公文教育,通过演讲来提升学院的思维水平和写作能力。本书作者、重庆市应用写作学会会长、西南大学博士生导师袁智忠教授一方面在校内开课教授公文相关知识,另一方面在公文写作与应用文书方面不断著书立作,著有《应用写作》《公民常见应用文写作》《当代文秘写作》等。并且于2009年7月创立重庆市应用写作学会,将西南大学、重庆交通大学、重庆科技学院、重庆师范大学涉外商贸学院等川渝地区高校联合起来,将公共文书的学科理念送入高校,学会举办的"纳德杯"公文写作技巧比赛也在西南地区的高校中刮起一阵"公文热"。重庆交通大学人文学院教授、硕士生导师李红秀在《重庆日报》《重庆晚报》《重庆青年报》《西南工商报》、国家汉办网、重庆交通大学校园网等媒体上发表消息、通讯、新闻评论等作品 800 多篇,身体力行地把公文的写作与传播相融合,将技巧的演练与公文"器与道"质性的审思内化再输出。

由于国外早已实现对公文和档案的一体化管理,也就是文档一体化,公文的法律地位较高,政府对公文十分重视,公文研究一直保持很高的热度,相关研究成果颇丰,如美国谢伦伯格的《现代档案——原则与技术》(1956)、苏联多尔吉赫和鲁杰尔松的《苏联档案工作理论与事件》(1980)、英国迈克尔·库克的《档案信息管理》(1985)等。国外普遍设有专门研究公文的机构,如美国的国家档案与文件署、日本的国立公文图书馆、巴拿马过简文件与档案委员会等。公文研究范围也比较广泛,研究对象有公文的分类、语言、格式、传播、公文运用、与政体的关系等。

二、既存问题

正如前中国写作学会常务副会长、南京大学教授裴显生同志所指出的"我们不能不注意到由于这方面的研究工作起步较晚,目前的论著,大都是格式加例文,理论层次不高,未能建立起公文写作的基本理论体系和基本功训练体系来"。裴显生教授所指出的,既是我们目前公文写作研究的总体水平,也是与之密不可分的公文写作教学工作的总体水平。这就是公文写作研究和教学工作的现状。对此我们必须有清醒的认识,冷静地加以具体分析,找出存在的问题,探讨今后的发展方向,以使这一学科的建设走上健康发展的道路。

(一)微观讨论多,宏观探析少

时下,书店里公文写作类书籍着实不少,但多数书籍体例陈旧、内容死板,缺乏灵活和新颖的编排体例。从内容上来看,这些书籍基本上都是关于每一文种的概念、种类、特点的解释和开头、主体、结尾怎样写的介绍,并辅以例文示范。这种体例限制了研究者的研究视野和创新精神,缺少对本学科一些基本理论问题如公文写作的内涵与外延、公文写作的规律等的探讨;没有结合公文写作特点去探讨材料的选择和使用、主旨的确立和表达、结构的安排和布局等,只是把目光投于某一个具体问题的分析上,比如某一种公文的写作范式和用词技巧,而缺少以统筹性的视角、高屋建瓴地从文种贯穿的宏观角度探析公文写作与传播的系统性话题。除此之外,有关公文传播的论文发表也不在少数,但同书籍的问题类似——微观讨论居多,综述性的文章已是少见,以综合型的视野去看问题的文章则更是寥寥无几,多数文章还是聚焦于某一具体视角去深入探讨某一微观问题,比如从传播学与社会治理入手的《公文写作与传播对社会治理的影响及反思——以2019—2020 新冠肺炎疫情期间为例》、从传播学与文学切入的《以传播学视角看行政公文中网络语言的运用》、聚焦电子公文新话题的《微博公文——当代公文传播新推手》等,文章的主题琳琅、视角多样,其中不乏有时下的热点话题,但从学科性研究的高度来看,终究是限于一隅,理论高度有所欠缺。

所以,在今后的著作编写上,应力求内容创新、体例创新。西南大学袁智忠教授主编的《应用写作》一书在体例编排上很有借鉴价值。该书先从历史源流说起,之后介绍文体知识,配以例文,明确各类文种的划分及写作细节,并按照实际运用场景进行尽可能详尽的梳理。周森甲先生的《中国现代公文写作原理与方法》对公文学的一些基础理论问题也提出了较深刻的见解。与教材用书等不同，论文的学术研究体量较轻、出稿较快，则应当扬长避短、紧跟时事动态，第一时间反馈出公文传播领域研究新动向，与此同时也应当加强研究视角的高度和广度。紧跟媒介迭代新动向的硕士论文《网络新媒体语境下周知性公文的变化趋向研究》选择了周知性公文这一子类，从追溯源头开始，整理了这类公文写作和传播的历史沿革，进而结合时下新媒体时期的媒介背景研究其更新与嬗变，脉络清晰且具备实际的综述与反思意义。博士论文《雍正朝公文传播》则聚焦古代公文传播的一个具体历史时期，从政治经济制度入手进行辨析，对古代公文的形式与内容进行明确分类和阐释，并且结合现代传播理论对雍正时期的公文传播进行传播过程和传播功能的精准分析。

上述学术成果的出现已经表明当前学界已经逐渐意识到囿于微观讨论这个问题，学者专家都在积极拓展视野、紧跟时代，力求在有限的资源基础上创造出公文传播学术的更高价值。

（二）技巧讨论多，学术研究少

公文传播研究是传播学的一个分支，传播学是研究人类一切传播行为和传播过程发生、发展规律以及传播与人和社会的关系的学问，公文传播研究则应以探索公文这一特殊文体传播的特殊规律为己任。两者是普遍与特殊、一般和个别的关系。一些教材照搬过往陈旧的写作体系，其基本框架也是由主旨、材料、结构、语言、表达、文种等部分构成，甚至某些小纲目也是套用基础写作教材的，只是将内容换成了公文的例子。在这样的教材指导下，公文传播的教学活动也暴露出刻板陈旧的弊端，加上整体看来公文写作与传播的师资力量较为薄弱、教学能力有限，致使公文传播的教学中写作技巧、传播技巧多，而到达学理层面的研究则微乎其微。毛泽东说："固然，如果不认识矛盾的普遍性，就无从发现事物运动发展的普遍的原因或普遍的根据，但是，如果不研究矛盾的特殊性，就无从确定一事物不同于他事物的特殊本质，就无从发现事物运动发展的特殊原因，或特殊的根据，也就无从辨别事物，无从区分科学研究的领域。"照搬照套的做法不能很好揭示公文传播这一"科学研究的领域"的"矛盾的特殊性"。

公文传播若想获得长足的进步和发展，还需将目光放在学理层面。裴显生先生对公文写作研究和教学工作提出了如下的期望：要"深入探讨公文写作的特点和规律，揭示公文写作的特殊矛盾，阐明公文写作的基本规律和方法技巧"，要清醒地树立"创学科意识，认真总结中国古代公文写作的经验、教训，并从当代公文改革和公文写作的实际出发，建立起学科的基本理论体系来。同时，也要研究训练系列，建立起公文写作基本功训练体系来"。裴先生对于公文研究的发展前景的期待与众多学者不谋而合，信息资源空前发达的新时代，既为公文研究资源支持和研究主题提供了充足的发挥空间和无限可能，又对公文传播的制度性、道德性等产生了新的冲击。在公文传播的学术研究面前是空前的研究前景和多边延伸的学科领域，无论是教育者还是研究者都不应当只关注表层结构的研究，正如列维·斯特劳斯所说："一切社会活动和社会生活中都深藏着一种内在的、支配表面现象的结构，而社会科学和人文科学的任务就是寻找出这种内在结构。"因此，"一切社会科学和人文科学,都应该像语言学(结构主义语言学)一样,它们的任务不应局限于描述社会生活的表面现象,而应深入其中,寻找支配这些表面现象的内在结构。"公文传播学作为社会科学的重要组成部分,表层结构的技巧教授是其坚实的基础,但基础打牢之后的学理研究才是公文传播作为一门独立学科的价值意义所在。

(三)多学科交叉研究不足

从科学发展的历史进程来看,所有学科最初都以混沌不分的形态包含于哲学范畴内。从15世纪末和19世纪初开始,自然科学、社会科学的若干学科分别从哲学中分离出来。到20世纪上半叶,最终在大学中确立了自然科学、社会科学和人文科学中若干经典学科独立的学科地位。学科的分化是学术研究深入和细化的必然结果,也有效地促进了科学的发展。但是从20世纪下半叶开始,由于研究一些复杂的问题需要多个学科的知识,学科发展又出现了融合的趋势,传统经典学科间的界限被不断打破,学科的边界被重新划分,一些交叉学科(如物理化学、分子生物学)和多学科的研究领域(如女性研究、城市研究、脑科学研究)开始大量出现,并且在大学中也逐渐确立了学科的合法性。可见学科的发展从"合"到"分",正在走向新一轮的"合"。两个"合"的含义迥然不同,前者是混沌不分的含义;后者是学科融合的含义,即在承认学科差异的基础上不断打破学科边界,促进学科间相互渗透、交叉的活动。

公文的综合属性与社会功能为多学科的融合介入提供了先天条件,目前,已有历史学、档案学、文书学、管理学、文学、文化学、语言学、符号学、传播学等多个学科进入公文研究领域,这种"多兵种联合作战"的格局会随着各学科的发展以及它们之间日益频繁的互通而得到保持和强化。但上述的介入与融合仅是一种态势,公文写作是公务文书与文学的交融结果,公文传播是公务文书与传播学的交融结果,公文处理、行政公文等是公务文书与管理学的交融结果……交叉学科构建的广度与深度都有待提升与发展,广度上学科的跨度不应局限于邻近、高相似度的学科,理工技术类的专业也可以与公文传播产生新的知识节点乃至理论体系,此外学科融合也不应当局限于两门学科的交互融合,三个乃至多个学科的相互影响碰撞一定意义上会衍生出更多的知识点,大胆顺应多向融合的态势也是对整个社会信息系统的充满动能的补充。深度上则是在学科融合时要扎根到方法论的层面,不仅要注重表层结构的融合、积极界定新的概念和定义,也要深挖内在结构的融合,并通过梳理和创新让知识框架不断发展演进,进而形成一个成熟的新学科。

学科融合不仅是学科发展的趋势,也是学术研究产生重大创新性成果的方式之一。据统计,1901—2008年,颁发的自然科学类诺贝尔奖(物理、化学、生理学或医学奖三项)中学科交叉的研究成果占获奖总数的52%,在各个被统计的时间段中学科交叉研究成果占获奖总数的比例一直呈上升趋势。可见学科融合与交叉是科学研究取得突破性进展的重要途径。学科的融合需要学者经常性地在学科的边界开展交叉学科的研究,具有多种学科知识背景的学者更容易将知识融会交叉,产生创新的思想,目前看来公务文书的多缘跨学科研究还停留在意识层面,学科的建树领域大面积留白,交叉型人才紧缺,在应用的专业化与研究的综合化尚未得到良好的平衡。

参考文献

专著类:

[1] 胡正荣,段鹏,张磊. 传播学总论[M]. 2 版. 北京:清华大学出版社,2008.

[2] 李良荣. 新闻学概论[M]. 6 版. 上海:复旦大学出版社,2018.

[3] 贾哲敏. 互联网时代的政治传播:政府、公众与行动过程[M]. 北京:人民出版社,2017.

[4] 荆学民. 政治传播活动论[M]. 北京:中国社会科学出版社,2014.

[5] 张晓峰,赵鸿燕. 政治传播研究:理论、载体、形态、符号[M]. 北京:中国传媒大学出版社,2011.

[6] 胡范铸. 国家和机构形象修辞学:理论 方法 案例[M]. 上海:学林出版社,2017.

[7] 费爱华. 动员与整合:传播学视野下的社会影响机制研究[M]. 北京:中国社会科学出版社,2019.

[8] 李本乾,王大可. 中国特色政治传播:问题、语境与机制[M]. 上海:上海交通大学出版社,2019.

[9] 刘华蓉. 大众传媒与政治[M]. 北京:北京大学出版社,2001.

[10] 张昆. 大众媒介的政治社会化功能[M]. 武汉:武汉大学出版社,2003.

[11] 高鑫. 思想政治劝服论[M]. 北京:中国社会科学出版社,2016.

[12] 袁智忠,邓翠菊. 应用写作[M]. 重庆:西南师范大学出版社,2020.

[13] 王健. 文书学[M]. 3 版. 北京:中国人民大学出版社,2015.

[14] 生奇志. 面向网络舆情的群体性事件的预警机制研究[M]. 沈阳:东北大学出版社,2014.

[15] 陈力丹. 精神交往论:马克思恩格斯的传播观[M]. 北京:中国人民大学出版社,2008.

[16] 李良栋,侯少文,艳东,等. 稳定:压倒一切的大局[M]. 北京:中共中央党校出版社,1999.

[17] 科尔曼. 社会理论的基础[M]. 邓方,译. 北京:社会科学文献出版社,2008.

[18] 索绪尔. 普通语言学教程[M]. 高名凯,译. 北京:商务印书馆,1980.

[19] 施拉姆,波特. 传播学概论[M]. 陈亮,李启,周立方,译. 北京:新华出版社,1984.

[20] 奈斯比特. 大趋势:改变我们生活的十个新方向[M]. 梅艳,译. 北京:中国社会科

学出版社,1984.

[21] 哈贝马斯. 公共领域的结构转型[M]. 曹卫东,王晓珏,刘北城,等译. 上海：学林出版社,1999.

[22] 亚里士多德. 修辞学[M]. 罗念生,译. 北京：生活·读书·新知三联书店,1991.

[23] 本奈特,恩特曼. 新闻与传播系列教材·媒介化政治:政治传播新论（翻译版）[M]. 董关鹏,译. 北京：清华大学出版社,2011.

[24] 延森. 媒介融合:网络传播、大众传播和人际传播的三重维度[M]. 刘君,译. 上海：复旦大学出版社,2012.

[25] 麦克卢汉. 理解媒介:论人的延伸[M]. 何道宽,译. 北京：商务印书馆,2000.

[26] 尼葛洛庞蒂. 数字化生存[M]. 胡泳,范海燕,译. 海口：海南出版社,1996.

[27] 史蒂文森. 认识媒介文化:社会理论与大众传播[M]. 王文斌,译. 北京：商务印书馆,2001.

[28] 施拉姆,波特. 传播学概论[M]. 何道宽,译. 北京：中国人民大学出版社,2010.

[29] 李普曼. 公众舆论[M]. 阎克文,江红,译. 上海：上海人民出版社,2002.

[30] 洛厄里,德弗勒. 大众传播效果研究的里程碑(第三版)[M]. 刘海龙,译. 北京：中国人民大学出版社,2009.

[31] 维维安. 大众传播媒介[M]. 顾宜凡,等译. 北京：北京大学出版社,2010.

工具书：

[32] 王治河. 后现代主义辞典[M]. 北京：中央编译出版社,2004.

[33] 朱贻庭. 伦理学大辞典[M]. 修订本. 上海：上海辞书出版社,2011.

[34] 童兵,陈绚. 新闻传播学大辞典[M]. 北京：中国大百科全书出版社,2014.

[35] 中国社会科学院语言研究所词典编辑室. 现代汉语词典[M]. 7版. 北京：商务印书馆,2016.

文献类：

[36] 赵维森. 从动力心理学看公文写作的本质特征[J]. 应用写作,2000(3)：10-12.

[37] 杨靖. 从伦理学视角看公文写作[J]. 秘书,2006(3)：10-11.

[38] 洪威雷,王咏. 论行政应用文的伦理道德困扰与法律约束[J]. 应用写作,2004(11)：4-6.

[39] 张健. 中国传播学:概念的演进与意涵分析[J]. 国际新闻界,2008,30(7)：19-23.

[40] 荆学民,施惠玲. 政治与传播的视界融合:政治传播研究五个基本理论问题辨析[J]. 现代传播-中国传媒大学学报,2009,31(4)：18-22.

[41] 唐团结. 公文传播的规定性与非规定性[J]. 河南师范大学学报(哲学社会科学版),2009,36(1)：217-219.

[42] 杨红旗. 写作伦理研究论纲[J]. 写作,2009(7)：3-5.

[43] 冒志祥. 网络语境下的公文传播与受众参与[J]. 当代传播,2010(6)：107-108.

[44] 李慧. 论应用写作的人文精神[J]. 辽宁广播电视大学学报,2011(2)：100-101.

[45] 辛建华. 应用写作中伦理的缺失与对策[J]. 秘书之友,2011(11)：7-9.

[46] 杨珍. 对微博公文发展的理性思考[J]. 档案,2011(5)：26-28.

［47］赵爱娟."红头文件"失范的根源透析［J］.泰安教育学院学报岱宗学刊,2011,15
　　　（3）:10-11.

［48］王舒雅,王帅.微博公文——当代公文传播新推手［J］.创作与评论,2013（6）:
　　　35-38.

［49］苏阳.政府公文大众传播效果优化研究［J］.民营科技,2015（9）:99.

［50］李奕源.论公文写作中的隐含作者形象［J］.西昌学院学报（社会科学版）,2015,27
　　　（3）:141-145.

［51］李岩.浅谈公文写作中的行政道德与人文素养［J］.长江丛刊,2018（13）:129.

［52］郑立新.说服性传播理论视阈下的公文写作策略［J］.黑河学院学报,2012,3（4）:
　　　83-87.

［53］袁智忠,王玥.全媒体时代应用文写作、传播及舆情应对［J］.应用写作,2019（3）:
　　　4-8.

［54］袁智忠,杨庆梅.大众传播时代公文的写作、传播:问题及反思——以山东五莲县涉
　　　及杨守梅教师事件的3份公文为例［J］.新闻研究导刊,2019,10（15）:75-76.

［55］王道凤.公文受众、领导和写作者三者关系新释［J］.应用写作,2019（6）:4-7.

［56］何寅庆,袁智忠.公文传播视角下的涉警舆情演化机制研究——以成都市第四十九
　　　中学校学生坠亡事件为例［J］.新闻研究导刊,2021,12（15）:73-75.

［57］申琦,王璐瑜.当"机器人"成为社会行动者:人机交互关系中的刻板印象［J］.新
　　　闻与传播研究,2021,28（2）:37-52+127.

［58］钟罗庆,张晟钦.论现代传播影响下晚清公文的新传播方式［J］.湖南社会科学,
　　　2022（3）:165-172.

［59］韦路.新文科背景下新闻传播学一流专业建设探索［J］.青年记者,2022（7）:
　　　81-83.

［60］赵丹.应用写作道德研究［D］.长春:长春理工大学,2006.

［61］杨剑.建国以来我国公文制度研究［D］.合肥:安徽大学,2010.

［62］胡婷.政府"红头文件"乱象及其监管对策研究［D］.南昌:南昌大学,2013.

［63］李进华.官僚组织语言的伦理问题研究［D］.深圳:深圳大学,2019.

［64］刘志宇.媒介伦理视角下的微博群体传播研究:基于对意见领袖的访谈［D］.武
　　　汉:华中师范大学,2020.

［65］刘敬钰.公共危机下的公民责任探究［D］.大连:辽宁师范大学,2021.

［66］贾娅娟.重大突发公共事件背景下公民责任培育研究［D］.长春:吉林大学,2021.

后　记

开辟传播学本土化学科创新实践的新天地

20世纪80年代末,我开始从事公文写作等课程的教学。那个时候与公文写作相关的名称很多,比如应用写作、经济文书写作、法律文书写作、秘书与文书写作、财经文书写作等。公文写作及其同类课程在中华人民共和国成立后很长一段时间不受重视,无论是大学,还是中学、小学都没有开设相应的课程和教学内容。到了20世纪80年代,随着市场经济发展,公文、应用文作为实用性的写作变得越来越重要,各种成人教育专业、全日本科专科都纷纷开设以公文写作为核心内容的相关课程。经过多年的教学,到20世纪90年代中期,我开始编写教材,做一些校级教改课题。在担任当时的西南师大成人教育教研组长的时候,也开展了一些教研活动,写作一些教研论文。

在2009年7月,我组织成立了重庆市应用写作学会。学会成立之初,我们确定了"研究学术、服务社会、推进进步"的理念,我们的目标是让重庆的应用写作学术研究走向全国,进而走向世界。经过多年努力,在2014年底的万州学会年会上,我们请到了当时的中国公文写作研究会会长洪威雷教授。在和他的接触过程中,我拓宽了眼界、开阔了视野。听取洪威雷教授的建议后,2015年夏天我们在重庆承办了中国公文写作学会的年会。2016年,我们又承办了国际汉语应用写作学会的年会。自此届年会开始,重庆市应用写作学会配合重庆市,连续举办了四届年会。我在担任"纳德杯"大学生公文写作大赛专家组组长时,和来自重庆、四川、湖北、陕西等地的专家有了更多的接触,也引发了我对公文写作教学、对大学生核心素养和面向社会实践的技能训练等方面的思考。

回过头来,其实把公文和传播学联系起来思考是起于2014年重庆三峡学院主办的万州会议。到了2021年的时候,我开始开设研究生课程,课程名称开始叫作"应用写作与传播专题研究"。后来为了规范,更名为"公文写作与传播"专题研究。在和研究生同学一起学习、研讨的过程中,我在多年积累和思考基础上,构建公共传播学的学科体系。经过两年多的努力,有了这本《公共传播学》著作的初稿。这本书在出版的过程当中,得到了西南大学新闻传媒学院和重庆大学出版社的支持。在应用写作学界,我们得到了洪威雷教授、毛正天教授、董小玉教授等学者的学术支持。在传播学界,我们得到了陈汝东教授、隋岩教授、林克勤教授等专家的肯定。可以说公文传播学正是在这种背景下应运而生,是在公文学、写作学、传播学、社会学等学科交叉点上形成的创新学科。我们站在21世纪新的时代和历史起点上,"文化自信"建设与"中华优秀传统文化的创造性转化与创新性发展"已成国家战略,在建构中国自主知识体系,打造具有中国特色、中国风格、中国气派哲学社会科学学术体系的研究进程中,公文传播的研究必将大有可为,也将应有所为。

中华文明的五千年传承及其沿袭有赖于一系列的媒介和传播手段。这些媒介和传播手段有的是有全世界和全人类共通性的,有的则有明显的中国特色甚至是中国独有的,比如史官的设置、竹简的使用、纸张的发明、印刷术的推广、科举制度的盛行等,都是中华文明所独有或最早开启的。此外还有林林总总的器物媒介、传播技术、传播策略及传播思想,则更为丰富。这些传播内容、技术、策略、思想和媒介,都与应用文、公文的写作和传播密不可分甚至是一体化的。因此,我们相信,这样一本具有人文社会科学交叉创新的著作,会为公文写作的研究、传播学研究开辟新的空间,开辟出新的学术范畴和学术领域,形成具有中国特色的中国公文传播学科体系、学术体系和话语体系,为进一步繁荣人文社会研究,推动在新文科建设的背景下的学术创新,获得应有的生命力。

本书在成型过程中,我的研究生宛君、李檬、孙煜灏、何寅庆、张含之、刘斯婕等做了大量的工作。在此一并说明和致谢。

袁智忠

谨识于西南大学文化村二舍

2023 年 5 月 28 日